KB151885

Building a Successful Social Venture

A Guide for
Social Entrepreneurs

Eric Carlson
James Koch

Berrett–Koehler Publishers, Inc.
a BK Business book

BUILDING A SUCCESSFUL SOCIAL VENTURE

Copyright © 2018 by Eric Carlson and James Koch

All rights reserved.

The publisher further agrees to print the following: "Korean translation rights arranged with Berrett-Koehler Publishers through EYA(Eric Yang Agency)."

글로벌
사회적경제기업

경영전략과 성공사례

사회적기업가를 위한 가이드북

Building a Successful Social Venture

A Guide for Social Entrepreneurs

Eric Carlson · James Koch 지음 | 곽원준 · 김응규 옮김

H 한티미디어

역자 소개

곽원준(kwak@ssu.ac.kr)

숭실대학교 경영학부 교수

- 성균관대학교 경영대학에서 경영학 학사, University of Minnesota에서 인사노사 석사(M.A.), Purdue University에서 경영학 박사(Ph.D.)를 받았다.
- Marshall University의 경영대학에서 교수로서 연구와 강의를 하였고, 현재는 숭실대학교 경영학부의 교수이다.
- 주요 관심 분야는 리더십과 사회적 경제경영 전반이고 대한경영학회지의 편집위원장을 역임하고 있다.
- 비연구 대외활동으로 사회적기업이자 장애인표준사업장인 에스에스모빌리티 주식회사를 창업하여 대표이사로서 경영하고 있다.

김응규(ekkim@hanbat.ac.kr)

한밭대학교 경상대학 교수

- 국민대학교 경상대학에서 경영학 학사, 텍사스주립대학교에서 경영학 석사, 박사학위를 받았다.
- 한보경제연구원과 국민연금관리공단 연구센터에서 책임연구원으로 근무하였으며, 한밭대학교에서 경상대학장, 국제교류원장을 역임하고 현재 도서관장으로 재직중이다.
- 주요 관심 분야는 국제경영과 비영리조직이다.

글로벌 사회적경제기업
경영전략과 성공사례

사회적기업가를 위한 가이드북

발행일 2020년 8월 31일 초판 1쇄
지은이 Eric Carlson, James Koch
옮긴이 곽원준, 김응규
펴낸이 김준호
펴낸곳 한티미디어 ǀ 서울시 마포구 동교로 23길 67 Y빌딩 3층
등 록 제15-571호 2006년 5월 15일
전 화 02) 332-7993~4 ǀ **팩 스** 02) 332-7995
ISBN 978-89-6421-407-7 (93320)
가 격 23,000원

마케팅 노호근 박재인 최상욱 김원국 ǀ **관 리** 김지영 문지희
편 집 김은수 유채원 ǀ **내지/표지 디자인** 유채원

이 책에 대한 의견이나 잘못된 내용에 대한 수정정보는 한티미디어 홈페이지나 이메일로 알려주십시오.
독자님의 의견을 충분히 반영하도록 늘 노력하겠습니다.

홈페이지 www.hanteemedia.co.kr ǀ **이 메 일** hantee@hanteemedia.co.kr

- 이 책은 판권 소유자인 에릭양과 한티미디어의 독점계약에 의해 발행된 것이므로 내용, 사진, 그림 등의 전부나 일부의 무단전재와 복제를 금합니다.
- 파본 도서는 구입처에서 교환하여 드립니다.

추천사

사회적기업가로부터

영향과 이익 모두를 염두에 두고 사업 계획서를 작성하는 방법을 어디에서 찾을 수 있는가? 현실적인 몽상가가 다루기 힘든 사회적 문제를 효과적인 사회적 벤처를 통해 해결할 수 있는 기회로 전환할 수 있는 지침을 어디에서 찾을 수 있는가? 제임스 코흐와 에릭 칼슨의 이 책은 사회적 영향과 지속 가능성 사이의 상충관계와 끊임없이 씨름해야 하는 나 같은 사회적기업가에게는 더할 나위 없이 훌륭한 안내서이다. 이 책은 보물이다.

—**Martin Burt**, 박사, Fundacion Paraguaya(2005년 Skoll 수상자),
Poverty Stoplight, and Teach a Man to Fish 설립자

이 책에 소개된 정보는 사회적기업의 기원과 기능에 대한 현실적인 통찰력을 제공하는 동시에 매우 구체적이다. 단계별 지침, 예제 및 차트는 사회적 영향을 구축하고 확장하는 데 중요하고도 고무적인 관점을 제공한다.

—**Neelam Chibber**, Industree Crafts Foundation(2011년 인도 올해의 사회적기업가 상 수상자)
공동설립자 겸 관리 책임자 및 Schwab Fellow

'사회적 벤처'라는 용어는 지난 10년 동안 악의적으로 왜곡되었다. 저자들은 이 분야에 꼭 필요한 정의를 소개했다. 이 책은 투자자, 규제기관, 기업가 모두에게 도움이 될 것이다. Kiva에서 우리는 사업을 시작하는 데 GSBI로부터 큰 도움을 받았다. 이 책은 우리가 다음 단계로 도약하는 데 큰 도움이 될 것이다.

—**Matt Flannery**, Kiva(2008년 Skoll 수상자) 공동설립자이자 전 CEO, Branch.co 공동설립자이자 CEO

이 책에 담긴 지식은 놀랍다. 우리가 Ziquitza를 설립할 때인 2002~2003년에 이 책과 같이 참고할 만한 책이 있으면 좋겠다고 생각했다. 당시에는 '사회적 벤처'라는 개념이 없었다. 이 책이 사회적 벤처를 시작하고자 하는 사람들에게 훌륭한 토대가 될 것이라고 생각한다. GSBI에 참석한 것이 나에게는 큰 경험이었다. 캠퍼스에 있는 짧은 기간 동안 나는 많은 것을 배웠다.

—**Ravi Krishna**, Ziquitza Health Care(2013 Times of India Social Impact 수상자) 공동설립자 겸 이사

이 시대를 위한 종합적인 가이드 및 툴 키트. 코흐와 칼슨은 연구, 사례 연구 및 중요사항 점검 목록으로 현장을 조명한다. 그들의 작업은 사회적기업가 정신이 보다 조화롭고 평등한 세상을 만드는 데 필요한 개인적이고 집단적인 변화에 중요한 역할을 한다는 점을 분명히 한다.

—**Ronni Goldfarb**, Equal Access International(2016 Tech Awards 수상자) 설립자 겸 전 사장 및 CEO

칼슨과 코흐는 독자들에게 복잡한 사회 문제를 해결하기 위해 사회적기업가 정신이 제공하는 독창적인 기회를 보여주고, 재정적으로 지속 가능하고 유익한 사회적 벤처를 창출하고자 하는 사람들에게 구체적이고 매력적이며 실용적인 지침을 제공하는 유익한 가이드를 작성하였다.

—**Sara Goldman**, Heart of the Heartland 공동 창업자

이 책은 제임스 코흐와 에릭 칼슨이 설립부터 확장에 이르기까지 수백 개의 사회적기업을 멘토링하는 데 헌신한 결과물이다. 회사를 설립하는 데 유일한 올바른 방법이 없기 때문에 많은 조직에서 배운 다양한 교훈을 수집하고 분석하였다. 이 책은 야심찬 또는 실천적인 사회적기업가가 읽을 가치가 있다!

—**Lesley Marincola**, Angaza(2018 Skoll 수상자 및 2016 Tech Awards 수상자) 설립자 겸 CEO

나는 산타클라라 대학의 짐과 에릭으로부터 직접 이 책에서 제시한 많은 개념을 배우게 된 것을 영광으로 생각한다. 나는 Husk Power System에서 이러한 개념들을 많이 적용하고 확장하여 자금을 조달하였다. 이 책은 세계에서 가장 어려운 문제를 해결하는 데 중점을 둔 성공적인 비즈니스를 시작하고 확장하기 위한 자세하고 따르기 쉬운 틀을 제공하는 엄청난 일을 하였다. 이러한 틀을 효과적으로 적용할 수 있는 방법을 제시하기 위해 간결한 방식으로 구체적인 사례 연구를 제시한다. 사회적기업가와 성공적인 사회적기업의 리더들이 지속적인 발전의 참고자료로 이 책을 읽고 사용할 것을 강력히 추천한다.

—**Manoj Sinha**, Husk Power Systems(2009년과 2013년 GSBI 졸업기업) 공동설립자 겸 CEO

현실 세계의 교훈과 사례가 담긴 영감을 주는 통합적이고 실용적인 책이다. 초기 단계의 벤처 및 확장 경로를 따라 이동하는 벤처들에게 필독서다. 나는 짐과 에릭의 비전의 완전성과 사회적 벤처를 구축하고 이를 이끌어가는 사회적기업가를 멘토링하겠다는 진실하고 확고한 약속에 감탄했다.

—**Elizabeth Hausler**, Build Change(2017 Skoll 수상자) 창립자 겸 CEO

학계 및 업계 전문가로부터

이전의 BPO 연구를 보완하고 확대하면서, 이 책은 새롭고 중요한 것을 제공한다. 그것은 BOP 기업가가 직면한 독특한 기회와 도전 과제를 위해 구체적으로 설계된 사업 계획 패러다임이다. 결과물은 보다 나은 사회적 벤처 구축을 위한 기업가의 로드맵이다.

—**Ted London**, Ross School of Business 겸임교수 및 University of Michigan, William Davidson Institute 선임연구위원 및 *The Base of the Pyramid Promise* 저자

이 훌륭한 책은 독자로 하여금 사회적 벤처를 개발하고 운영하는 과정으로 인도한다. 예제는 풍부하게 설명되어 있으며 개념을 더욱 생생하게 한다.

—**Madhu Viswanathan**, 박사, Diane and Steven N. Miller Centennial Chair in Business 교수, University of Illinois at Urbana-Champaign, Gies College of Business, Susbsistence Marketplaces Initiative 설립자, *Bottom-Up Enterprise* 저자

칼슨과 코흐는 기업가 여정의 모든 단계에 영감과 지침을 제공하는 보기 드문 작품을 만들었다. 이 책은 사회 혁신을 전공하는 학부 및 대학원 학생들을 위한 교재로서 손색이 없다. 저자는 수백 개 사회적 벤처

의 실천에 기반을 둔 풍부한 경험적 지혜와 이론 중심의 틀을 제공한다. 이 책은 사회 혁신에 대한 우리의 이해를 도와주며, 의미 있는 사회 변화에 관심 있는 투자자, 관리자 및 기업가를 위한 실행 가능한 도구를 포함하여 사회적 의식을 통해 실행을 매우 강조한다. 이 책은 매우 귀중하다.

—**Geoffrey Desa**, 박사, San Francisco State University, Management and Social Innovation 부교수

개념적으로 이해하는 것뿐만 아니라 사회 혁신과 사회적 벤처의 아이디어를 실천으로 옮길 수 있는 놀라운 도구를 제시한 이 분야의 훌륭한 개요서다.

—**Adreienne Falcon**, 박사, Metropolitan State University, Department of Public and Nonprofit Leadership 부교수 및 Master of Advocacy and Political Leadership 소장

실리콘 밸리에 있는 산타클라라 대학교의 글로벌 사회복지 인큐베이터(GSBI)에서 10년 동안 멘토, 코치, 친구 및 교사로 활동한 것을 영광스럽게 생각한다. 칼슨과 코흐는 이 책에서 사회정의에 대한 예수회 헌신과 실리콘 밸리의 기업가 및 혁신중심 문화의 독특한 조합을 통하여 액셀러레이터의 첫 10년 동안 배운 교훈을 멋지게 포착한다. 이 책은 영향력 확대에 관심이 있는 모든 사회적기업가들에게 필독서이다.

—**Charly Kleissner**, 박사, KL Felicitas Foundation, Toniic, 100% Impact Network 및 Social-Impact international 공동설립자

저자들은 사회적기업을 구축하는 데 필요한 수십 년의 경험을 가지고 있다. 쉬운 일이 결코 아니다. 이 책은 비즈니스 구축의 각 측면을 다루는 예제, 연습문제 및 자원을 기업가들에게 제공하는 상세한 설명서다. '빠른 실패(fail fast)'의 시대에 이 책은 '지속 가능한 기업 구축(build it to last)'에 대해 다룬다. 저자들은 또한 공유 경험의 궤도와 새로운 기업과 오늘날의 기업 모두가 더 나은 내일을 창조하도록 인도하기 위해 사회적 영향을 창출하는 근본적인 주제를 추적한다.

—**John Kohler**, Santa Clara University, Impact Capital, Miller Center for Social Entrepreneurship 수석이사

짐과 에릭의 책은 시의적절하게 나왔다. 빈곤, 에너지 이용, 건강관리 및 교육과 같은 세계에서 가장 어려운 사회적 문제는 하향식 자선활동으로 해결할 수 없었다. 이 책은 상향식 관점에서 사회적기업가 정신의 교육 과정을 단순화한다. 이 책은 학문적 사고가 아니라 성공뿐만 아니라 실패로부터 학습한 수백 개의 사회적기업의 경험으로부터 도출되었다. 이 책을 강력히 추천한다.

—**Brad Mattson**, Siva Power 회장, GSBI 전 수석 멘토, Novellus and Mattson Technology 설립자 겸 전 CEO

시장 기반 원칙과 사회적 사명을 결합한 사회적 벤처 개발에 대해 생각하는 모든 사람들에게 가장 실용적이고 유용한 책이다. 세계 각국의 수백 개 사회적 벤처와 함께 일한 경험이 있는 두 저자가 집필하였으며, 모든 장, 사례 연구 및 연습문제는 GSBI 프로그램을 통해 10년 이상의 경험으로 얻은 교훈을 바탕으로 작성되었다. 이 책은 사회적기업가, 임팩트 투자자 및 이 분야에 관심이 있는 모든 사람들에게 필독서다.

—**Saurabh Lall**, 박사, University of Oregon, School of Public Policy and Management, Social Enterprise and Nonprofit Management 조교수

코흐와 칼슨 교수는 사회적기업가의 성공과 성장을 위한 표준이 된 본질을 파악했다. 수백 명의 사회적 기업가와 함께 10년이 넘는 실질적인 구현을 통해 지속 가능하고 확장 가능한 사회적 비즈니스 모델과 계획을 세우고, '사회적 벤처를 통한 상향식 혁신'과 사회 변화 이론을 명확하게 설명하고, 모든 사회적기업가가 직면하는 주요 과제를 극복하기 위한 실질적인 조언을 제공한다. 이 책은 사회적기업의 성공을 가속화할 수 있는 최고의 도구이다.

—**Dennis Reker**, GSBI 수석 멘토 및 Intel 전직 전무

국제경영 경력과 병행하여 빈곤 퇴치 및 사회 혁신에 대한 상향식 접근법 개발에 50년 이상 투자한 사람의 관점에서 볼 때, 칼슨과 코흐가 쓴 이 책은 사회적 벤처(영리 또는 비영리)를 시작, 성장, 자금 조달 또는 평가하고자 하는 이 분야 사람들에게 큰 기여를 하는 귀중한 참고서가 될 것이다. 이 안내서는 실무자가 자신이 하는 일의 중요성을 더 잘 이해할 수 있는 역사적, 사회적 맥락을 제시하며, 이를 수행하는 데 필요한 도구를 제공한다. 지속 가능한 방식으로 상황을 변화시키고자 하는 사람들은 반드시 읽어야 한다.

—**Robert H. Scarlett**, Venn Foundation 이사회 회장,
Sundance Family Foundation 이사, Accion 회장 서클

산타클라라 대학교의 밀러 센터는 전 세계 사회적기업가들에게 엄격하고 진지한 연구의 원천이 되어 우리 자신의 발전과 사회적기업가 정신 분야에 큰 영향을 미치는 귀중한 통찰력을 제공하였다. 산타클라라 대학교의 경험을 바탕으로 쓰인 이 새로운 책은 수천 명의 기업가들에게 도움이 될 것이다.

—**Afred Vernis**, Business Policy and Strategy 부교수 및
스페인 바르셀로나 ESADE-Ramon Liull University, Institute for Social Innovation 공동설립자

이 환상적인 책은 글로벌 경제에서 중요한 주체로서 사회적 벤처를 위한 틀을 설정한다. 책의 중간 부분은 사회적기업가를 위한 처방과 관련이 있다. 시작과 끝은 사회적 벤처가 사회와 경제에 대한 해답으로서 다른 방식으로는 다루어지지 않았고 다루어질 수 없다고 주장한다. 사회적 벤처는 학계와 전통적 기업들의 관점에서 정당성 측면에서 '새로운 것'이며, 우리들 주변에 있다. 우리 모두는 그것을 이해하지 못하고 매일 상호작용하고 있으며, 심지어 그들의 일원일 수 있다. 이 책은 우리가 이미 일하고 있는 세상을 개선할 수 있는 잠재력을 조명하고 우리가 어떻게 더 강력하게 할 수 있는지 보여준다. 사회적기업가 정신의 입문자에게 이 책은 소중한 자원이 될 것이지만, 경험이 풍부한 사회적기업가에게는 당신의 일이 얼마나 강력한지를 상기시켜 주기 때문에 훨씬 더 중요할 수 있다.

—**San Olson**, SVT Group 창립자 겸 CEO

이 책의 학부 베타 테스트로부터

대학생들은 긍정적인 사회 변화에 대한 효과적인 이론을 갈망한다. 이 책은 학생들의 갈증을 풀어준다. 사회적기업가 정신에 관한 대부분의 교과서와 달리 이 책은 학생들이 비즈니스 모델을 분석하고 비즈니스 모델이 어떻게 사회의 변화를 유도하는지에 대해 설명한다. 학생들은 이 책에서 전 세계의 행동 연구 프로젝트에 직접 적용하여 기업주도의 사회 혁신에 대한 풍부한 통찰력을 얻었다. 두 학급에서 이 책을

사용한 후, 네 명의 학생이 Fulbright Awards를 수상하였다.

—**Keith Douglass Warner**, OFM, Education and Action Research 수석이사 및 Santa Clara University, Global Social Benefit Fellowship 및 Miller Center for Soccial Entrepreneurship 소장

산타클라라 대학교 MBA 학생들로부터

나는 이 수업을 정말 즐겼으며, 어렸을 때부터 만들고 싶던 미래의 사회적 벤처에 이것들을 확실하게 적용할 것이다. 몇 년 후 GSBI에서 만나요!

—**Bhargav Brahmbhatt**

지금까지 MBA 강좌 중에서 가장 좋아하는 수업이었다. 나는 매주 숙제와 원탁회의에서 많은 것을 배웠다. 나는 방금 시작한 첫 번째 사업을 개발했으며, 이 강좌가 없었으면 헤맸을 것이다.

—**Erin Horiuchi**

나에게 이 강좌는 훌륭한 학습 경험이었고 사회적 벤처를 시작할 때 이 개념들을 사용할 것이라고 확신한다.

—**Sijith Salim**

수업에 매우 만족했으며 사회적기업가 정신과 MoringaConnect에 대해 많은 것을 배웠다. 가나의 농부들의 삶에 실질적인 영향을 주고자 하는 설립자들과 함께 실제 회사를 위한 사업 계획을 세우는 것은 멋진 경험이었다. 나는 체험으로부터 학습한 교훈을 간직하여 커리어와 개인 생활 전반에 걸쳐 적용하기를 희망한다.

—**Brooke Langer**

한국의 학계 및 업계 전문가들로부터

사회적경제기업들이 효과적으로 사회 문제를 해결하면서 지속 가능하기 위해서는 혁신성을 갖추어야 합니다. 이 책은 글로벌 현장에서 혁신 사회적경제조직을 창업하여 탁월한 경영을 할 수 있는 방안들을 제시하고 있습니다. 풍부한 사례와 핵심을 찌르는 경영 방안에 대한 설명은 기업조직의 경쟁력을 높여줄 것입니다. 코로나 위기로 사회가치경영에 대한 관심이 급증하고 있습니다. 사회 문제에 대해 이해관계자들이 민감하게 반응하고 있어 이에 대응하기 위해 최선을 다해야 할 때입니다. 사회적 가치 창출을 선도하는 사회적경제기업들이 더 많아져서 새로운 시대로 가는 기회의 문을 여는 데 이 책이 기여하기를 기대하고 응원합니다.

—**김재구** 명지대 교수/(전)한국사회적기업진흥원 원장

우리나라에서 사회적경제 및 사회적 벤처기업들이 점차 활발하게 활동하고 있는 상황에서, 이 책은 사회적 벤처기업의 창업 및 운영에 필요한 내용을 매뉴얼이나 가이드라인처럼 쉽게 따라 할 수 있도록 서술하고 있어서 사회적 벤처기업의 경영자들 혹은 예비 경영자들에게 큰 도움을 준다. 특히 오랫동안 사회

적 벤처기업을 연구해 왔고 실제로 사회적 벤처기업을 경영하고 있는 역자의 지식과 경험은 이 책의 현실감을 더욱 살려준다.

—**류성민** 경기대학교 교수

공기업으로서 맡은 바 본업과 관련하여 우리 사회가 직면한 문제를 해결하고자 하는 사회적 가치 활동은 이제 선택이 아니라 필수입니다. 단순히 어려운 분들을 돕는 사회 공헌 활동에서 더 나아가 시장에서 재무적 지속 가능성을 바탕으로 기술과 아이디어를 통해 몸담고 있는 사회 문제를 해결하고자 하는 노력이 그 어느 때보다 절실한 시기라고 생각합니다. 이 책은 사회적경제기업이 경제적 가치와 사회적 가치를 함께 달성하는 과정과 결과에 대한 이해를 제고하고 방법론을 세세히 알려주고 있는데, 공공의 이익을 위하여 설립되었지만 독자적으로 지속 가능성을 확보해 나가야 하는 공기업에게도 좋은 참고서이자 지침서가 될 것입니다.

—**박일준** 한국동서발전(주) 대표이사

많은 분들이 사회적경제기업은 경제적 이득을 취하기 어렵다는 편견을 지니고 있습니다. 이는 사회적경제기업 운영 주체 중 상당수가 여전히 후견적 지원 체제에 머물러 있는 실태를 보여주기도 합니다. 그러나 이 책은 성공을 거둔 사회적경제기업들의 차별화 전략 및 사례를 통해 소셜임팩트가 나아가야 할 방향이 무엇인지를 명확히 제시하고 있습니다. 차별화는 비단 사회적경제기업에만 적용되는 것이 아닌, 모든 스타트업들이 가져야 하는 1차 덕목입니다. 남들과 구별되는 무언가가 바로 부가가치를 창출하는 요인이기 때문입니다. 이 책을 통해 더 많은 기업인들이 세상을 능동적으로 변화시키는 성공적인 사회적경제인이 되기를 기원합니다.

—**배준학** 마그나인베스트먼트 부사장(소셜임팩트펀드 대표펀드매니저)/임팩트포럼 투비회 회장

혁신은 낮은 곳을 찾아 흘러 들어가야 한다. 프라할라드 교수의 BOP(피라미드 하부)를 '새로운 시장'의 관점에서 접근하는 것은 넘쳐나도 '사회적 혁신' 관점의 접근은 여전히 부족하다. 이 책의 장점은 사회적 혁신이 필요한 현장에서 시장 기반 접근 방식과 시스템적 사고를 적용하도록 돕고 있다는 것이다. 9개 모듈의 사업 계획 체계에 의해 그라민 샥티와 산카라 안과 진료기관을 상세히 분석한 것 역시 사회적경제기업·기관에게 실증적인 도움이 될 것으로 보인다.

—**서진석** 행복나눔재단 그룹장

"공정하고 평평한 세상". 이는 세계 모든 국가의 정치적 담론의 주제, 새로운 경제적 대안 모색의 화두입니다. 노동과 자본, 대·중소기업, 도시와 농촌 등의 경제적 격차 해소는 국가와 사회를 지탱하고 지속 가능성을 판가름할 핵심 요소가 되었습니다. 그간 대안적 경제모델에 대한 시도가 곳곳에서 이루어져 왔습니다. 사회적 협동조합의 출현, 중소기업적합업종 법제화, 대규모유통업 영업제한 및 전통시장살리기, 대·중소기업 협력이익공유제 등이 그것입니다. 하지만 수십 년, 수백 년 쌓여온 '승자독식' 자유시장경제의 제도와 관행이 한순간에 바뀔 순 없을 것입니다. 대안적 경제모델로서 사회적경제에 대한 대담하고 창의적인 시도가 폭넓게 전개되어야 할 이유입니다. 그러한 시도의 과정에서 열정적인 실리콘 밸리 멘토 그룹의 컨설팅 경험을 토대로 발간된 이 책은 사회적 벤처기업을 준비하거나 경영하는 대담한 기업인이자 활동가들에게 눈 밝은 길잡이가 되고 통찰을 부여하는 지침서가 될 것이라고 생각합니다. 국내에도

사회적경제기업을 육성하고 지원하는 GSBI(Global Social Business Incubator)와 같은 조직의 설립을 기대해 봅니다.

—**양찬회** 중소기업중앙회 KBIZ중소기업연구소 소장

다양한 사회적기업을 육성하면서 깨닫게 된 사실은 해결하고자 하는 사회 문제, 즉 소셜 미션이 명확할수록 성공 확률이 높다는 것이다. 그러나 아무리 선한 의도를 가지고 시작한 사업이라 하더라도 그것이 지속 가능하지 않거나 확장성이 없다면 그 울림은 작을 수밖에 없다. 사회 혁신을 꿈꾸는 예비 사회적기업가들에게 이 책은 '경제적 가치'와 '사회적 가치' 두 마리 토끼를 동시에 잡을 수 있는 방법을 일목요연하고 친절하게 알려주는 최고의 지침서이자 길라잡이가 되어줄 것이다.

—**엄상홍** SK이노베이션 홍보실 PL

인류는 사회가 안고 있는 문제를 해결하기 위해 끊임없이 진화 발전해 왔다. 기업의 발명이 대표적일 것이다. 가장 최근의 발전은 사회적기업이다. 사회적기업은 전통적인 시장경제와 영리기업들이 가진 한계를 극복하기 위해 등장하였다. 저자는 새로운 경제 영역에서 독특한 유형의 기업을 경영하는 것이 기존의 경영 방식과 어떻게 그리고 얼마나 다른지를 잘 설명하고 있다. 이 책은 사회적경제에 대한 철학적인 이해를 높이는 등 이론적인 접근뿐 아니라 사업 계획 시스템에 대한 자세한 설명이나 자금 조달과 관련한 워크시트 등 실제적으로 유용한 내용까지 포함하고 있다. 사회적경제와 사회적기업에 관심을 가지고 있는 연구자와 실무자 모두에게 추천한다.

—**유규창** 한양대학교 경영대학 학장/인사관리학회장

제4차 산업혁명시대 대학의 사회적 책임에 대한 요구는 더 커지고 있다. 산학협력, 지역사회개발, 평생교육 제공 등을 통해 다양한 사회적 역할을 수행하고 있지만 교육기관 본연의 업무를 감안할 때 사회적기업을 창업할 수 있는 인재 양성이야말로 대학의 시대적 역할이라고 생각한다. 이 책은 이론적인 지식뿐 아니라 구체적이고 실용적인 방법까지 제공하면서 학생들이 사회적기업가 정신을 체계적으로 배울 수 있도록 훌륭한 교과서 역할을 할 것으로 생각된다.

—**유지상** 광운대학교 총장

저자는 사회적경제기업을 직접 경영하는 실천 경영학자로서 이 책을 통해 사회적경제기업의 설립과 운영에 대한 현실적인 대안을 제시하고 있다. 제시된 글로벌 사회적기업의 경영전략과 성공사례는 지역사회는 물론 더 나아가 중앙정부 차원의 정책 수립에도 나침반과 같은 역할을 할 것으로 기대된다. 특히 사회적경제에 관심을 가지고 있는 기업인들과 창업인들에게 참고가 될 수 있는 좋은 책이다.

—**윤동열** 건국대학교 교수/서울인적자원개발위원회 선임위원

인간이 빈곤을 벗어나 인간다운 생활을 하게 하는 것은 인류의 오랜 꿈이며 이러한 꿈을 이루기 위하여 설립 운영되고 있는 사회적경제기업의 성공은 우리 모두가 염원하는 일이다. 그러나 아무리 고귀한 미션을 설정하였더라도 기업으로서 성공하지 못하면 오히려 사회에 부담이 될 수 있으므로 일반 기업보다 더 험난하게 닥쳐오는 경영 환경을 극복해 내는 경영자의 역할이 매우 중요하다. 이 책은 사회적경제기업의 경영계획 수립 및 집행과 평가 등 단계별로 필요한 사항과 실제 경영 사례를 제시하고 있어 급변하

는 환경에 체계적으로 대응하게 하는 지침서의 역할을 한다. 아무쪼록 이 책을 통하여 성공하는 사회적경제기업이 많이 배출되어 우리 사회가 지속 가능한 사회가 되기를 바란다.

—**장영철** 숭실대학교 초빙교수/(전)한국자산관리공사 사장

세계 빈곤 문제에 대한 깊이 있는 분석, 빈곤 문제의 혁신적 해결을 위한 사회적경제기업의 역할, 사회적기업의 경영 노하우 등 거시적 관점부터 미시적 운영에 이르기까지 사례가 이만큼 풍부하면서도 세심하게 제시된 책은 처음이다. 가난한 사람들을 배려하고 공감하는 태도가 감동적이기도 하다. 번역자의 전문성과 감성이 보태져서 가독성이 높고 흥미까지 느껴지는 책으로, 빈곤 문제와 사회적경제에 관심 있는 사람들에게 적극 권장하고 싶다.

—**정무성** 숭실사이버대학교 총장/(전)한국사회복지학회 회장

한국 사회적경제의 발전을 초기부터 지켜보고 경험한 1인으로서, 이 책은 탄탄하고 군더더기 없는 이론적 배경과 설득력 있는 논지를 제공함과 동시에 국내 상황에서도 실제 사회적경제기업을 준비하고 창업하려는 독자에게 매우 유용한 지식과 정보를 제공한다.

—**조영복** 부산대학교 교수/(사)사회적기업연구원 이사장

신자유주의와 4차산업혁명에 기반한 경제 발전은 인류에 새로운 가치를 제공하지만 빈부 격차라는 새로운 문제를 낳기도 한다. 이 책은 사회적 혁신과 부의 분배라는 관점에서 창의적인 해법과 사례를 제시하며, 특히 피라미드의 하부라고 불리는 가능성이 높은 시장을 어떻게 공략하여 성과를 거둘 수 있을지에 대하여 구체적으로 알려주는 친절하고 명쾌한 지침서이다. 투자전문가로서 사회적경제기업 사업 계획서 작성 시에 반드시 옆에 두고 참고하여야 할 필독서로 추천한다.

—**허공회** 숭실대학교 특임교수/(전)LinQ Labs Inc. CFO/(전) Partner, Adiaco Capital Advisors(Sin)

역자 서문

사회적경제기업에 대한 관심이 높다. 사회 문제를 해결하고 사회적 가치를 실현하는 일을 비즈니스라는 수단을 통하여 수행하는 기업은 개념적으로 매력이 넘친다. 하지만 이러한 기업을 지속 가능하면서도 원래의 미션과 비전을 달성하며 운영하는 것은 쉬운 일이 아니다. 번역자 중 1인도 사회적기업이자 장애인표준사업장을 현재 운영하고 있는데, 사회적경제기업이 직면하는 해답을 찾기 어려운 여러 가지 도전을 매일 현장에서 경험하고 있다.

이 책에서 강조하는 중요한 내용은 사회적경제기업의 성공 공식이 하나는 아니겠지만 새로운 전제에 기반하는 것이 바람직하다는 점이다. 이 새로운 전제는 첫째, 취약계층은 대규모의 노동을 제공할 수 있는 가치 있는 자원이자 거대한 구매력을 가진 소비자라는 점이다. 둘째, 취약계층을 대상으로 하는 비즈니스가 주류계층을 대상으로 하는 비즈니스를 조금 수정하고 보완하는 접근 방식보다는, 취약계층이나 취약계층이 속한 시장 내에서 활용 가능하고 협력 가능한 자원들을 발굴하여 사업 모델을 발전시키는 접근 방식이 효과적이라는 것이다.

특히 이 두 번째 전제와 관련하여서는, 원저자가 서술하고 있듯이, 성공적인 사회적경제기업의 사업 계획 패러다임이자 지속 가능한 기업을 창출하고 변혁과 혁신을 가져오는 접근 방식은 전통적인 기업의 그것과 달리 하향식이 아닌 상향식이 더 바람직할 것이다. 취약계층과 취약계층이 속한 시장의 관습, 사회 정치적 구조, 경제적 교환의 주민 시스템의 토대를 공통적으로 형성하는 규범 등에 대한 깊은 이해를 바탕으로 비즈니스 모델을 구성하는 일이 필요하다는 말이다. 이러한 이유로 다른 계층과 시장에서 성공한 비즈니스를 그대로 이식하려는 시도가 효과적이지 않을 가능성이 높다는 점을 염두에 둘 필요가 있다.

이 책의 내용 중 사회적경제기업을 운영함에 있어 사회적 자본의 중요성에 대한 지적도 유념할 가치가 있는 부분이다. 번역자가 사회적경제기업을 운영하며 경험적으로 어렴풋이 짐작하고 있었던 내용이기도 한데, 사회적경제기업에게 사회적 자본은 금융 자본 못지않게 중요하다는 것이다. 사회적경제기업의 혹은 최소한 사회적기업가의 사회적 자본은 제한된 금융 자본에도 불구하고 사업운영에 필요한 여러 가지 자원들을 확보하는 데 도움을 주는 것은 물론, 금융 자본의 소진을 늦추고 추가적인 금융 자본을 확보하는 데 상당한 영향을 주기 때문이다. 사회적 투자자가 사회적경제기업의 영향 모델에 관심을 가지고, 재무적인 수익에 대한 기대를 기꺼이 낮춘다는 사실도 사회적 자본의 중요성을 다시 한번 일깨워준다.

번역자로서 이 책이 독자에게 사회적 비즈니스와 사회적경제기업을 이해하는 데 필요한 기본적인 지식과 정보를 제공하는 참고서이자, 나아가 이 매력적인 분야와 기업의 사업을 실제적으로 계획하고 수행하는 데 필요한 좋은 지침서가 되기를 희망한다. 어려운 출판환경에도 기꺼이 출간을 허락하신 한티미디어 김준호 사장님께 감사를 드린다. 번역본의 오류는 전적으로 번역자의 책임이다.

2020년 8월

역자 일동

서문

방글라데시의 사회사업가 무하마드 유누스(Muhammad Yunus)는 사회적기업(social business)을 다음과 같이 정의한다. "사회적 이익을 창출하는 재화와 서비스를 창출하는 기업으로, 발생한 흑자는 사업에 재투자한다."

그는 또한 사회적기업이 흑자 현금 흐름(비용보다 큰 수입)을 지닌 수익 창출 비즈니스처럼 운영되어야 한다고 주장하며, 투자자에게 지분을 제공하기보다는 투자 자금(투자 자본)을 투자자에게(투자자가 합의한 금액으로, 가능한 한 제로) 상환해야 한다고 주장한다. 따라서 사회적기업은 법적인(또는 세금) 관점에서 영리 단체 또는 비영리 단체가 될 수 있다. 그러나 "사회적 영향(social impact)" 임무를 수행하고 원래의 투자자에게 애초 동의한 금액을 상환한 후 사업에서의 모든 운영 잉여를 재투자할 것이다.

유누스는 아쇼카(Ashoka) 임원 빌 드레이톤(Bill Drayton)의 사회적기업가 정의를 인용한다. "이전에는 다루기 어려운 사회 문제에 창의적이고 혁신적인 사고를 적용하는 사람." 유누스는 또한 사회적 벤처가 사회적기업가 정신의 한 형태라고 주장한다. 그러나 그는 사회적 벤처는 자본주의의 사유재산 극대화 논리에 대한 대안적 합리성을 나타내는 사회적 영향에 초점을 둔 새로운 사업 형태를 구성한다고 주장한다. 어떤 면에서 사회적 벤처는 진정으로 "선순환" 창출을 추구한다. 잉여가 많을수록 사회에 더 큰 이익을 준다.

사회적 벤처는 근본적으로 사회적 사명과 이익 재투자라는 재무 목적을 지닌 사업이라는 전제를 수용하면서, 산타클라라 대학교의 글로벌 사회적 이익 인큐베이터(Global Social Benefit Incubator: GSBI)가 재무적 지속 가능성과 사회적 영향의 확장성에 기여하는 방향으로 사회적기업가들이 벤처기업을 관리하는 방법을 학습할 수 있도록 설립되었다. 우리는 2003년부터 2012년까지 175여 명의 사회적기업가가 GSBI를 통해 사회적기업을 위한 전략 및 운영 계획을 수립하는 데 도움을 준 리더 그룹의 일원이다. 임원 멘토 그룹은 신생 기업 및 일반 경영 경험에 대한 깊이를 바탕으로 신중하게 선정되었으며, 금융 및 마케팅 통찰력, 그리고 다양한 문화 및 경제적 환경에서 가난한 자의 니즈에 "겸손하게 경청하는 능력"과 같은 무형의 자질에 대한 민감성이 포함된다. GSBI 지도력과 함께, 첫 번째 선택된 임원 멘토 그룹은 합쳐서 500년이 넘는 공공 및 민간 분야에서의 경영진 경험을 보유하였다. 예비 사회적기업에 대한 가치 제안, 목표 시장 진술 및 비즈니스 모델을 제출한 지원자 풀 중에서 사회적기업가를 선정하였다. 처음 10년 동안 1,000개가 넘는 조직이 신청했다.

매년 약 4개월 동안 선정된 사회적기업가는 2~3명의 실리콘 밸리 임원 멘토를 배정받았다. 멘토는 사업 계획서 작성에 필요한 기본 정보(제품/서비스 정의, 시장 규모, 시장 진입 계획 등)를 개발하기 위해 고안된 일련의 온라인 기초연습을 통해 코칭하였다. 4개월간의 원격 수업 후, 기업가들은 2주간 산타클라라 대학교의 "부트 캠프"에 참여하여 멘토와 GSBI 직원들과 밀착 협력하여 엘리베이터 피치, 세부 비즈니스 모델, 파워포인트 프레젠테이션을 개발하였고, 2008년부터는 2페이지의 "투자 프로필"(주요 사실 자료)을 작성하였다. 신청부터 기숙캠프까지 9개월간의 작업을 통해 기업가는 재무 지속성(흑자 현금 흐름)과 확장 가능한 영향(비용 증가보다 빠른 속도로 소득 및 영향 증가)을 달성하기 위한 전략과 계획을 수립하였다.

2003년 첫해에는 7개 조직이 참여하였고, 이어서 14개, 19개 조직이 참여했다. 이 기간 동안 열정적인 실리콘 밸리 멘토 그룹(100명 이상)은 GSBI 프로그램에서 사회적기업가와 함께 일하는 데 수천 시간을 자원했다. 그들은 또한 프로그램 자체의 지속적인 혁신을 지원하기 위해 멘토로서 배운 교훈을 이 책에 포함시켰다. GSBI는 확장을 수용하기 위해 관련 프로세스가 다소 변경되었지만 2012년 이후 계속해서 확장되었다. 2017년 12월 현재,

- 기숙 캠프 프로그램에 참여한 233명을 포함하여 800명 이상의 사회적기업가가 GSBI의 도움을 받았으며,
- 200명 이상의 멘토가 사회적기업가와 페어 또는 트리오로 일해왔다,
- GSBI 졸업생은 2억 6,700만 명 이상의 삶에 긍정적인 영향을 미쳤다,
- GSBI 졸업생 벤처기업은 5억 2,500만 달러의 영향 자본투자(impact capital investment)를 창출했다,
- 79명의 산타클라라 대학 학부생이 GSBI 졸업생 벤처기업과 심도 있는 현장 실습을 수행했다.

GSBI 공동설립자로서 이 일에 영향을 받은 제임스 코흐(James Koch) 교수는 2005년에 정의와 번영을 위한 리더십(Leadership for Justice and Prosperity)이라는 MBA 과목을 개설하였다. 2005년 겨울에 처음 개설한 이 과목은 2016년 가을까지 2,500명이 넘는 MBA 학생이 수강했다. 이 학생들은 세계 빈곤 퇴치에 기여할 수 있는 비즈니스 모델 혁신과 기술 혁신을 모색하여야 했다. 그들의 프로젝트는 GSBI의 창발적이고 실습 중심의 이론을 적용하여, 기술 및 비즈니스 모델 혁신의 새로운 영역으로 "피라미드의 바닥(Bottom of the Pyramid: BOP)"에 대한 사고를 자극하였다. 같은 시기에 에릭 칼슨(Eric Carlson) 교수는 이 책에서 설명한 패러다임을 기반으로 한 사회적기업가 정신(Social Entrepreneurship)이라는 MBA 과목을 설계하였다. 그 후 매년 산타클라라 경영대학에서 그는 이 과목을 강의하고 있다. 또한 아쇼카 대학교(Ashoka University)는 사회적기업가 정신에 대한 훌륭한 "실용적인" 과목으로 추천하면서 이 과목의 강의 계획서를 발간하였다. 코흐 교수는 사회적기업가 정신을 가르치고 학생들이 학부 및 MBA 레벨의 과목에서 개념적인 사업 계획서를 준비할 수 있도록 이 책의 초안을 강의 자료로 활용하였다.

이 책을 이용하는 방법 How to Use This Book

이 책은 재정적으로 지속 가능하고 영향의 확장성을 창출할 가능성이 있는 사업 계획을 개발하기 위해 사회적 벤처 지도자들이 팀 및 자문단과 효과적으로 협력할 수 있는 지침으로서, GSBI의 첫 10년 동안 얻은 교훈을 밝히는 데 목적이 있다. 이 책은 사회적기업을 관리하는 사람들에게 가장 유용할 수 있지만 재무적, 인적 및 물리적 자원을 사용하여 재정적으로 지속 가능하고 유익한 사회적 영향을 창출하는 프로그램이나 사업을 개발하려는 사회적기업가를 돕기 위해 설계되었다. 잠재적 투자자, 학생 또는 연구원은 이 책을 사용하여 기존 사회적기업 조직의 지속 가능성 및 확장성을 분석할 수 있다. 이 책은 사회 문제 해결에 대한 시장 기반 접근 방식을 개발하고 시스템적 사고를 고양하기 위한 분석 틀로서 학부 및 MBA 수업에서 사용한다. 이 책은 각 장의 끝부분에 사회적기업가를 도울 수 있는 사업 계획의 기초를 형성하는 일련의 교훈과 연습으로 구성되어 있다.

- 자금 조달,
- 기업의 사회적 영향력을 극대화,
- 흑자(흑자 현금 흐름)로 기업을 운영,
- 기업의 사회적 영향(및 수입)을 비용 증가보다 빠른 속도로 성장(확장),
- 기업에게 실제 문제를 효과적이고 효율적인 방식으로 해결하기 위한 솔루션을 제공하도록 보장

이 책은 세 부분으로 구성되어 있다. 1부는 배경 지식을 제공하고 이 책의 기반이 되는 기본 가정(즉, 상향식 접근 방식, 시장 기반 원리 및 사업 계획서의 논리)을 설명한다. 보다 구체적으로, 1장은 사회 변화의 하향식 이론과 상향식 이론을 비교한다. 사회적 진보는 국내 총생산(GDP)보다 인간 복지의 의미 있는 척도라고 주장한다. 빈곤 퇴치의 수단으로서의 복지 또는 자선 단체의 대안으로서 사회적기업가 정신의 역할을 검토한다. 사회적기업가는 자신의 사회 변화 이론을 개발하거나 다른 사람들과 비교하는 데 이 장이 유용할 수 있다. 2장은 "피라미드의 기초" 시장을 기술한다. 광대하고 서비스가 미치지 못한 시장의 전반적인 구조를 이해하기 위해 사회적기업가가 활용할 수 있다. 3장에서는 이 책에서 사용한 패러다임을 포함하여 대체 사업 계획서 작성 패러다임 또는 틀과 그 용도에 대한 개요를 제공한다. 이러한 각 틀은 사회적기업가가 사업 계획서를 개발하는 데 사용되었지만, GSBI 패러다임은 다루기 어려운 사회 문제를 해결하는 데 필요한 모든 요소를 이해하고 관리하려는 벤처기업에게 고유한 이점이 있다. 경제 개발 이론, BOP 시장 및 사업 계획 패러다임에 이미 익숙한 사람들은 관련 장을 건너뛸 수 있다. 2부는 GSBI 비즈니스 플랜 패러다임의 7가지 요소를 제시한다. 각 장은 사업 계획의 한 요소를 설명한다. 각 장은 경험 있는 멘토가 패러다임의 요소를 완성하는 데 필요할 것으로 생각한 가정과 지식을 요약하여 소개하는 것으로 시작하며, 사회적기업의 생존 가능성을 평가하는 체크리스트로 장을 마친다(참고: 사회적기업 사업 계획서를 개발할 때 사용할 수 있는 완벽한 템플릿 세트가 포함된 온라인 문서가 이 책과 함께 개발되었다).

3부는 재무 계획 및 기금 모금 목표, 예산 책정 및 운영 계획 수립 등을 포함한 비즈니스 계획에서 도출된 핵심 실행 요소를 설명한다. 이 3가지 실행 요소가 사업 계획서가 지닌 가장 중요한 이유이다. 재정적 생존력과 필요한 사람들의 복지에 대한 측정 가능한 개선을 동시에 추구하는 기업, 즉 사회적기업의 고유한 과제에 특히 주목한다. 이

들 요소는 실용적인 "그래서 무엇을, 지금은 무엇을(so what, now what)"을 의미하는 가를 보여준다.

이 외에도, 우리는 또한 각 장의 가장 중요한 요점을 쉽게 파악할 수 있도록 도와주고, 때로는 추상적인 것들을 실제 세계에 위치시키고, 각 영역으로 더 깊이 들어가거나 자신의 사업 계획서의 각 부문을 함께 모으는 데 도움이 되는 유용하고 다양한 교육적 도구를 포함시켰다.

기본 지식 및 최소 중요 세목 체크리스트

2부부터는 각 비즈니스 계획 장들은 GSBI 멘토가 사업 계획의 각 요소를 성공적으로 작성하는 데 필요하다고 느낀 기본 지식에 대한 참조 및 요약으로 시작한다. 본질적으로 이 기본 지식은 장을 구성하는 데 도움이 되며, 가장 기본적인 요점을 독자들에게 알려준다. 각 장은 사업 계획의 해당 요소에 포함되어야 하는 것들에 대한 멘토들의 집단 지성을 반영하는 최소 중요 세목 체크리스트로 끝난다. 시스템적 사고로, 최소 중요 세목은 시스템 설계의 전반적인 실행 가능성에 매우 중요한 조건이다. 이 체크리스트는 예비 사회적기업가가 자신의 벤처기업을 성공적으로 이끄는 데 도움이 될 것이다.

사회적기업에 대한 짤막한 정보

이 책의 누적 통찰력과 지식은 주로 GSBI 참여자들의 작업 산물에서 도출되었다. 대부분의 장에서 사회적기업에 대한 짤막한 정보는 서로 다른 조직이 사회적기업 사업 계획의 특정 요소를 인식하는 방식을 보여준다. 제시된 비즈니스 계획과 전략은 분석된 벤처기업의 유형과 수만큼 다양하기 때문에 짤막한 정보는 독자에게 다양한 사회적 벤처기업이 어떻게 우리의 패러다임에서 나온 원리를 실천으로 옮겼는지에 대한 통찰력을 제공한다. 각 장에서는 아래 세 조직의 짤막한 정보를 보여준다.

1. 낸시 위머(Nancy Wimmer)의 저서 『10억 빈민을 위한 녹색 에너지(Green Energy for Billion Poor)』에 실린 그라민 샥티(Grameen Shakti)의 사례 연구. 이 사례 연구는 그라민 샥티의 처음 10년에 초점을 맞춘다.

2. 산카라 아이 케어 시스템(Sankara Eye Care system)의 사례 연구. 이 사례는 산타클라라 대학교 리베이 경영대학에서 2015년 겨울학기 경영학 548, 사회복지기업가 정신(Social Benefit Entrepreneurship) 과목에서 다니엘레 메데이로스

(Danielle Medeiros), 캐스린 메이어(Cathryn Meyer) 및 비스와프리야 프라바카르(Visswapriya Prabakar)가 준비하였다.

3. 각 장에서, 해당 장에서 설명한 사업 계획 요소에서 혁신적이라고 생각된 다양한 GSBI에 소속된 조직을 보여준다. 9가지 예는 사업 계획의 하나 이상의 요소에서 혁신자 격인 조직을 보여준다. 예를 들어 Fundacion Paraguaya SSAS(사명, 기회 및 전략 혁신가) 및 Digital Divide Data(시장 혁신자)는 수입원으로서 직무 관련 교육을 활용하는 비즈니스 모델 혁신자였다. 예로 활용된 전체 9개 조직은 여전히 번성하고 있으며, 많은 조직이 GSBI를 경험한 지 10년이 넘었다.

각 장 끝의 연습문제 및 참고문헌

마지막으로, 각 장의 끝부분에는 해당 장에서 자세히 다루는 사회적 벤처 사업 계획의 부분을 분석/개발하는 데 사용되는 일련의 연습문제가 있다. 추가적인 읽기 및 연구를 위해 각 장에는 관련 참고문헌 목록이 포함되어 있다.

사회적 벤처 계획을 수립하는 다른 책과 비교할 때, 이 책은 (1) 외부 환경−사회적 벤처가 운영되는 생태계; (2) 사회적 벤처를 위한 척도; (3) 예산 및 운영 계획의 개발; 그리고 (4) 가장 유용한 잠재적인 자금원을 결정할 때 고려 요인에 대한 토의와 함께 다양한 형태의 자금 조달 이슈를 다루는 데 특별한 점이 있다. 무엇보다 이 책의 특별한 점은 성공적인 사회적 벤처를 구축하기 위한 포괄적인 기반을 마련하기 위해 GSBI 실리콘 밸리 멘토의 지식과 사회적기업가의 경험과 필요를 종합했다는 것이다.

차례

1부

배경

이 책의 1부에서는 상향식 접근 방식, 시장 기반 규율 및 비즈니스 계획의 논리에 대한 기본 사항, 즉 이 책의 나머지 부분에 대한 주요 가정에 대해 설명한다. 사회 변화의 하향식과 상향식 이론을 비교하면서 시작하고 그 과정에서 인간 복지에 대한 여러 가지 척도를 비판한다. 그런 다음 피라미드의 기초 시장과 시장의 다양한 형태와 특징을 조명한다. 이 책 전반에 걸쳐 사용된 패러다임을 특별히 강조하면서, 비즈니스 계획을 위한 몇 가지 대안 패러다임을 제시하면서 끝맺는다.

1장

사회 발전의 하향식과 상향식 이론

파멜라 하티건(Pamela Hartigan)은 2012년 스콜월드포럼(Skoll World Forum)을 시작하면서 세월이 흘러도 변치 않는 전래동요를 설득력 있게 재조명하며, 오늘날의 "험프티 덤프티 세상(Humpty Dumpty world)"을 한탄했다. 이 세상에서 "왕의 많은 선한 신하들이 험프티를 원래대로 복구하려고 안간힘을 쓰고 있다"고 그녀는 말했다.[1] 여러분이 기억하듯이, 험프티 덤프티는 원래대로 복구되지 않는다.

그럼에도 불구하고, 하티건은 계속해서 "새로운 사고와 실험의 단계"를 예고했다. 하티건은 이 단계에서 "상상력, 헌신, 끈기 및 강한 윤리정신을 가진 점점 더 많은 그룹의 사람들이, 험프티 덤프티 경제모델이 경제 및 사회 정의를 달성하고, 지구의 파괴를 막는 길로 변화되고 대체될 수 있도록 열심히 일하고 있다"고 말했다. 하티건은, 험프티를 방치하지 않고(혹은 왕의 신하들에게 고쳐주기 위해), 포럼이 "이 대단히 중요한 기회를 잡을 것"을 촉구하면서 다음과 같은 도발적 질문으로 마무리했다.

"우리의 시스템, 관행 및 사고방식을 어떻게 재구성하여 우리의 이야기가 단편적인 노력이 아닌 더 큰 집중성을 나타낼 수 있는가?"

이것을 다른 말로 하면, 우리는 어떻게 하면 "점점 더 불공평하고 지속 불가능한 사회에 대항하여 일반 시민들의 세계적인 분노의 흐름"을 활용하고, "실용적이고 창의적이며 헌신적인 사회적기업가"와 힘을 합쳐 과거와 다른 험프티 덤프티 세상을 실제로 만들 수 있는가이다. 하티건 입장에서, 이런 방식으로 성공하는 것은 "우리의 공동 이야기가 전해지면, 전례 없는 위협에 대처하기 위해 인간의 독창성, 공감, 그리고 성실함이 함께 우위에 서게 됐을 때, 일어났던 성공적인 때를 그리게 될 거라는" 점을 분명히 하는 것이다.

세상에는 환경, 인간 및 사회의 긴급한 도전 과제가 넘쳐나고 있다. 도전 과제들 중 많은 것(예를 들어, 세계 빈곤의 재앙)들은 상호의존적이며 역동적이며 겉보기에 다루기 힘들다. 그것들을 해결하는 방법에 대해 우리가 알고 있는 것은 결코 완벽하지 않다. 이러한 세계적 도전 과제가 시급한 것은 물론이고, 그 규모는 우리 제도의 적응 능력을 넘어서는 속도로 증가하고 있다. 정부, 자선 단체, 대기업 및 독립 기관들이 이 문제를 해결할 능력이 있는가? 아마 그렇지 않은 것 같다.

개념적 뿌리 Conceptual Roots

이 책의 개념적 토대는 규모가 중요한 맥락인 세계적 빈곤 상황에 뿌리를 두고 있다. 1962년부터 2013년까지 50년 동안, 세계 인구는 32억에서 71억으로 증가했는데, 이러한 성장 궤도에 따라 2050년에는 92억에 이를 것으로 예측된다. 1962년부터 2050년까지 단지 87년 만에 점점 취약해지는 지구에 인구는 3배로 늘어난다는 것을 상상해 보라. 이제 이 인구 증가의 95% 이상이, 시골에서 도시로 이주하는 속도가 빨라지는 가난한 나라에 집중되어 있음을 보라. 베이징, 콜카타, 멕시코시티와 같은 도시에서 인구가 급증하고 있는 것을 상상해 보라. 이런 도시들에서는, 수백만 명의 사람들이 이미 교통 혼잡과 대기 오염에 질식하고 있으며, 기반 시설 구축과 재정 적자가 함께 일어나면서, 정부가 식수, 위생, 주택, 교육 및 일반 대중의 안전과 같은 기본적으로 생명 유지에 필수적인 것들을 충족시킬 수 없게 되었다. 이를 포함한 그 밖의 상황에서, 규모에 맞게 복제할 수 있는 해결책을 개발하는 능력이 시급한 과제로 떠오른다.

특히 세대빈곤에 빠진 난민들과 젊은이들 사이에서는, 세계가 빈곤한 농촌에서 도시로, 세계의 남쪽에서 북쪽으로 전례 없는 인구 이동을 경험하고 있는 것은 놀랄 일이 아니다. 그럼에도 불구하고, 133개국에 대한 사회 복지의 주요 연구인, 2016 사회진보지수는 더 큰 소득 기회를 찾아 이주하는 사람들이 깨닫게 되는 것을 조명한다. 즉, 1인당 소득과 인간 복지의 지리적 이점은 동일하지 않다는 것이다. 미국을 한번 보자. 1인당 GDP가 세계에서 5위를 차지하는 미국은 개인 안전에 대한 사회진보지수는 133개국 중에서 27위를 차지했다. 너무나 많은 아이들이 학교에 다니지 않기 때문에 기초지식의 접근성은 40위; 온실가스 배출, 수질 악화 및 생물 다양성에 대한 위협으로 인해 환경의 질에서 36위; 보건 의료 시스템에 대한 세계의 다른 국가들보다 훨씬 많은 지출에도 불구하고 건강과 만족도에서는 68위를 차지했다. 지난 25년 동안 미국의 1인당 소득 증가는 인구의 상위 1~5%에 점차 집중되었다. 가계 소득의 중간 값이 정체되어 있고, 소득 불평등이 커졌고, 대다수의 시민들은 삶의 질 향상을 경험하지 못하고 있다. 이 모든 것이, 노동 계급 임금이 줄어들고, 중산층 진입을 위한 기회가 점점 더 줄어듦에 따라 치열한 경쟁이 일어나는, 원인을 급증하는 이민자들 때문이라고 생각하는 시민들의 국수주의적 본능과 반발을 가중시킨다.

미국의 경우, 2015년 4인 가정의 빈곤선은 연간 24,257달러였고, 1인당 하루 16.50 달러였다. 개발도상국의 많은 지역에서는, 1인당 하루에 4달러이다. 그리고 구매력 평가를 고려할 때, 극빈국의 경우 하루 2달러이다. 이 소득 수준에서 가난한 사람들은 불안정한 상태에 있다. 이 최소 임계값 위에 있는 사람들은, 빈곤층에는 나타나지 않지만, 노벨상을 받은 경제학자 아마르티야 센(Amartya Sen)의 말을 부연해서 설명하면, 더 나은 미래에 대한 희망을 크게 향상시킬 수 있는 삶을 선택할 수 있는 자유가 없는 세상에서 살고 있다. 중산층의 삶의 표준을 달성하고자 하는 희망과 관련하여, 토마 피케티(Thomas Piketty)의 세계 자본주의에 대한 연구는 지난 30년 동안 전례 없는 소득 불평등 증가를 기록하고 신분 상승이 줄어드는 비관적인 그림을 그렸다.

2017년 세계에서 가장 부유한 8명이 세계 인구의 하위 절반에 해당하는 36억 명보다 더 많은 부를 소유하고 있지만, 빈부 격차의 증가는 개발도상국에만 국한되지 않는다. 퓨 리서치 센터(Pew Research Center)에 의하면 미국의 소득 불평등은 1928년 이래 최고 수준이라고 한다. 사회보장과 같은 세금과 소득 이전을 고려하면 미국은 칠레 다음으로 세계에서 가장 높은 수준의 불평등을 겪고 있다. 더욱이, 부의 불평등은 소득 불평등보다 훨씬 크다. 2013년 미국 가정에서 가장 높은 수입을 올린 5분의 1은 전체 소득의 59.1%를 얻었고 모든 부의 88.9%를 차지했다. 마찬가지로, 중국과 인도에서 지니(Gini) 계수(소득의 통계적 분포를 측정)로 측정한 불평등은 1990년과 2015년 사이에 인도에서 0.45에서 0.51로, 중국에서 0.33에서 0.53으로 크게 증가했다. 지니 계수 0은 국민이 국민 소득을 모두 똑같이 공유한다는 것을 나타내며, 지니 계수 1.0은 완전한 불평등을 나타내며, 한 사람이 모든 소득의 100%를 갖는다. 다른 곳과 마찬가지로, 인도와 중국이 증가하는 중산층을 만들고 유지할 능력이 없다면 미래의 성장과 사회 안정을 위태롭게 할 것이다.

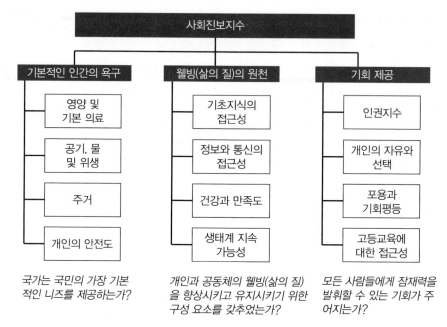

그림 1.1 사회진보지수

GDP 성장만으로는 사회적 발전이나 시민들의 복지 개선을 보장할 수 없다. 이들 모두는 종종 정부 기관의 우선순위 변화에 따라 달라진다. 아마르티아 센의 "자유로서의 발전" 철학을 반영하여, 사회적 진보 명령 운동(the Social Progress Imperative movement)은 그림 1.1의 사회진보지수(Social Progress Index: SPI)에 나타난 대로 세상을 다르게 본다. 국부에 대한 보다 완전한 평가를 제시한다. 이 국부는 시민의 기본적인 인간의 요구를 충족시키고, 삶의 질을 향상시키고 유지하며, 모든 개인이 잠재력을 최대한 발휘할 수 있는 조건을 조성할 수 있는 사회의 능력을 포함한다.

빈곤에 대한 심층적인 조사는 이 책의 범위를 벗어나지만, 그것이 빈곤을 줄이거나 혹은 경제적 번영의 낙수효과를 위한 정부 프로그램의 형태일지라도 정의로운 세계 건설을 위한 효과적인 하향식 해결책을 제시한다는 전반적인 증거는 약하다. 우리는 다음에 빈곤 퇴치를 위한 대안 접근법에 대한 검토를 통해 이 증거를 간략히 조사한다.

빈곤 감소에의 접근법 비교 Comparing Approaches to Poverty Reduction

제2차 세계대전의 종식과 유엔 창설 이후, 빈곤을 제거하거나 줄이기 위해 전 세계적으로 다양한 노력을 기울여 왔다. 이들 노력은 5가지 범주로 나눌 수 있다.

1. **정부 프로그램**: 정부는 프로그램의 자금 및 운영을 위해 세수입 또는 보조금, 어떤 경우에는 해외 원조를 사용한다.

2. **자선**: 부유한 개인은 민간 재단을 설립하고, 자선 단체는 프로그램의 자금 조달이나 운영을 위해 자금을 모으고, 기업의 사회적 책임(CSR) 기금은 지역 사회 프로그램을 지원한다.

3. **다국적 기업**: 대기업은 니즈가 충족되지 않은 시장에 진입하여 고객에 봉사하기 위해 자원과 조직을 활용한다.

4. **비공식 경제**: 어떤 경우에는, 문제를 해결하기 위해 불법적인 방법을 사용하는 경제적 교환의 병렬 시스템을 이용한다.

5. **사회적 벤처**: 소규모 조직(비영리 및 영리 모두)은 특정 시장 부문의 빈곤 감소에 초점을 둔다.

그림 1.2는 빈곤 감축을 위한 이들 5가지 접근법을 비교한다. 우리는 먼저 처음 4가지 빈곤 감소 접근법을 간략히 검토할 것이다. 이 장의 나머지에서는 다섯 번째 범주인 사회적 벤처의 이점에 대한 토대를 구축한다.

정부와 자선사업 Government and Philanthropy

어떤 사람들은 정부 프로그램이나 원조 및 자선사업이 경제 발전과는 별개의 접근 방식이라고 생각하지만, 여기서는 함께 묶었다. 왜냐하면 적절한 자원이나 외부 인센티브가 있으면, 이러한 것들 각자는 외부로부터 사회 시스템을 바꿀 수 있다는 가정에 근거하기 때문이다. 정부의 경우 이러한 관점은 경제 개발의 낙수효과 이론 또는 경제 성장을 촉진하는 거시 정책이 사회의 극빈층에 있는 사람들의 복지까지 혜택이 스며들 것이라는 믿음을 포함한다. 글로벌 자선사업의 경우 신념 체계는 다양한 메타 이론을 포함하며, 이들 메타이론 각각은 사회적 진보를 구성하는 요소의 대체 모델과, 후원자와 후원

그림 1.2 빈곤 감축에 대한 접근법

요소/접근법	미션/초점 또는 지배적 논리	경제적 효율성	문제의 이해	자원
정부 프로그램 또는 지원	다양한 미션; 권력/ 정치적 기반을 강화하기 위해 종종 취해짐; 자주 변화	종종 높은 간접비, 다양한 층의 관료주의	실제 고객으로부터 유리된 많은 층; 권한 이양의 부족	한정되고, 종종 변함
자선 프로그램	자선 또는 부의 이전	종종 높은 간접비, 적어도 두 단계의 관료주의	적어도 한 개의 층이 고객으로부터 유리됨; 권한 이양의 부족	한정되고, 드물게 반복할 수 있음
다국적 기업	수익성 매출 성장	종종 잘 개발되고 효율적으로 운영, 그러나 저임금 고객에 접근하는 데 성공하지 못함	가난한 자의 문제 및 시장 개발 상태에 대한 매우 제한된 지식; 마케팅 프로그램이 균열된 시장에서는 작동되지 않음	단기적 우선순위에 기반한 양
비공식 경제	차선의 빈곤 해결책	매우 비효율적; 부패하기 쉬움	개인적이고 직접적인 이해	제한적임
사회적 벤처	특정 빈곤 문제에 대한 영향	효율적인 해결책 개발 가능	개인적이고 직접적인 이해	벤처의 성공과 함께 증가할 수 있음

자의 재단 조직의 마음속에 사회적 진보를 달성하는 최적의 방법을 참고한다. 어느 경우든, 사회적 진보를 달성하는 데 필요한 핵심 자원은 공공 또는 사적 재산의 정보 관리자에 의해 높은 자선사업 수준에서 외부적으로 통제된다.

갤브레이스(J. K. Galbraith)에서 페로(Ross Perot) 및 샌더스(Bernie Sanders)에 이르기까지 많은 경제학자와 정치가들은 낙수효과 경제를 긴급한 사회적 니즈를 멈추게 하는 비효율적인 방식이라고 비판했다. 그러나 자선재단에서 주목할 만한 성공담과 같이, 거시경제정책은 다양한 경제 계층의 경제적 번영에 기여할 수 있다. 정부가 비즈니스(예: 중국에서의 제조업) 창출과, 인구가 집중된 도시 지역의 산업 클러스터 개발을 더 빨리 하는 데 직접 투자를 할 때, 정부는 경제 발전에 상당한 영향을 미칠 수 있다. 예를 들어, 중국의 경우, 빈곤율은 공산주의 체제 아래의 약 80%에서 정부가 후원하는 자본주의하에서 약 40%로 떨어졌다.[11] 이와 유사하게, 정부가 신기술 부문(예: 미국에서 국방고등연구계획처(Defence Advanced Research Projects Agency: DARPA)와 컴퓨터 네트워킹의 발전에서 자본 형성을 촉진하는 역할을 할 때, 뚜렷하고 널리 공유되는 경제적 이익이 발생할 수 있다. 그럼에도 불구하고 미국 인구의 약 14%(약 4,600

만 명)가 여전히 빈곤선 아래에 살고 있으며, 중국의 빈곤율 40%는 5억 인구에 해당한다.[12] 실제로 스웨덴의 경제정책에 대한 사회주의적 접근은 빈곤을 없애는 데 별다른 성과를 내지 못하고 있으며, 스웨덴 국민의 25%가 빈곤 속에 살고 있다.[13]

빈곤 또는 기타 사회적 니즈를 해결하기 위해 정부 프로그램 및 자선 프로그램이 광범위한 거시 정책의 틈을 메울 수 있지만, 둘 다 많은 실행 위험이 있다. 이를테면, 책임성 결여, 혁신 육성 실패, 비효율성 속에서 부주의한 "규모"(즉, 크기)의 추구, 관료적 중개자를 통한 경제적 낭비, 그리고 투자 수익률에 대한 영향 측정 또는 증거의 부재가 있다. 사회적기업가 정신은 이러한 위험을 개선할 수 있다. 인간의 힘과 상향식 혁신 역량의 개발에 역점을 두고, 사회적기업은 정부 및 글로벌 자선사업의 대규모 시스템 변화 목표를 보완한다.

다국적 기업의 역할: 프라할라드(C. K. Prahalad)의 논문
The Role of Multinational Corporations: C. K. Prahalad's Thesis

세계 자본주의하에서, 비즈니스는 모든 사람들에게 보다 지속 가능하고, 공정하며, 풍요로운 세상을 만드는 데 중요한 역할을 한다. 실제로, 기록은 혼재되어 있다. 유엔 밀레니엄 개발 목표(UN Millenium Development Goals)는 1990년에서 2015년까지 극빈자 수를 절반으로 줄이는 목표를 설정했다. 자유무역에 크게 힘입어, 세계 70억 인구 중에서 2015년 기준으로 하루에 1.25달러(1990년에 국제적으로 인정된 빈곤선) 이하로 살아가는 인구가 절반으로 줄어 11억 명이 되었다. 그러나 빈곤에 대한 이러한 정의는 사회적으로 고려된 것이며, 이러한 최저생활 소득 수준은, 삶에 기본적으로 필수적인 것(안전한 물, 위생, 영양, 양질의 교육, 저렴한 의료, 교통, 주거 및 지역사회 안전)의 접근성에 있어서 근본적인 부족과 관련해 생각해 볼 수 있다. 이 최저생활 수준에서, 토머스 홉스(Thomas Hobbes)의 표현을 빌리면, 인생은 더럽고 잔인하고 짧다.

2004년 「피라미드 바닥의 부」라는 논문에서 프라할라드는 낙관적이고 희망적인 견해를 제시했다. 이 견해는, 피라미드 바닥의 40억 인구를 시장 기회로 삼고 있는 다국적 기업들은 인류의 긴급한 니즈를 충족시키고 세계 빈곤 퇴치를 위한 혁신의 원천이 될 것이라는 것이다. 2003년 산타클라라 대학교의 "네트워크화된 세상—정보기술 및 세계화" 컨퍼런스에서 모어(Mohr), 데이비도우 벤처스(Davidow Ventures)의 창립자이며 파트너인 빌 데이비도우(Bill Davidow)와, 그 뒤를 이어 『피라드미 바닥의 약속: 영향과 규모를 갖춘 기업 구축(The Base of the Pyramid Promise: Building Businesses with Impact and Scale)』의 저자 테드 런던(Ted London)이 프라할라드 논문을 비판하였다. 데이비도우에 따르면, 세계 빈곤층의 도전적인 환경과 구체적인 니즈를 충족시키기에는 기업 인프라가 충분치 않다. 런던의 연구 결과에 따르면, 피라미드 바닥의 니즈를 충족시키는 주요 비즈니스 공헌은, 사례 연구나 준비 조사를 제외하고는 부족한 것으로 나타났다. 대기업은 규모의 경제를 달성할 능력이 있기 때문에, 저비용 생산 및 유통은 물론 자본효율 면에서 상당한 우위를 지닌다고 런던은 주장한다. 그러나 가난한 사람들의 삶의 환경과, 그들의 니즈, 가난한 사람들에 대해서 해결책을 공동 모색하는 방법, 그리고 분화된 시장에서 고객과의 마지막 접점 유통의 어려운 도전을 극복하는 방법에 대한 구체적인 평가를 할 때, 대기업들은 커다란 단점이 있다.

비공식 경제 The Informal Economy

1980년대, 캘리포니아 버클리 대학에서 시작된 한 프로젝트는 "비공식 경제"를 공식적인 제도 범위를 벗어나서 발생하는 합법적인 상품 및 서비스의 생산 및 유통으로 정의했다. 이 프로젝트는, 비공식 경제는 경제의 법규 내에서 사업을 운영하는 비용이 불법적으로 바로 그 사업을 운영하는 비용보다 더 클 때 발생한다고 결론지었다.[14] 이 프로젝트는 여러 나라의 비공식 경제 규모를 기록하기도 했다.

같은 시기에 에르난도 데 소토(Hernando De Soto)는 같은 정의를 사용하여, 페루의 세 시장 부문(주택, 소매, 운송)에서 비공식 경제를 조사했다. 데 소토는 시스템 "외부"에 있는 높은 비용 때문에, 비공식 경제가 여전히 상품과 서비스를 제공하는 데 비효율적이라고 주장했다. 그는 비공식 경제가, 효율적이고 공식 경제의 일부가 되기 위해서는, 비즈니스 형성 및 운영을 다루는 간단한 법률이 필요하다고 주장했다.

20년 후, 프라할라드는 "거래 지배 역량(transaction governance capacity)"을 사업 형성을 규제하고 뒷받침하는 규칙 체계로서 정의했다.[16] 데 소토와 마찬가지로, 프라할라드는 공식 경제에서 거래 지배 비용(공식 규칙 기반 거래 비용)이 비공식 경제에서의 거래 지배 비용보다 적도록 정부가 보장할 수 없으면, 비공식 경제가 계속될 것이라고 생각했다.

비공식 경제는 공식 경제를 위축시키며, 공식 경제의 공백을 채우기 위한 사회 제도로서 존재한다. 비공식 경제는 관계 기반이며, 대체로 신뢰와 상호성에 중심을 둔 자체 규범을 가지고 있다. 비공식 경제는 물물 교환과 유연한 지불 방식(가난한 사람의 최소한의 저축 및 불규칙적인 현금 흐름을 수용하는 방식)을 포함하는 교환 관계와 관련이 있다.[17] 안타깝게도, 비공식 경제가 실제로 참가자들의 빈곤을 감소시킨다는 증거는 전혀 없다. 오히려 비공식 경제는 빈곤을 수용하는 경제 시스템인 것 같다.

비공식 경제 이론은 사회적기업가와 관련이 있다. 왜냐하면 많은 국가에서, 바로 사회적기업이 여전히 운영되기 때문이다. 어떤 경우에, 사회적기업은 거래 비용을 절감하는 방법(예: 무선통신 전자 상거래 또는 정부 서비스에 대한 전자적 중재 이용)에 초점을 맞춤으로써, 거래 지배 역량이 낮은 상황에서도 지속 가능하고 확장 가능한 비즈니스를 창출할 수 있다. 이러한 종류의 노력들은, 인프라가 부족하고, 이들 비공식 경제에서 운영하는 사회적기업에 대한 법치의 부재와 같은, 장애물을 지닌 "최저생활 경제"를 포함하여, 이전에 비체계적이고 비효율적인 시장을 변화시킬 수 있다.[18]

시장의 불완전성과 빈곤 감소 접근법
Market Imperfections and Approaches to Poverty Reduction

2장에서 논의하겠지만 하향식 정부정책이나 복지에 대한 대안으로, 프라할라드의 빈곤에 대한 시장 기반 해결책은 우리가 이해한 바 있듯이, 경제 피라미드의 바닥에 시장들이 존재한다는 것을 전제로 한다. 실제로 이들 시장은 규모가 크지만(필수품 및 서비스가 약 5조 달러로 추정됨) 극도로 분화되어 있다. 이들 시장은 법규와 계약 집행력이 약하고, 부패가 널리 퍼져 있으며, 글 습득력과 기술 수준이 낮고, 토목사업 적자가 매우 높았던 상황에서 존재했다. 이러한 상황에서, 시장 이해력, 고객 니즈에 대한 자각 및 시장의 작동 방식에 대한 지식은 종종 정부, 자선 단체, 다국적 기업들 사이에서 매우 낮았다. 어떻게 물물 교환 시스템, 고정가격제의 부재 및 일대일 판매 채널의 관행이 시장 진입과 성장에 영향을 줄 수 있는지는 알 수 없었다. 또한 비공식 경제에서 일하는 사람들로 이루어진 고객층에 서비스하는 것이 미치는 영향을 이해하지 못했다. 예를 들어, 인도에서는 인구의 90%가 불규칙하고 예측 불가능한 최저생활 임금 수준을 가진, 비공식 경제로 이루어져 있다.[20]

경제에서 "제도적 공백"이란 말은 시장의 원활한 기능을 가능하게 하는 제도적 장치와 행위자가 없다는 것을 의미한다.[21] 이러한 공백은 공식적인 규제 또는 계약의 약한 집행, 중개인 및 공적 인프라의 부재로 나타난다. 이러한 요인들은 거래 비용을 증가시키고 결과적으로 시장 형태의 활동을 크게 저해한다. 거래 비용 경제학 관점에서 볼 때, 잘 정의된 재산권, 교환 규칙 및 법적 수단을 포함하여, 잘 개발된 제도적 환경의 부재는, 잘 작동하는 자본, 노동 및 제품 시장의 출현을 약화시킨다.[22] 그러한 공식 제도적 장치가 부족한 경우, 현지의 규범과 전통에 의해 보완되는데, 대기업들은 이 둘을 잘 이해하지 못한다. 따라서 현지 영업 환경에서 잠재적인 파트너의 위상을 파악하는 것이 기업 성공에 매우 중요하다.

피라미드의 바닥을 혁신하려면 특정 사용자의 니즈와 해당 상황의 제약에 대해 깊이 공감을 해야 한다. 가난한 사람들은 차별화되지 않은 집단이 아니다. 예를 들어, 낸시 위머(Nancy Wimmer)는, 그라민 샥티의 방글라데시 에너지 시장 접근 방식에 대한 연구에서, 다양한 BOP(Base of the Pyramid, 피라미드 바닥) 소득 및 다양한 직종(예: 농부, 어부, 상인, 장인, 교사, 클리닉, 학교)에 적합한 다양한 디자인 요구사항이 있다는 것을 알게 됐다. 가난한 사람들을 위한 샥티의 직접생산 생활방식 조명 솔루션의 규모는 선진국의 제품 사양과 비교할 때 아주 보잘것없었지만, 제품의 크기와 구성은 매우 다양했다. 샥티와 다른 곳에서도, BOP 소득 수준에 따라 유통 방식이 크게 달라지기도 한다.

BOP 시장은 자신의 논리로 자신의 조건에 따라 검토되어야 한다. BOP 시장의 특성은 선진국의 다국적 기업 및 대기업이 참여하는 잘 정의된 시장과는 상당히 다르다. 어떤 경우든, 후자는 포화 상태에 이른 성숙한 시장일 수 있다. 이 포화 상태에 이른 시장은 초기 BOP 시장에 대한 관심을 자극할 것이라고 프라할라드가 가정했던 환경이다. 그런데 대기업은 이러한 잘 정의된 시장을 이해하고 있다. 비용 구조와 경영 스타일이 가장 편안하게 맞는 곳이 이 잘 정의된 시장이다.

사회적 벤처를 통한 상향식 혁신의 장점
Advantages of Bottom-Up Innovation through Social Ventures

보다 현실적이거나 상향식 관점을 취하려면 "시장 제공"의 비전에서 "시장 개발" 비전으로 전환해야 한다. 이것은 고유한 전통, 관습 및 현장 수준의 역동성을 지닌 환경에서 공동 창조의 과정을 수반한다.[24] 대부분의 경우, 대기업은 이러한 환경을 무시하거나 이러한 환경에서는 비효율적이다. 반면에 신생 기업은 시장 창출의 경로를 그리기 시작한다. 신생 기업의 근본 원리는 종종 고전적인 영리기업의 원리와는 상당히 다르다.[25] 종종 신생 기업은 경제적으로 성장하고자 하면서, 동시에 사회에 영향을 미치고자 하는, 혼합형 지향성을 취한다.[26] 이 점에서 신생 기업은 선진국을 특징짓는 비인간적인 형태의 시장교환보다 인본주의적인 논리를 나타낸다.[27]

개발도상국의 사회적기업가와 일할 때, 우리는 우리가 가르치는 것보다 배울 것이 더 많다는 점을 깨닫는다. 상향식 혁신가로서의 사회적기업가들의 현실적인 견해는, 대기업 전략가나 정부 관료 혹은 대학교 복도에서 어슬렁거리는 우리들이 알 수 없는, 상호작용 경제 및 배움을 제공한다. 이들 사회적기업가들은 우리가 결코 들을 수 없는 목소리에 귀를 기울이고, 자신들이 봉사하는 사람들과 끊임없는 대화를 한다. 극단적인 자원 부족의 환경에서, 이들 사회적기업가들은 세계에서 가장 어려운 문제 중 일부에 제품과 서비스 솔루션을 공동발명하기 위해 취약계층의 사람들과 함께 일한다. 이런 환경에서 시장은 창출된다. 사회 혁신과 시장창조에 대한 상향식 접근법은 아래와 같은 이점이 있다.

- 소셜 마케팅 및 행동 변화에 대한 모범사례를 현지 상황에 적응시키고,
- 기존 공급망 인프라를 활용하여 조직 역량을 보완하고,
- 지역 은행 또는 기존 소액금융기관을 통해 현지 고객 자금을 조달 지원하고,
- 사회적 자본과 지역 네트워크 역량을 활용하여 이해 관계자 자원에 접근하고,
- 현지 니즈에 대한 깊은 공감을 바탕으로 기술 발전과 상향식 혁신 요구 사항을 결합한다.

4장에서 12장까지, 우리가 사용하는 2가지 예(그라민 샥티와 산카라)는 이러한 이점이 실제로 어떻게 작용하는지 보여준다. 샥티는 이러한 이점을 활용하여 세계 최대의 태양광 주택 공급업체가 되었다. 산카라도 세계 최대의 저렴한 안과 진료 제공자가 되었다. 샥티 및 산카라와 같은 조직과의 협력을 통해, 우리는 사업을 성장시키는 방법에 대해, 노련한 기업가의 지식과 자신들의 상향식 관점을 통합할 수 있는 사회적기업가가, 가난한 사람들을 위해 봉사하는 사회적기업을 성공시킬 수 있다는 큰 가능성을 보여준다고

믿는다.

정부와 외부인에 대한 신뢰가 낮은 환경에서, 소외계층에 서비스를 제공하기 위해 성공적인 사회적기업을 구축하려면, 현지 경제교환 시스템의 기반을 형성하는 현지 관습, 사회 정치 구조 및 규범에 대한 깊은 이해가 필요하다. 사회적기업가를 위한 이 안내서에서, 기업 개발 및 시장 창출에 대한 상향식 및 참여적 접근 방식은, 정부 정책 및 다국적 기업의 BOP 시장 진입 전략에 주류를 이루고 있는 하향식 접근 방법과 대조적이다. 이것은 빈곤층을 지원하는 데 중요한 요소로, 적절한 가격으로 구입할 수 있는 제품 설계와 사회 혁신을 통합한다.[28] 이것은 지역 생태계에 해결책을 포함시키는 것의 중요성을 강조한, Jain과 Koch의 연구와 일치한다.[29] 직접생산 생활방식의 BOP 기업에 대한 심층적인 사례 분석에서, Jain과 Koch는, 실행 가능한 해결책은 궁극적으로 "최신 기술과 토착 지식과의 혼합 및 매칭, 그리고 거주자 흡수 능력에 대한 이해", 쉽게 말해 자신들이 "현지화"라고 부르는 과정과 관련 있다고 결론지었다. Jain과 Koch는 "임시 가치 사슬(고객에 대한 제품이나 서비스의 창출 및 관리를 원활히 수행하는 기업 소속 직원의 그룹)에서 단위 경제를 이해하는 것이 필요한 마이크로 프로비저닝 메커니즘의 개발을 통해", 경제적 생존 가능성 및 구매 가능성 제약을 모두 해결할 수 있다고 제안한다. 마지막으로, Jain과 Koch는 BOP 환경에서 "솔루션을 공동 제작 및 내장"할 때 "마지막 접점 유통 에이전트 기반 영업 및 서비스를 위한" 인센티브 계획 및 물류의 중요성을 강조한다. 생태계 차원에서 이러한 종류의 방식을 통해, "조직은 자본 효율성을 높이고, 비공식적인 교환 규칙에 따라 해결책을 조정하며, 기존의 신뢰 기반 사회구조를 활용함으로써, 자신들의 노력에 대한 정당성을 확보할 수 있다."

사회적기업가들은, 다음과 같이 이들 뚜렷이 구별되는 시장에 서비스하는 방법을 찾아내는 데 앞장서고 있다.

- 사회적기업가들은 고객 니즈에 대한 탁월한 지식과, 비용 절감이나 고객 가치 향상을 통해 설득력 있는 가치 방정식들을 만드는 방법에 대한 실제적인 지식을 보유하고 있다.
- 사회적기업가들은 문화, 언어, 상징 및 오피니언 리더가 고객 태도를 어떻게 형성하는지에 대한 지식을 가지고 있다. 이 지식은 현지 매체를 효과적으로 사용할 수 있는 능력을 향상시킨다(예를 들면, 고객을 교육하기 위한 상상력 있는 드라마나 현지 언어로 된 모바일 플랫폼 앱들을 통해서 그렇게 한다).

- 사회적기업가들은 현지 유통을 이해하고 있고, 기존 채널이 고객에게 도달하기 위해 어떻게 적용될 수 있는지 이해하고 있다.
- 사회적기업가들은 현지 이해 관계자를 이해하고, 5장에서 다루는 것처럼, 자신들이 위험을 완화하기 위해 어떻게 협력해야 하는지 혹은 자신들의 영향력을 활용하여 어떻게 가치 사슬 혁신을 이루어내야 하는지를 이해하고 있다.

외부에서 BOP 시장에 진출하는 다국적 기업과 달리, 사회적기업가는 내부 또는 상향식 관점에서 기업과 시장을 구축한다. 입소문이 중요한 환경에서, 사회적기업가들은 신뢰의 기초를 이해하고, 브랜드 아이덴티티의 특정 요소가 브랜드 이미지 초기 채택과 시장 침투 확대에 어떤 영향을 미치는지를 이해한다.

요약 To Recap

이 장에서, 우리는 인간의 니즈를 충족시키기 위한 하향식 및 상향식 접근법을 검토했다. 시장 기반 솔루션의 맥락에서 우리는, 고인이 된 프라할라드의 "이윤을 통한 빈곤 퇴치"를 다룬 논문과 그가 대기업을 위해 구상한 BOP 혁신 리더십 역할을 다시 검토했다. 혁신의 증거가 점점 늘고 있지만 대기업보다는 사회적기업가가 주도하고 있다. 이러한 소외된 시장에 대한 사회적기업가들의 현실적인 견해는 BOP 공동체의 변화를 가져올 것이라는 특별한 약속을 한다.

어떤 분야로서의 사회적기업가 정신의 성장은 공공, 민간, 비영리 또는 자선 단체의 합리성을 연결하는 "제4부문"의 출현과 일치한다. 이러한 여러 단체들을 연결하여, 사회적기업가 정신은 창의성을 발휘하고 파괴적인 혁신을 위한 아이디어의 원천이 될 가능성이 있다. 자선 단체와, 단기 이익을 추구하고 종종 돈을 뜯어낸다고 인식되는 대기업, 현직 관료들이 사적 이익의 속셈으로 관료적인 해결책을 제시하는 것으로 널리 알려진 불신받는 정부와는 대조적으로, 사회적기업가는 현지 상황에 뿌리를 두고 지역사회에 힘을 실어주는 것으로 인식된다. 사회적기업가는 현장에서 자원 제약과 시장 불완전의 특수 상황에서 시장 창출의 어려움을 해결하기 때문에, 연구와 개발의 중요한 대상이다.

2012년 스콜월드포럼에서 발표된 파멜라 하티건의 연설은 "불공평하고 지속 불가능한 사회에 대한 평범한 시민들"의 반응을 분노라고 묘사했다. 이 분노는 2013년 7월 26

일 피터 버핏(Peter Buffett)의 다음과 같은 논설로 나타났다.[30]

> 새로운 운영 체제를 위한 시간이다. 2.0 또는 3.0이 아니라 무언가 기초부터 새로운 코드가 구축되어야 한다. 우리가 가진 것은 상상의 위기이다. 알베르트 아인슈타인은 문제를 만든 것과 똑같은 사고방식으로는 문제를 해결할 수 없다고 말했다. 재단 재산은 최고의 "위험 자본"이어야 한다. 모든 사람들에게 정말로 더 큰 번영을 가져다주는(더 많은 사람들이 더 많은 물건을 갖게 된다는 뜻은 아니다) 기능적으로 원활한 사회에서 살 수 있는 다른 방법의 예를 보여주기 위해 열심히 노력하는 사람들이 있다.
>
> 세계의 많은 지역을 하나의 거대한 시장으로 바꾸어놓은 현재의 구조와 시스템을 부수는 개념을 연구하는 데 돈을 써야 한다. 세계 구석구석에 실제로 Wi-Fi가 작동하는가? 아니다. 지구상에서 더 이상 13세 소녀가 매춘을 하지 않을 때이다. 그러나 대부분의 사람들이 자선 행위에 대해 자화자찬을 하고 있는 한, 우리는 영원한 빈곤 기계를 가지고 있다. 오래된 이야기이다. 우리는 정말 새로운 이야기가 필요하다.

많은 사람들이 험프티 덤프티에 대한 어린 시절의 기억을 떠올린 대로, 모든 왕의 말과 신하들은 험프티를 원래대로 복구할 수 없었다. 빈곤 퇴치를 위한 정부의 하향식 거시 경제 접근법은, 가난한 지역사회의 현실을 배제하는 정치적 다수의 정통성을 반영한다. 빈곤에 대한 시장 기반 해결책을 개발하려는 대기업들의 외부 의견 도입 노력과 마찬가지로, 대기업들은 종종 현지 사람들의 삶과의 교감 부족으로 어려움을 겪고 있다. 이 공감 결핍은 시장 실패에 대한 이해와 부당한 균형을 유지시키는 요인들에 대한 깊은 사고를 해친다. 이러한 상황에서 1인당 GDP와 같은 경제적 복지의 거시 경제지표는 불평등, 광범위한 빈곤, 사회적 진보에 대한 체계적 장벽 등과 같은 현실을 가린다. 이 장에서는, 기존의 접근 방식(정부, 자선, 기업)이 왜 미흡한지를 보여주려고 했다. 다음 장에서 BOP 시장을 자세히 살펴볼 것이다.

참고문헌 Background Resources

Ansari, Shahzad, Kamal Munir, and Tricia Gregg. "Impact at the 'Bottom of the Pyramid': The Role of Social Capital in Capability Development and Community Empowerment."

Journal of Management Studies 49, no. 4 (2012): 813−842.

Battilana, Julie, and Matthew Lee. "Advancing Research on Hybrid Organizing—Insights from the Study of Social Enterprises." *Academy of Management Annals* 8 (2014): 397−441.

Bugg-Llevine, Antony, and Jed Emerson. *Impact Investing: Transforming How We Make Money While Making a Difference*. New York: John Wiley and Sons, 2011.

Coase, R. H. "The Problem of Social Cost." *Journal of Law and Economics* 3 (October 1960): 1−44.

Desa, Geoffrey, and James Koch. "Building Sustainable Social Ventures at the Base of the Pyramid." *Journal of Social Entrepreneurship* 8 (2014): 146−174.

De Soto, Hernando. *The Other Path*. New York: Harper and Row, 1989.

The Economist. "Poverty Elucidation Day." October 20, 2014.

Forbes. "America Has Less Poverty Than Sweden." September 10, 2012.

Grimes, Matthew G., Jeffery S. McMullen, Timothy J. Vogus, and Toyah L. Miller. "Studying the Origins of Social Entrepreneurship." *Academy of Management Review* 38, no. 3 (July 1, 2013): 460−463.

Hammond, A., W. Kramer, J. Tran, R. Katz, and W. Courtland. *The Next 4 Billion: Market Size and Business Strategy at the Base of the Pyramid*. Washington, DC: World Resources Institute, 2007.

Jain, S., and J. Koch. "Articulated Embedding in the Development of Markets for Under-Served Communities: The Case of Clean-Energy Provision to Off-Grid Publics." Academy of Management Annual Conference, Vancouver, BC, August 2015.

Jain, S., and J. Koch. "Conceptualizing Markets for Underserved Communities." In *Sustainability, Society, Business Ethics, and Entrepreneurship*, edited by A. Guerber and G. Markman, 71−91. Singapore: World Scientific Publishing, 2016.

Khanna, Tarun, and Krishna G. Palepu. "Why Focused Strategies May Be Wrong for Emerging Markets." *Harvard Business Review*, July-August 1997.

London, Ted. *The Base of the Pyramid Promise—Building Businesses with Impact and Scale*. Stanford, CA: Stanford University Press, 2016.

Piketty, Thomas. *Capital in the Twenty-First Century*. Cambridge, MA: Belknap Press of Harvard University Press, 2014.

Portes, Alejandro, Manuel Castells, and Lauren A. Benton, eds. *The Informal Economy*. Baltimore: Johns Hopkins University Press, 1989.

Prahalad, C. K. *The Fortune at the Bottom of the Pyramid: Eradicating Poverty through Prof-*

its. Philadelphia: Wharton School Publishing, 2010.

Social Progress Index. "2017 Social Progress Index." Accessed March 14, 2018. https://www.socialprogressindex.com/.

Sowell, Thomas. *Trickle Down Theory*. Stanford, CA: Hoover Institution Press, 2012.

Sridharan, S., and M. Viswanathan. "Marketing in Subsistence Marketplaces: Consumption and Entrepreneurship in a South Indian Context." *Journal of Consumer Marketing* 25, no. 7 (2008): 455–462.

Viswanathan, Madhu. *Bottom-Up Enterprise: Insights from Subsistence Marketplaces*. eBookpartnership: eText and Stripes Publishing, 2016.

Williamson, Oliver E. *The Economic Institutions of Capitalism*. New York: Simon & Schuster, 1985.

Wimmer, Nancy. *Green Energy for a Billion Poor*. Vatterstetten: MCRE Verlag, 2012.

2장

BOP 시장

프 라할라드는 2004년 그의 저서 『BOP의 부(The Fortune of at the Base of the Pyr-amid)』에서 빈곤층의 문제를 돈과 니즈를 지닌 잠재적인 고객 시장으로 다루어야 한다고 주장했다. 그는 이 시장을 브랜드에 대한 선호도를 지닌 (직관적이지 않지만) 가격에 민감하고 가치 의식적인(value conscious), 도시 및 농촌 거주민으로 묘사했다. 이 시장의 규모에 대한 세부 사항을 밝히지 않고서, 그는 다음과 같이 2가지 주요한 문제를 극복할 수 있는 여러 기업들에게 BOP 시장이 수익 창출 기회라고 말한다. (1) 가난한 사람들의 중요한 문제에 대해 저렴하고 사용하기 쉬운 솔루션을 제공하는 방법; 그리고 (2) 가난한 사람들에게 이러한 솔루션에 대한 접근 용이성을 제공하는 방법. 이 주장을 자세히 살펴보기 전에 시장으로서 BOP의 크기와 구조를 생각해 보자.

BOP 시장의 규모 The Size of the BOP Market

프라할라드의 저서가 출판된 지 몇 년이 흐른 2007년, 세계자원연구소(World Resourc-es Institute)와 국제 금융 공사(International Finance Corporation)는 알 하몬드(Al Hammond)의 지도 아래, BOP 시장을 계량화하기 위한 연구를 의뢰하였다.[1] 이 연구에 의하면 세계 40억의 빈곤층의 소비지출은 약 5조 달러에 이른다고 추정한다(그림 2.1). 2007년 연구 이후 세계 인구는 60억에서 72억으로 증가하였으며 빈곤층 인구는 40억에서 45억으로 증가하였다. 세계은행의 세계 소비 데이터베이스(World Consumption Database)[2]는 빈곤층의 연간 5조 달러 이상의 소비 패턴에 대한 세계자원연구소의 연구

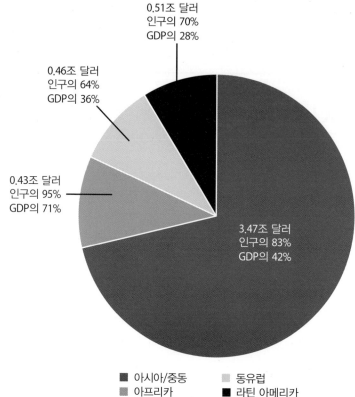

0.51조 달러
인구의 70%
GDP의 28%

0.46조 달러
인구의 64%
GDP의 36%

0.43조 달러
인구의 95%
GDP의 71%

3.47조 달러
인구의 83%
GDP의 42%

■ 아시아/중동   ■ 동유럽
■ 아프리카   ■ 라틴 아메리카

Source: A. Hammond, W. Kramer, J. Tran, R. Katz, and W. Courtland, The Next 4 Billion: Market Size and Business Strategy at the Base of the Pyramid (Washington, DC: World Resources Institute, 2007), 28.

그림 2.1   BOP 지출

분석이 사실임을 확인해 준다(그림 2.2).

중국과 인도를 포함하는 아시아와 중동이 가장 큰 지리적 세분 시장이다. 그곳에서 빈곤층은 전체 인구의 약 83%를 차지하고 그들의 소비지출 3조 4,700억 달러는 이 지역 GDP의 42%를 차지한다. 라틴 아메리카에서 빈곤층은 인구의 70%를 차지하여 아시아 지역보다 약간 낮지만 총지출은 이 지역 총 GDP의 28%를 차지하여 아시아 지역보다 훨씬 낮다. 이는 아시아 지역보다 라틴 아메리카 지역의 지하경제가 훨씬 크다는 것을 설명한다. 동유럽은 총지출과 빈곤층의 인구 비율 측면에서 라틴 아메리카보다 약간 작고, 빈곤층의 총 GDP에서 지출 비율은 라틴 아메리카보다 약간 높다. 그러나 아프리카에서는 빈곤층이 총인구의 95%를 차지하여 비율이 가장 높고, 빈곤층의 지출도 총

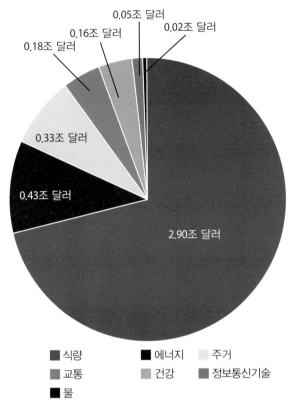

0.05조 달러

0.16조 달러

0.18조 달러

0.02조 달러

0.33조 달러

0.43조 달러

2.90조 달러

■ 식량	■ 에너지	주거
■ 교통	■ 건강	■ 정보통신기술
■ 물		

Source: A. Hammond, W. Kramer, J. Tran, R. Katz, and W. Court-land, The Next 4 Billion: Market Size and Business Strategy at the Base of the Pyramid (Washington, DC: World Resources Institute, 2007), 19.

그림 2.2 **글로벌 빈곤**

GDP의 71%를 차지하여 비중이 가장 높다. 이 모든 것은 빈곤층이 총지출과 총지출의 GDP 비율 측면에서 잠재적으로 큰 시장임을 보여준다. 이 장에서 다루는 논의는, 대부분 BOP 시장의 일부로 분류될 수 있는 국가들을 다루지만, 그러한 시장은, 대다수의 시장이 BOP 시장의 일부가 아닌 소위 선진국(미국과 같은)에서도 볼 수 있다.

세계자원연구소 보고서는 또한 수직(vertical) 세분 시장, 즉 지출의 특정 범주를 보여준다. 일반적으로 지역적으로 약간의 편차가 있지만 연구 결과 빈곤층은 다음과 같은 7가지 주요 항목에 돈을 지출한 것으로 나타났다: 식량, 물, 에너지, 주거, 교통, 건강, 정보통신기술.

식량이 지출의 절반 이상을 차지한다는 것은 놀랄 일이 아니다. 더 놀라운 것은 에너

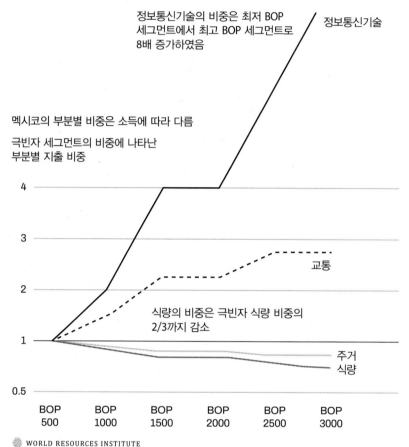

정보통신기술의 비중은 최저 BOP
세그먼트에서 최고 BOP 세그먼트로
8배 증가하였음

정보통신기술

멕시코의 부분별 비중은 소득에 따라 다름

극빈자 세그먼트의 비중에 나타난
부분별 지출 비중

4

3

교통

2

식량의 비중은 극빈자 식량 비중의
2/3까지 감소

1

주거
식량

0.5

| BOP | BOP | BOP | BOP | BOP | BOP |
| 500 | 1000 | 1500 | 2000 | 2500 | 3000 |

WORLD RESOURCES INSTITUTE

Source: A. Hammond, W. Kramer, J. Tran, R. Katz, and W. Courtland, The Next 4 Billion: Market Size and Business Strategy at the Base of the Pyramid (Washington, DC: World Resources Institute, 2007), 14.

그림 2.3   정보통신기술 지출 증가

지(조명 및 요리용)가 주거 및 교통수단보다 더 많은 두 번째 지출 항목이라는 점이다.

정보통신기술(ICT) 분야에서, 상당한 금액의 지출은 휴대전화 또는 휴대전화 사용료이다. 예를 들어, 2015년 아프리카의 휴대전화 보급률이 80%를 초과했다.[3] 이러한 상황은 모바일 뱅킹 시장이 현금지불(pay-as-you-go) 비즈니스 모델을 통해 가정용 태양광 솔루션의 확산을 촉진하고 가속화할 수 있게 해주었다. 아프리카와 그 밖의 지역에서는, 사람들이 극빈곤층에서 BOP의 중간 및 상위계층으로 이동함에 따라, ICT에 대한 지출이 크게 증가하였다(그림 2.3).

유사한 패턴이 에너지 소비에 존재하며, 태양광 랜턴은 보급형 제품이다. 빈곤층은 BOP 1000에서 BOP 3000으로 소득 수준이 증가함에 따라, 보급형 제품에서 고가의 태양열 시스템으로 전환할 수 있게 되었다. 에너지 이용의 경제적 이익은 충분히 입증되고 있기 때문에, 농부에서부터 어부, 상인, 장인, 농촌 보건클리닉의 간호사에 이르기까지 다양한 직종에서, 그라민 샥티와 같은 조직의 목표 지향적 사용 솔루션을 위한 급성장하는 시장이 존재한다는 것은 그리 놀라운 일이 아니다. 이러한 그리고 많은 다른 상황에서 볼 때, 에너지 이용은 생산성과 소득을 증가시킨다. 에너지 이용과 소득 사이의 상관관계는, 에너지에 대한 BOP 시장이, 등유와 그 밖의 질 낮은 에너지 자원에 대한 2000년도 가구 지출로 나타난 약 4330억 달러보다 훨씬 클 수 있음을 보여준다. 사회적기업가들이 다수의 특정 에너지 세분 시장을 발굴한 것과 개도국의 소득 증가로 인하여 BOP 에너지 시장은 이제 1조 달러를 초과할 것으로 추정된다.[4]

그래서 세계자원연구소 연구에 의해 처음으로 규모가 밝혀진 바와 같이, BOP 시장은 필수 제품 및 서비스에 연간 지출이 최소 5조 달러로 나타나고, 7개의 주요 부문이 있다. 다음으로 BOP 시장의 도시/농촌 특성과 세계자원 연구소 연구 이후 변화 과정을 살펴본다.

집중화된 문제로서의 빈곤 Poverty as a Concentrated Problem

특히 아시아, 라틴 아메리카, 아프리카(그림 2.4)와 같이 극빈층이 가장 많이 집중된 국가들에서, 극빈층의 비율은 도시 중심부보다 농촌 지역이 훨씬 크다. 이것은 주요 도시와 도시 주변으로의 이동을 촉진하는 한 요인이다. 이들 지역은 종종 유입 인구를 수용하기 위한 필수적인 물, 위생, 주택 및 운송 서비스가 부족하다. 유사하게, 지구 남쪽에서의 내전과 높은 빈곤율 때문에 지구 북쪽으로 이주가 더 빨라지고 있다.

이러한 현실에도 불구하고, 일부 사람들은 여전히 10억 명이 넘는 사람들을 빈곤에서 해방시킨 "전례 없는 경제성장"을 인류 역사상 가장 위대한 업적으로 치하한다.[5] 그러나 사실상 이 모든 "발전"은 세계화에 기인한다—중국 및 기타 지역에서 제조업에서부터 특히 인도를 포함한 남반구의 여러 국가에 IT 서비스 아웃소싱에 이르기까지 세계화에 기인한다. 만약 하루에 1.90달러로 사는 것이 사회적 진보라고 믿는다면, 승리를 선언할 때이다. 그러나 빈곤층의 일상생활과 빈곤층의 권익 향상을 위해 일하는 사회적

집중화된 문제

극빈층의 비율은 크게 감소하였지만, 7억 이상이 극빈층으로 남아 있다.

그림 2.4 글로벌 빈곤 분포도

기업가의 노력을 자세히 들여다보면, 완전히 다른 현실을 보게 될 것이다. 인간의 충족되지 않은 커다란 니즈와 기회로 짜여졌지만, 빈곤에 대한 시장 기반 해결책을 통해, 빈곤층의 삶의 선택을 개선할 수 있는 현실을 보게 될 것이다.

BOP의 문제점과 기회 Problems and Opportunities at the BOP

사회적기업을 위한 매우 가능성 있는 시장 기회를 개괄적으로 살펴봄으로써, BOP 시장의 인구를 구성하는 사람들의 주요 문제를 이해해 보는 것은 유용하다. 유엔의 두 번의 노력, 즉 새천년 개발 목표(Millenium Development Goals: MDGs)와 지속 가능한 발전 목표(Sustainable Development Goals: SDGs)는, 이러한 문제와 기회에 대한 통찰력을 제공한다.

MDGs: 삶의 선택(질) 개선

노벨 경제학상 수상자인 아마르티야 센(Amartya Sen)은, 자신의 저서 『자유로서의 개발(Development as Freedom)』에서, 가난한 사람들이 진정으로 원하는 것은 삶의 선택을 개선하는 것이라고 설득력 있게 주장한다.[6] 그의 생각과 다른 경제학자들의 생각은 유엔의 2000년 MDG 개발에 영향을 미쳤다. 2015년까지 이들 목표는 아래와 같다.[7]

1. 빈곤 및 기아 근절
2. 보편적 초등교육 실현
3. 양성평등과 여성권익 신장
4. 유아 사망률 감소
5. 임산부 건강 개선
6. 에이즈, 말라리아, 기타 질병 퇴치
7. 지속 가능한 환경 보호
8. 개발을 위한 전 세계적 협력 구축

2015년까지 이러한 목표는 실현에 가까워졌다. 하나 예를 들면, 극빈층에 속하는 사람들의 수(MDGs에 의해 하루에 1.25달러 미만으로 산다고 정의됨)가 절반으로 줄었다. 그리고 2000년과 2015년 사이에 영양실조에 걸린 사람들의 비율, 초등학교에 다니는 어린이 수, 산모 및 유아 사망률 및 새로운 HIV 감염률은 모두 현저하게 개선되었다. 국가, 국제 및 다자간 기관뿐만 아니라 재단 및 사회적기업가와 같은 현장 혁신가의 노력으로 이들 분야에서 큰 진전을 이룩했다.

2015년의 MDG 보고서에서 축하해야 할 것이 많지만, 최종 분석에서 사회적으로 정의된 소득의 최저생활 수준 이상의 사람들의 수를 세어 사회적 발전을 측정할 수는 없다. 정말로 삶의 선택을 향상시키는 변혁적인 변화에 그 본질을 반영해야 한다.

SDGs

유엔의 2016년 SDGs는 MDGs에서 배운 것을 활용하고, MDGs 제정 이후 인구가 약 10억 명 늘어난 세상에서 기울인 노력의 규모와 복잡성이 커진 것을 반영하고자 한다. SDGs는 17가지 새로운 목표를 제시했으며, 이는 MDGs와 마찬가지로 사회적기업을 위한 시장 기회를 제시한다.

목표 1: 모든 곳에서 모든 형태의 빈곤 종식

애초의 MDGs와 달리 목표 1은 빈곤과 영양실조와의 관계, 빈곤과 교육 및 기본 서비스 접근성과의 관계, 빈곤과 사회적 차별과의 관계, 빈곤과 의사결정 참여의 장애와의 관계에 대한 체계적인 특성을 인정한다. 이들 각각의 경우, 빈곤은 체계적 요인의 원인이자 결과이다.[8]

목표 2: 모든 곳에서 모든 형태의 기아 종식

SDGs는 농업, 임업 및 수산업에서 사람 중심의 농촌 개발과 취약한 환경 생태계 보호의 필요성 사이에 상호의존성을 강조한다. SDGs는 환경 악화와 기후 변화가 도시 이주와 식량 안보 위험에 미치는 영향에 더 중점을 둔다.[9]

목표 3: 모든 연령층의 모든 사람을 위한 건강한 삶 보장 및 웰빙(복지) 증진

아동 사망률, 산모 건강 및 질병 퇴치에 대한 MDGs의 요소를 통합함으로써, 목표 3은 건강한 삶을 보장하고 모든 연령대의 복지를 증진시키는 것과 관련된 보다 체계적이고 포괄적인 입장을 취한다.[10]

목표 4: 모두를 위한 포용적이고 양질의 교육 보장 및 평생학습 기회 증진

목표 4는 교육, 삶의 질, 경제 개발 간 불가분의 관계를 인식한다. 그렇게 함으로써, 성공의 척도로서 초등학교에 다니는 아이의 수를 세었던 MDGs보다 개발에 대한 보다 체계적인 관점을 장려한다.[11]

목표 5: 양성평등 달성 및 모든 여성과 소녀의 권익 신장

목표 5는 관련 MDG보다 양성평등 문제를 전체론적인 방식으로 다루고 있다. 초등교육에 대한 평등한 접근뿐만 아니라 건강관리, 양질의 직장에 대한 양성평등의 열망까지 확대한다. 그리고 보다 평화롭고 번영되고 지속 가능한 세상을 위한 토대를 위해서, 경제적 정치적 의사결정을 표현하는 것에 관련된, 양성평등의 열망까지 확대한다. 양성평등과 사회변혁 사이의 체계적인 연결을 제시한다.[12]

목표 6: 모두를 위한 물과 위생의 접근성 보장

2000년에서 2015년까지 특히 상향식 혁신가의 노력을 통한 발전에도 불구하고, 안전한 식수 접근 및 위생 문제 해결을 위한 체계적인 도전은 기후변화로 인한 심각한 가뭄과 홍수 및 기타 자연재해뿐만 아니라 늘어나는 식수 부족과 사람들의 강과 바다로 폐수 방류로 인해 더욱 힘들어졌다. 이 목표는 보다 복잡한 생태 환경에서, 물과 위생 문제의 고질적인 성격을 인정한다.[13]

목표 7: 모두를 위한 저렴하고 신뢰성 있으며 지속 가능하고 현대적인 에너지에 대한 접근 보장

일자리 창출, 식량 안보 보장, 소득 증대, 기후변화 위험 완화와 같은 전 세계적인 문제에 대처하는 데 저렴한 청정에너지에 대한 접근성이 중추적인 역할을 하는 것을 고려할 때, 목표 7이 원래의 MDGs의 핵심과제가 아니었다는 것은 놀라운 일이다.[14]

목표 8: 모두를 위한 포용적이고 지속 가능한 경제성장 및 고용과 양질의 일자리 증진

세계적으로 인구의 규모와 증가에 비례하여 양질의 일자리를 창출하지 못하면 사회 계약이 퇴보되고, 많은 경우 정치적으로 불안정해졌다. 많은 사회적기업가와 영향력 있는 투자자들은 창출된 일자리 수를 "성과"(성공의 척도)로 계산한다. 그러나 만족스러운 일자리는 아니지만, 일자리를 가지고 있다고 해서 빈곤에서 벗어나는 것을 보장하는 것은 아니다. 세계 인구의 절반이 여전히 하루 2달러 미만으로 생활하면서, 목표 8은 빈곤 퇴치를 목표로 한 경제 및 사회 정책의 재정비를 요구하고 있다. 여기서 필요한 것은 건전한 거시정책과 상향식 혁신을 결합한 것이다.[15]

목표 9: 회복력 있는 사회기반시설 구축, 포용적이고 지속 가능한 산업화 증진 및 혁신 촉진

지금까지 사회적기업가의 모든 상향식 노력은 사실상 커다란 토목사업의 적자가 생기는 것을 가정했다. 목표 9는 운송, 관개, 에너지 및 ICT와 같은 인프라에 대한 투자가 생산성을 높이고, 지속 가능한 개발을 달성하고, 커뮤니티의 자율권을 고양하는 데 매우 중요하다는 사실을 인식한다. 인프라 개선 및 기술접근성에 대한 진전은 MDG가 인식하지 못한 상향식 혁신을 결정적으로 보완한다.

목표 9는 기술 및 산업규모의 혁신이 소득을 올리고 상향식 혁신만으로 달성할 수 있는 것 이상의 사회 변화를 위한 시야를 넓히는 데 중요하다는 것을 인식한다. 이 관점은 빈곤 퇴치의 가능성을 재확인하고, 공공-민간 파트너십 및 이종 산업 간 협력을 요구한다.[16]

목표 10: 국가 내 및 국가 간 불평등 완화

목표 10은 이전의 MDGs에서는 다루지 않았지만 세계 경제의 커지는 관심사 중 하나인 불평등 증가를 다룬다. GDP로 측정하는 성장은 취약계층 및 소외계층의 빈곤을 개선하거나 양질의 의료 및 교육 서비스를 제공하기에 충분하지 않다.[17]

목표 11: 포용적이고 안전하며 회복력 있고 지속 가능한 도시 조성

목표 11은 유례없는 도시 이주와 이로 인해 살기 좋은 도시 건설에 제기하는 도전 과제

를 인정한다.[18]

- 세계 인구의 절반인 35억 명이 오늘날 도시에 살고 있다. 2030년이 되면 이 숫자는 세계 인구의 60%까지 증가할 것이다.
- 향후 수십 년 동안 도시 확장의 95%가 개발도상국에서 발생할 것이다.
- 오늘날 8억 2,800만 명이 빈민가에서 살고 있으며, 그 숫자는 계속 증가하고 있다.

도시는 지구 땅의 3%에 불과하지만 에너지 소비량의 60~80%, 탄소 배출량의 75%를 차지한다.[19] 또한 급속한 도시화는 담수 공급, 하수도, 생활환경 및 공중 보건에 압박을 가하고 있다.

이러한 놀라운 통계에도 불구하고 고밀도 도시는 여전히 자원 및 에너지 소비를 줄이면서 효율성 향상 및 기술 혁신을 불러일으키는 것으로 생각된다. 저렴한 주택, 지속 가능한 환경, 교통, 포용적 계획 및 자연재해 대비를 위한 SDG 목표를 달성하려면, 하향식 및 상향식 혁신이 어우러지는 것이 필요하다.[20]

목표 12: 지속 가능한 소비 및 생산 패턴 보장

여기에서 제기되는 도전 과제는 많으며, 궁극적으로 외부경제를 설명하고, 정부 및 가치 사슬 전반에 걸친 새로운 형태의 협력에 대한 비즈니스 참여를 촉진하기 위해, 경제적 가치 개념을 재정비해야 한다. SDG 그 자체를 말하자면, "적은 것을 가지고 더 많이 더 잘하는 것"을 의미한다, 즉 본질적으로 삶의 질을 향상시키면서, 자원사용과 부정적 외부경제를 최소화하는 것이다. 이 목표는 생산과 소비를 체계적으로 접근하여, 최종소비자로부터 정책입안자에 이르기까지 이해 관계자를 포함시키고, 지속 가능한 라이프스타일 선택에 대한 소비자 인식을 높이는 것을 의미한다.

가치 사슬 혁신은 BOP에 있는 기업가적 벤처기업의 중요한 원동력이며, 4장에서 10장에 걸쳐 설명하는 비즈니스 계획 프로세스의 거의 모든 요소에 대한 고려 사항이다. 인구 증가, 수명 연장 및 기존의 기후변화 위협을 고려할 때, 미래 세대의 삶의 질을 위한 선도자 역할을 수행하려면 지속 가능성을 포함하도록 경제개발과 관련된 문제를 재구성해야 한다.[21]

목표 13: 기후변화와 그 영향을 방지하기 위한 긴급한 행동의 실시

목표 13은 인간 활동으로 인한 온실가스 배출과 기후변화가 집단생활에 미치는 긴급한 위협 사이에 인과관계가 있다는 명백한 증거를 인정한다. 목표달성을 위해서, 국제 수준에서 조정된 솔루션과 현지에서 효과적으로 구현된 솔루션이 필요하다. 저렴하고 확장 가능한 솔루션을 사용하여, 더 청정하고 탄력 있는 경제로 도약할 수 있다. 이 글을 쓰고 있을 때, 미국이 분명하게 거부했음에도 불구하고 최근 비준된 파리 협정과 재생에너지로 전환하려는 풀뿌리 노력의 빨라진 속도는 기존의 기후변화 위험을 완화시키는 하향식 및 상향식 혁신의 결합이 매우 중요하다는 것을 보여준다.[22]

목표 14: 지속 가능 개발을 위한 대양, 바다 및 해양자원 보존 및 지속 가능한 사용

SDGs 12, 13 및 15와 함께 목표 14는 2000년 MDGs의 지속 가능성에 대한 보다 좁고 체계성이 부족한 접근법과 비교해볼 때, SDGs의 훨씬 더 포괄적인 환경 생태계를 강조한다. 목표 14는 지구상(지구의 3/4은 대양으로 덮여 있다) 생물의 상호 의존성을 인식한다. 이 목표는 온도, 화학, 조류, 해양 생물, 그리고 지구 시스템을 작동시키고, "지구를 인류가 살기 좋은 곳으로 만드는" 다른 요인들에 초점을 맞추고 있다.[23]

목표 15: 산림의 지속 가능한 관리, 사막화 방지, 토지 황폐화 중지 및 역전, 생물다양성 저해 중지

사막화를 관리하고 퇴치하는 것은 인간 활동에 의해 제기된 긴급한 위험성 때문에 구체적인 SDG 목표로 떠올랐다. 목표 15는 매년 1,300만 헥타르의 산림 손실과 지금까지 30배에서 35배 비율로 증가하는 경작 가능한 토지 손실을 주목한다. 전 세계적으로 가난한 사람들의 74%는 토지 황폐화에 직접적으로 영향을 받고 있으며, 26억 인구는 농업에 직접적으로 의존하고 있으며, 16억 명은 생계유지를 위해 산림에 의존한다.[24] 여기에서는 다른 SDG와 마찬가지로, 보다 큰 시스템 관점에서 빈곤 문제에 접근한다.

목표 16: 정의롭고, 평화롭고, 포용적인 사회 증진

BOP에서 사회적기업가와 함께 일하는 사람은 누구나 부패의 만연과 부패가 기업발전에 미치는 영향을 재빨리 알게 된다. "부패, 뇌물수수, 절도, 탈세 등은 개발도상국에 연간 1조 2,600억 달러의 비용을 차지한다."[25] 계약 이행 및 법치를 담당하고 있는 사법부 및 경찰은 종종 부패관행에 적극적으로 가담하고 있다. 비슷한 맥락에서, 2011년에 갈등지역에서의 사회질서의 해이로 인해 학교를 떠나는 아이들의 비율이 50%까지 증가했다. 목표 16은 사회발전과 법치가 상호 연관되어 있다고 가정한다. 공식적 시장은 거래 비용을 줄이고 부패를 보다 투명하게 만들 수 있다. 이는 빈곤에 대한 시장 기반 솔루션의 잠재적 이익이다.[26]

목표 17: 지속 가능 개발을 위한 글로벌 파트너십 활성화

목표 17은 성공적인 지속 가능한 개발 행동지침이 정부, 민간부문 및 시민사회 간의 파트너십을 필요로 한다고 가정한다. 이러한 포괄적인 파트너십은 "원칙과 가치, 공유된 비전, 사람과 지구를 중심으로 하는 공동목표에 기초한다."[27]

대규모 시스템적 사고

지금까지 언급했듯이, SDG는 원래의 MDGs와 방식 면에서 상당히 다르다. MDGs는 좁게 정의되고 더 쉽게 측정되지만, SDG는 시스템적 사고, 결과에 대한 책임성 증대 및 반증적 증거가 있는 인과관계에 대한 더 깊은 이해를 요구하는 방식으로 정의된다. 예를 들어, 하루 1.25달러 이상으로 수입이 증가하는 MDG는, 값싼 노동력(종종, 끔찍한 근로조건과 열악한 환경기준)이 있는 지역으로 이주하는 제조업 근로자들을 통하여 대부분 충족되었다. 이러한 예는 또한 이를 달성하는 것이 실제로 목표 수혜자들에게 이익이 된다는 점을 확실히 하기 위해, 신중하게 목표를 정의하는 것이 어째서 중요한 지를 보여준다.

SDGs는 부당하고 지속 불가능한 평형상태에 놓인 상호의존적인 행위자들의 복잡한 그물망을 인정한다. SDGs는 지역 책임성을 강화하고 다음과 같이 시스템적 사고를 강조한다.

- 취약한 생태계 보호에 대한 우선순위 강화와 사람 중심 발전을 통합하고,
- 다양한 목표 간의 상호의존성을 인정하고,
- 혁신과 포용적 성장을 뒷받침하는 데 중요한 인프라의 자금 조달을 강조한다(참고: MDGs에서는 토목 사업 적자가 거의 무시되었다).

여러 경우에 SDG는 초기 MDG의 좁은 초점을 확대시킨다. 예를 들어, SDG는

- 임산부 건강과 보다 쉽게 측정된 아동 사망률에 대한 MDG의 좁은 초점과 반대로, 모든 삶의 단계에서 건강과 복지를 강조한다.
- 경제 성장의 원동력으로서 초등학교 교육에 대한 MDG 초점을 넘어서, 포용적인 양질의 평생교육을 강조한다.
- 보다 공정하고 번영하는 세계를 위한 중요한 사전 환경으로서 의료, 괜찮은 일자리, 정치적 의사 결정 문제에 이르기까지 남녀평등을 강조한다.

- 경제적 불평등 증가 문제를 정치적으로 불안정한 문제로 격상시킨다.

뿐만 아니라 SDG는 다음과 같은 새로운 우선순위 영역을 정의한다:

- 대량 도시 이주의 상황에서 탄력 있고 지속 가능한 도시개발의 필요성. 이는 MDGs에서 대부분 무시되었던 우선순위이다.
- 생산 및 소비 시스템으로부터 물, 땅 및 공기 생태계 보전에 이르는, 모든 형태의 환경적 지속 가능성에 대한 포괄적인 강조의 점증하는 긴급한 필요성.
- 정의, 평화가 중요하다는 점 및 지속 가능한 발전을 지원하는 모든 노력을 할 때 커다란 잠재적 장벽인 부패를 극복하는 것이 중요하다는 점.

세계는 2000년 이후 크게 변화했다. SDGs는 정부, 민간 부문 및 시민사회 간의 협력 필요성을 새롭게 강조한다. 하향식 목표와 지역 사회의 상향식 열망이 만나는 곳이 바로 SDGs다. 사회적기업가들이 사회적 진보를 촉진시킬 수 있는 가장 큰 잠재력을 가지고 있는 곳도 SDGs이다. 사회적기업가들은 인간의 니즈에 대한 깊은 공감과 해결책을 찾기 위한 시스템 솔루션에 필요한, 신뢰와 호혜의 지역 네트워크를 구축하는 능력을 가지고 있다.

소외계층에게 서비스를 제공하기 위한 시장창출 요구 사항
Market-Creation Requirements for Serving Marginalized Populations

우리는 이 장을 BOP에서 충족되지 못한 인간의 니즈는 2가지 주요 문제(1. 빈곤층의 중요한 문제에 대한 저렴하고 사용하기 쉬운 솔루션을 제공하는 방법, 2. 그러한 솔루션의 접근성을 용이하게 하는 방법)를 극복할 수 있는 기업에게 영업이익 기회가 된다는 프라할라드의 주장과 함께 시작하였다. 이 주장은 많은 활동을 촉발시켰지만, 빈곤층에게 봉사하기 위한 가치 방정식 요구사항, 시장 창출의 도전 과제, 기업 발전에 필요한 혁신의 정도 등을 지나치게 단순화시켰다. 경제성, 사용 편의성, 접근성은 빈곤층에게 서비스를 제공하기 위해 필요하지만 충분조건은 아니다.

가치 창출
마틴(Martin)과 오스버그(Osberg)는 소외계층에게 제품과 서비스의 가치를 향상시키기

위한 2가지 광범위한 범주의 변화 메커니즘을 제시한다. 첫째는 **가치 증대 메커니즘이**
다. 이는 수혜자의 비용 증가 없이 제품 또는 서비스의 가치를 증가시키는 메커니즘이
다. 이들은 다음과 같은 3가지 예를 통해 이러한 유형의 메커니즘을 설명한다.

1. 정보 투명성 표준 활용[예: 공정 무역(Fair Trade), 국제해양관리협의회(Marine
   Stewardship Council)[29]]

2. 새로운 방법론을 통해 기존 자산에 가치 창출[예: 원에이커 펀드(One Acre Fund),
   ESOKO]

3. 깨끗한 공기, 교육 및 글로벌 공급망과 같은 분야에 정부의 가치 및 책임성 개념
   을 재정립하기 위한 측정 기준 개발

마틴과 오스버그는 가치 증대 메커니즘 외에도 **비용 절감 메커니즘**에 대해 말한다.
근본적으로 제품이나 서비스의 혜택이나 가치를 줄이지 않고, 비용을 낮추는 메커니즘
이다. 이들은 이 메커니즘의 4가지 예를 보여준다.

1. 저비용 노동 대체. 이 책 전반에 걸친 산카라의 사례는, 교육을 통해 저비용 노동
   을 대체할 수 있는 방법을 보여준다. 리빙 굿즈(Living Goods)는 또한 ICT 활성
   화로 저비용 노동력을 활용하는 탁월한 예를 보여준다.[30]

2. 제품 소유권 또는 서비스의 총비용 감소. 의료기술 이전 시스템(Medical Technol-
   ogy Transfer Systems)은 단순화된 제품 설계를 통해 총 소유비용을 절감할 수 있
   는 방법의 예다. 이 회사의 유아 가온기, 광선요법 및 기타 신생아를 위한 기술은,
   빈곤국가의 병원 및 진료소에 운영비가 적게 드는 보다 신뢰할 수 있고 사용하기
   쉬운 장비를 제공한다.

3. 같은 맥락의 부품을 다른 제품에 사용하는 기술을 차용함으로써 자본비용(CAPEX)
   절감. 좋은 예가 International Development Enterprises India(IDEI)의 페달 펌프
   (treadle pumps)와 저렴한 점적 관개방식(drip irrigation solution)이다. 여기서 펌프
   및 관개 솔루션의 부품이 다른 제품에 사용된다.[31]

4. 내재된 규모의 경제를 지닌 플랫폼 기술 개발. Kiva와 Medic Mobile은, 단순히
   사용자에게 시스템을 추가함으로써, 확장 가능한 소프트웨어를 사용하여 내재된
   규모의 경제(매우 적은 한계비용)를 달성했다.[32]

이러한 가치 증대 및 비용 절감 사례는 프라할라드의 빈곤층을 위한 "저렴하고, 사용하

기 쉬우며, 접근성이 용이한" 가치 방정식의 활용 폭을 넓힌다. 특히 글로벌 공급망을 개선하고 환경 지속 가능성을 높이기 위해 ICT를 혁신적인 방식으로 적용함으로써, 대규모 변화를 위한 중요한 지렛대가 될 수 있음을 마틴과 오스버그는 시사한다.

이들 가치 방정식의 사례는 BOP에서 충족되지 않은 인간의 니즈를 충족시키려면 기술 및 비즈니스 모델의 혁신이 필요하다는 점을 보여준다. 자인(Jain)과 코흐(Koch)에 의한 5개의 직접생산 생활방식 에너지 회사에 대한 실증 연구에 의하면, 극빈층에 봉사하는 기업은 (1) 기술의 현지화(예: 현금 지불 태양열 랜턴), (2) 마이크로 프로비저닝(예: 30와트 솔라 홈 시스템), (3) 임베딩(예: 현지에서, 조립, 고객 금융 및 A/S 솔루션을 통합)에서 혁신역량을 개발할 필요가 있다.[33] 비슷한 맥락에서 데사(Desa)와 코흐(Koch)는 현지 토착 사회적기업가는 보다 포괄적이고 혁신적인 임무를 추구할 수 있다고 주장한다.[34] 외부에서 BOP 시장에 진입하는 기업가는 폭넓은 확장(협소하게 정의된 문제 및 고객 요구에 맞는 특정 제품 또는 서비스 솔루션을 가지고 보다 넓은 지리적 시장을 침투하는 목표)을 강조하는 경향이 있는 반면, 현지 토착 기업가는 깊이 있는 확장(동일한 수혜자들에게 맞춤화된 더 많은 제품과 서비스를 제공하는)에 초점을 둔다.

우리가 관찰한 매우 다양한 가치 방정식 사례는, BOP 혁신이 전통적인 고객 가치 개념을 재정립한다는 것을 말해주고, 다음과 같이 일반적으로 표현된다:

가치 = 혜택/비용, 여기서 혜택은 경제적 흑자의 형태로 나타난다.

BOP 환경에서, 다음 식은 혁신적인 가치 사슬에서, 고객 및 파트너와 솔루션을 설계, 제공 및 구현하는 프로세스를 보다 자세하게 설명한다.

가치 = (혜택 + 가치 사슬 혁신) / (직접비용 + 접근 비용)

이 방정식은 구조적 파라미터를 해결하고, BOP 시장에 참여하고 서비스를 제공할 때 존재하는 경제성 제약을 해결하는, 가치 창출 노력의 중요성을 나타낸다.

시장 창출

물리적 기반시설 부족, 품질보증 규범이나 증명 가능한 인증 기준의 부재, 시장의 비공식적인 특성으로 인한 시장정보의 비대칭성을 극복하기 위해서, BOP 환경에서 시장을 창출하려면 가치 사슬 혁신이 필요하다. 또한 투명한 규제조항, 계약법, 재산권의 부재 및 은행업에서의 제도적 공백은 시장창출의 어려움을 불러일으킨다.

『BOP의 약속: 영향 및 확산을 위한 비즈니스 구축(The Base of the Pyramid—Building Businesses for Impact and Scale)』에서, 테드 런던(Ted London)은 BOP 시장에서 수요 창출 및 공급 강화 문제를 요약한다. 전자는 이전에 서비스가 부족하거나 시장이 개방되지 않은 지역에서 비소비(nonconsumption) 문제에 대처하는 것을 의미한다.[35] 이를 위해서는 의식 고양, 신뢰 구축, 그리고 많은 경우 문화적으로 뿌리 깊은 행동을 극복하는 것이 필요하다. 또한 경제적 구매자를 만들려면 고객 자금 조달 또는 교차보조 가격체계가 필요할 수 있다. 어떤 경우에 시장 창출을 하려면 수요를 자극하거나 왜곡된 인센티브를 완화하기 위해서 현명한 정부 보조금이 필요할 수 있다.

공급 강화는 BOP 시장에서 다양한 형태를 띤다. 과학기술 솔루션은 신뢰할 수 있는 에너지 접근성 부족 및 애프터서비스 용량 부족 등, 최소한의 인프라를 지닌 환경을 위해서 설계되어야 한다. 기술은 내구성이 뛰어나고 사용하기 쉬워야 한다. 매우 제한적이고 종종 불규칙한 현금 흐름을 가진 가구를 위해 제품은 저렴해져야 하고 마이크로 단위로 제공해야 한다. 공급자 강화의 다른 일면으로는, 농업 및 다른 분야에서 생산성과 산출물의 가치를 높이기 위해 가난한 사람들도 더 나은 투입물을 필요로 하는 공급자로 여겨져야 한다. 가난한 사람들은 멀리 떨어진 시장에서 협상력을 높이기 위해 통합 메커니즘이 필요하기도 하다.

요약 To Recap

성공적인 사회적기업 개발에 대한 우리의 접근 방식은 도전적인 시장창출 환경에서 10년 이상의 노력으로 발전했다. 우리의 접근 방식은 공식적인 시장정보의 격차를 인정하고, 보다 잘 정의된 시장의 현실과는 구별되는 상황에 대한 깊은 인식에서, 현장에 맞는 해결책을 찾아야 한다는 점도 인정한다. 안내자로서 우리의 접근 방식은 경쟁환경과 고객 수요에 영향을 미치는 특정 매개변수를 평가하는 사회적기업가가 필요하다. 우리의 접근 방식은 시장과 유통을 교육하는 중요한 도전 과제와 빈곤층 중에서 최빈곤층을 위한 가치 사슬의 설계방법을 명시할 필요성을 다루기도 한다. 이 장 후반부에서 설명하듯이, BOP 환경에 도전하는 일은 또한 사업 계획을 실행하고 결과에 대한 책임을 강화하기 위한 인재 개발의 중요성을 강조한다. 이어지는 장에서는 사회적기업의 법적 구조와 사회적기업의 재정에 대한 혁신 기회에 대해서도 설명한다. 다음

3장에서는, 우리의 체계를 설명하고, 다른 사업 계획 개발 패러다임과 우리의 접근법을 비교한다.

참고문헌 Background Resources

Desa, C., and J. Koch. "Scaling Social Impact: Building Sustainable Social Ventures at the Base of the Pyramid." *Journal of Social Entrepreneurship* 5, no. 2 (2014): 146−174.

Hammond, A., W. Kramer, J. Tran, R. Katz, and W. Courtland. *The Next 4 Billion: Market Size and Business Strategy at the Base of the Pyramid.* Washington, DC: World Resources Institute, 2007.

International Finance Corporation (IFC). "Global Consumption Data for Inclusive Business." 2010. www.ifc.org/inclusivebusiness.

Jain, Sanjay, and James Koch. "Articulated Embedding in the Development of Markets for Underserved Communities: The Case of Clean-Energy Provision to Off-Grid Publics." Academy of Management Annual Conference, Vancouver, BC, August 2015.

Koch, J., and A. Hammond. "Innovation Dynamics, Best Practice, and Trends in the Off-Grid Clean Energy Market." *Journal of Management for Global Sustainability* 1, 2 (2014): 31−49.

London, Ted. *The Base of the Pyramid Promise—Building Businesses for Impact and Scale.* Stanford, CA: Stanford University Press, 2016.

Martin, Roger, and Sally Osberg. *Getting Beyond Better—How Social Entrepreneurship Works.* Boston: Harvard Business Review Press, 2015.

Prahalad, C. K. *The Fortune at the Bottom of the Pyramid: Eradicating Poverty through Profits.* Philadelphia: Wharton School Publishing, 2010.

Sen, Amartya. *Development as Freedom.* New York: Anchor Books, Random House Publishing, 1999.

3장

사회적 벤처 사업 계획서를 위한 패러다임

시장에서의 문제를 해결하고 기회를 찾기 위해 실리콘 밸리 같은 곳에서 기업가들이 취하는 가장 보편적인 접근법은, 먼저 레이저와 같은 집중력으로 문제를 공격적으로 해결하기 위한 사업 계획을 수립하는 것이다. 그러나 단순히 사업 계획을 수립하는 것이 BOP에서 항상 그렇게 간단하지는 않다.

BOP 시장에서 문제를 해결하고자 하는 사회적기업에 대한 우리의 초기 경험은, 산호세 테크 혁신 박물관(San Jose Tech Museum of Innovation)의 "인류에게 유익한 기술(Technology Benefiting Humanity)" 상 수상자와 함께한 것이다. 이 수상자들은 자신들에게 가장 필요한 것은, (충족되지 않은 요구 또는 시장기회를 해결하기 위한 지속 가능한 시나리오를 개발하는 데 있어서) 도움(특히 자신들에게 필요한 자원, 금융 및 기타를 사용하는 도움)이라고 우리에게 말했다. 이 수상자들이 해결하고 있는 문제는 종종 긴급한 것이었다. 그러나 이들의 해결책은 시장채널에 연결되지 않거나 정부에 의해 뒷받침되지 않았다. 이런 요소들은 프로젝트의 성공에 필수적일 수 있다. 이들이 기업가 정신의 신생 기업을 운영한다고 상상한다면 교부금, 기부금 및 자원봉사자의 지원을 받으면서 근근이 먹고살 것이며, 재정적으로 생존할 가능성이 거의 없을 것이다. 이들의 당면한 도전(즉 지속 가능성을 유지하기 위해 돈(투자)을 사용하는 방법)이 사회적기업가들과의 조기 참여를 유도했고, 지속 가능한 사업 계획서를 수립하는 것에 대한 우리의 관심을 불러일으켰다.

이 장에서는 사회적기업가가 성공적으로 사용한 수많은 비즈니스 계획 패러다임을 생각해 본다. 사업 계획 개발에 도움이 되는 많은 일련의 패러다임이 있다. 이 책의 2부에서 사용된 패러다임(GSBI 패러다임)은 여러분이 선택한 패러다임에 관계없이 관련된 정보를 제공할 것이다. 어떤 재단 및 벤처기업은 펀딩 프레젠테이션을 할 때, 자신들이 사회적기업가들을 선호하는 특정 패러다임 체계가 있다. 이 경우 혹은 또 다른 방법을 선호하는 경우, 그것을 사용하라. 다시 말하지만 우리가 4장부터 12장에 걸쳐 보여주는 GSBI 패러다임은 여러분이 선택하는 최종 프레젠테이션 체계에 관계없이, 성공적인 사회적기업을 만들기 위한 중요한 정보를 제공할 것이다.

사업 계획의 목적 The Purpose of Business Planning

많은 일련의 패러다임이 사업 계획을 수립하는 데 도움이 될 수 있다. 이러한 접근 방식은 다음과 같은 다양한 목적을 달성했다:

- 벤처 캐피탈 자금 확보
- 운영 사업 계획 수립
- 비즈니스 모델 생성
- 벤처기업이 비즈니스 전략을 수립하는 것을 도움

이번 절에서는 이들 목적을 달성하기 위해 어떤 패러다임이 가장 밀접하게 연관되어 있는지 살펴본다.

1. 벤처 캐피털 자금 확보

벤처 캐피탈리스트 윌리엄 살먼(William Sahlman)은 〈하버드 비즈니스 리뷰(Harvard Business Review)〉에 실린 「훌륭한 사업 계획서 작성법」이라는 논문에서 한 가지 체계에 대해 설명한다. 이 체계는 4가지 요소를 포함한다.[1]

1. 사람
2. 기회
3. 상황
4. 위험과 보상

이 체계는 단순하지만, 투자자에게 특히 관심의 대상이 되는 여러 요인들을 포착한다. 실리콘 밸리에서는 벤처 자본가가 종종 3가지 위험에 관심이 있다고 한다. 첫 번째는 기술 위험이다. 기술 또는 솔루션이 작동하는가? 두 번째는 **시장 위험**, 즉 충분한 크기의 시장 수요를 창출하기 위해 입증된 유통(채널)이 존재하는가이다. 그리고 세 번째는 **사람 위험**이다. 강력한 리더십팀이 마련되어 있는가? 다소 "알려진" 산업 분야에서, 벤처 캐피탈리스트는 자신들의 심층적인 지식, 자신들의 경영 팀에 대한 평가, 잠재 수익과 관련된 리스크를 판단할 수 있는 기회의 크기 평가에 의존한다. 강력한 분야별 통찰력을 통해 핵심 성공 요인에 집중할 수 있다. 친숙한 분야의 "적극적인 투자자"처럼, 살면 분석체계를 따르는 제안 또는 사업 계획서는 재무, 계량적 분석 및 명확하게 정의된 운영 프로세스를 제외하면, 매력적인 투자기회를 놓칠 가능성은 거의 없다. 대조적으로 이러한 요인들을 물음표로 남겨두는 것은 사회적 사명을 띤 벤처기업의 미지의 시장에서 기회를 평가하는 데 적신호가 될 가능성이 많다.

2. 운영 사업 계획 수립

토마스(DeThomas)와 그렌싱-포팔(Grensing-Pophal)의 『설득력 있는 사업 계획서 작성법(How to Write a Convincing Business Plan)』에는 중소기업 사업가를 위한 완벽한 가이드가 포함되어 있다. 이 패러다임은 다음과 같은 7가지 요소를 포함한다:[2]

1. 자금 조달 제안서
2. 사업 내용
3. 시장 분석
4. 운영 계획
5. 조직 계획
6. 재정 계획
7. 재무 모형

사회적 벤처기업의 경우 이 체계에서 2가지 매우 중요한 요소가 빠져 있다: 즉, 사명과 계량적 분석(특히 사회적 성과 및 영향 측정)이다. 영리 추구 기업이 목표 시장에서 재무적 목표에 주안점을 두고 있는 반면, 사회적 벤처기업은 정확한 시장정보가 얼마 없거나 완전히 누락된 지역에서, 취약계층의 충족되지 않은 니즈에 깊은 공감을 해야 한다. 이들 사회적 벤처기업의 노력은 목표 사명과 잘 정의된 변화이론에 근거한 전략 및 사회적 성과를 평가하기 위한 계량적 분석을 요구한다. 이들 계량적 분석은 재무성과 측정을 넘어 확장되고 이익보다 우선한다. 이 2가지 추가 사항(사명 및 사회적 성과 계량적 분석)과 함께, 이 패러다임은 기금 모금과 사회적 벤처기업 경영에 사용될 수 있다.

3. 비즈니스 모델 생성

그래픽 접근 방식은 "비즈니스 모델을 설명하고 시각화하며 이용하고 변화시키는 공유 언어"를 제공한다.[3] 다음과 같은 비즈니스 모델 생성의 9가지 기본 구성 요소(그림 3.1)는 기업이 가치를 창출하고 포착하는 방법에 대한 인지지도 또는 논리를 제공한다:[4]

1. 고객 부문
2. 가치 제안
3. 채널
4. 고객 관계
5. 수익원
6. 핵심 자원
7. 핵심 활동
8. 핵심 파트너십
9. 비용 구조

이들 9가지 요소 각각의 2차원적인 개괄적인 내용에 스티커 메모를 부착함으로써, 기업가는 자신의 생각을 시각적으로 구성하고, 그래픽으로 만들고, 비즈니스 모델을 반복할 수 있다.

　다양한 시장에서 450명이 넘는 기업가가 이 패러다임을 테스트했으며, 오스터왈더(Osterwalder)와 피그노이어(Pigneur)의 저서 『비즈니스 모델 생성(Business Model Generation)』은 여러 가지 예를 통해 패러다임과 방법론을 설명한다. 비즈니스 모델 생성은 조직의 작동방식에 대한 시각적 표현을 개발하는 훌륭한 접근 방법인 것처럼 보이지만 다음과 같은 5가지 중요한 요소가 빠졌다:

1. 초기 및 시간이 흐른 뒤, 벤처기업의 자금 조달 방법
2. 벤처기업의 성공에 영향을 줄 수 있는 외부 요인 분석(예: 거시경제, 인구 통계 및 사회 문화 요인, 기술 및 공공 정책)
3. 계량적 분석 또는 벤처기업의 성과 측정 방법

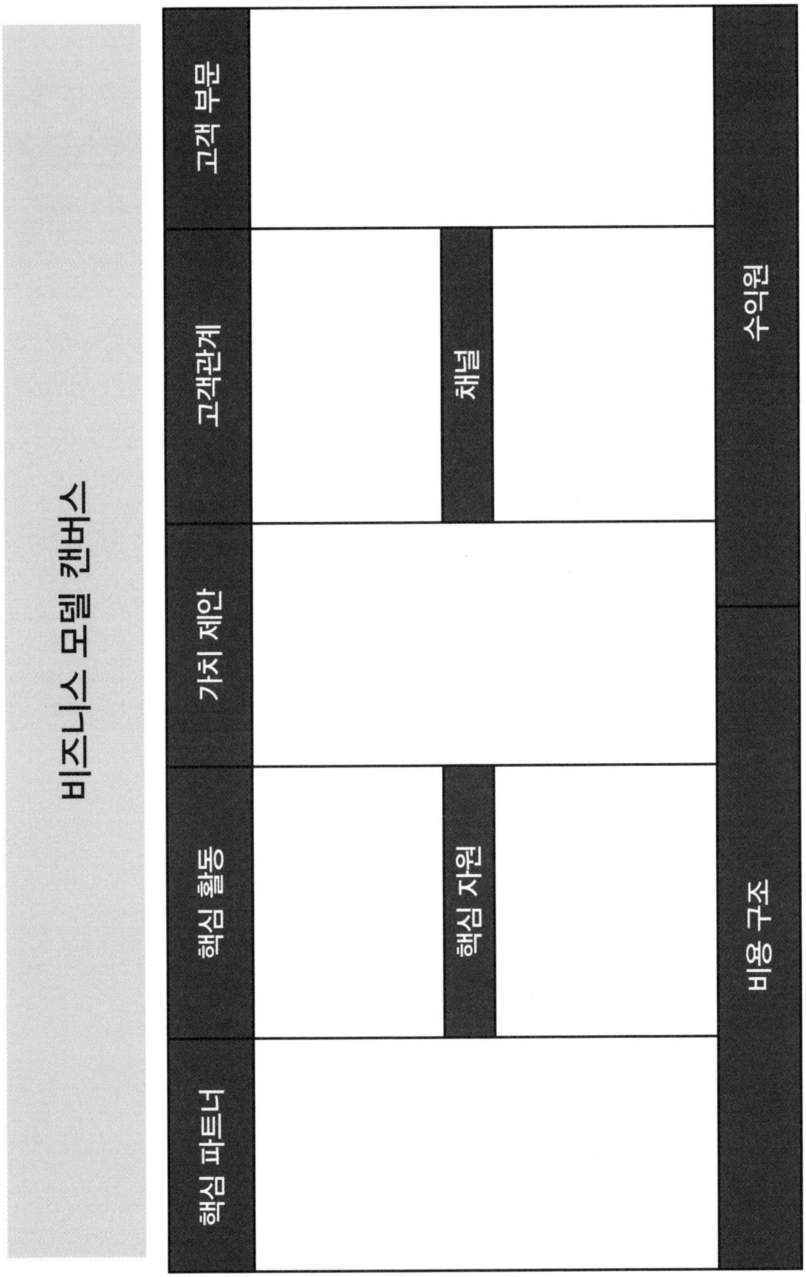

비즈니스 모델 캔버스

핵심 파트너	핵심 활동	가치 제안	고객관계	고객 부문
	핵심 자원		채널	
비용 구조			수익원	

Source: Alexander Osterwalder and Yves Pigneur, Business Model Generation: A Handbook for Visionaries, Game Changers, and Challengers (New York: John Wiley & Sons, 2010).

그림 3.1 비즈니스 모델생성

　　4. 대안/경쟁에 대한 평가

　　5. 벤처기업의 조직화 방법

이들 각각의 고려 사항은 사회적기업의 매우 중요하고 독특한 특성뿐만 아니라 사회적기업의 성공에 매우 중요한 전략적 의사결정을 포함한다. 현금 흐름에 초점을 맞추는 우수한 계량적 분석과 분명한 방법론이 없으면 비즈니스 모델 생성은 벤처기업을 관리하는 데 사용하기 어려운 패러다임이다.

4. 비즈니스 전략 수립(사회적기업가의 전략 해설서)

네 번째 패러다임은 이안 맥밀란(Ian MacMillan)과 제임스 톰슨(James Thompson)이 쓴 매우 실용적인 책 『사회적기업가의 전략 해설서(Social Entrepreneur's Playbook)』에 기반을 둔다. 이 패러다임은 약 300명의 사회적기업가들로 구성된 자문단의 도움으로 개발되었으며, 사회적 벤처기업을 개념화하는 데 매우 유용한 접근법을 보여준다. 이 패러다임은 "벤처기업의 압력 테스트, 계획, 출시 및 확장"에 대한 견본과 함께, 다음과 같은 14단계 접근법을 제시한다.[5]

　　1. 목표로 잡은 문제를 명확히 하고 제안된 솔루션의 구체화

　　2. 성과 평가기준 명시

　　3. 목표 대상의 정의 및 세분화

　　4. 수혜자 경험 이해

　　5. 가장 경쟁력 있는 대안 이해

　　6. 운영 현실 확인

　　7. 불가피한 사회정치에 대한 언급

　　8. 개념 진술서 작성

　　9. 벤처기업의 구성 및 범위 설정

　　10. 결과물 명시

　　11. 가정 및 체크 포인트 설정

　　12. 개업

　　13. 강점과 약점 관리

　　14. 기업의 규모 확대

자금 조달 및 계량적 분석과 같은 요소가 빠진 점을 제외하고, 사회적기업가의 전략 해설서 패러다임은 비즈니스 모델 생성 패러다임의 핵심 누락 요소를 극복한다. 유감스럽게도 계량적 분석과 자금 조달에 대한 실질적인 논의는 누락되었다. 이 두 부분의 누락은 중대한 결점이다.

13단계와 14단계(강점과 약점 관리와 기업의 규모 확대)는 일반적인 지침만 제공한다. 명백한 재무 계획이나 수익 및 비용 모델(그리고 주의 깊게 개발된 계량적 분석) 없이는, 전략 해설서를 사회적 벤처기업 개발 및 관리를 위한 체계로 사용하기가 어려울 것이다. 비즈니스 모델 생성과 마찬가지로, 이들 누락된 요소들은 사회적 벤처기업에서 특히 중요한 요소들이다. 이들 누락된 요소들은 재무적 및 사회적 성과를 추적하고, 규모에 맞춘 지속 가능한 벤처기업의 창출 가능성을 높일 수 있는 기업가적 적응을 하기 위한, 분명한 벤치마크를 제공한다.

GSBI 패러다임: 보다 나은 사회적 벤처 구축을 위한 대안
The GSBI Paradigm: An Alternative for Building Better Social Ventures

이 책에서 우리가 사용하는 패러다임은 배론(Barron)의 패러다임, HP 및 IBM 내부에서 사용되는 사업 계획서 체계, 산호세 기술혁신 박물관의 기술 상 "인류에 유익한 기술(Technology Benefiting Humanity)"을 심사하는 데 사용된 기술 평가 기준 등, 몇 가지 일련의 체계를 조합하여 개발되었다. 수백 명의 기술자(Tech Laureate) 후보자를 평가한 우리의 연구 결과는, 실리콘 밸리의 공리를 재발견하게 했다: 즉, 발명과 혁신이 동의어가 아니라는 것이다. 가난한 사람들 중 극빈층에 대한 가치와 깊은 공감이 발명의 추진 동기가 되는 환경 속에서도, 기술 발전으로 인한 인간의 혜택은 문제해결을 위한 자원을 모으고 조직하는 계획, 즉 사업 계획 없이는 규모에 맞게 실현될 수 없다.

우리의 합성 패러다임은, 다양한 사업 계획 체계의 모범 사례와 실리콘 밸리의 통찰력을 결합하였다. 이 합성 패러다임은 175명이 넘는 사회적기업가, 거의 100명의 산타클라라 대학교 MBA 학생, 비슷한 수의 산타클라라 대학교 학부생과 함께 "작동하는 것(what works)"을 테스트하고 개선하는 10년 이상의 작업을 기반으로 한다. 이 합성 패러다임은 9가지 요소로 구성되며 모두 다양한 분야의 벤처기업과의 협력을 통해 크

그림 3.2 **GSBI 패러다임**

패러다임 요소	중요한 점
1. 사명 / 기회 / 전략	변화이론에 초점
2. 외부 환경	현지 상황 및 위험
3. 수혜자 니즈("시장") 분석	고객 식별
4. 운영 및 핵심 과정	가치 사슬 혁신
5. 조직 및 인적 자원	핵심적인 직무 및 기술
6. 비즈니스 모델	수익 및 비용 원동력
7. 계량적 분석	성과 모니터링 및 측정
8. 운영 계획 및 예산	현금 흐름 및 이정표
9. 자금 조달	벤처 투자

게 발전했다. 사실, 우리 패러다임의 두 요소—외부 환경 분석과 계량적 분석(metrics)—는 40명의 사회적기업가가 참여한 처음 세 개의 GSBI 팀의 제안으로 추가되었다.

우리의 패러다임은 더 나은 사회적 벤처를 구축하기 위한 종합적인 접근법이다. 이 패러다임은 실리콘 밸리 멘토의 지식 및 집단 지성을 최소 중요 설계명세서(minimum critical specifications) 형태로 나타낸다. 이 패러다임의 각 요소(그림 3.2)에는 벤처기업의 성과를 강화하기 위한 구체적인 과정과 권장 메커니즘이 포함되어 있다.

성공적인 사회적 벤처를 구축하기 위한 GSBI 패러다임은 다른 비즈니스 계획 체계보다 포괄적이다. 이 GSBI 패러다임은 사회적 벤처기업에 특히 중요한 2가지 고려사항인 계량적 분석 및 벤처 자금 조달 이외에, 다른 체계(프레임워크)의 모든 요소를 다룬다. 자금 조달 고려사항은 법적 구조의 선택에 있어 매우 중요한 역할을 한다는 점을 주목하라. 지금, 사회적 벤처에는 다양한 선택이 있다. **영리 사회적기업**(소유와 경영의 분리, 이윤이나 주가상승에 주요관심, 가장 안정적이고 자금의 조달이 용이한 기업형태, 사회적기업에는 문제가 있는 기업형태, 사회적기업의 경우, 사회적 가치를 위해 이윤을 약화시키는 의사결정이 가능 혹은 필요), **L3C**(low profit limited liability company, 새로운 형태의 복합기업으로 LLC와 비영리 기업의 사회적 목적을 결합한 형태, 미국에서 법적으로 L3C로 인증받으려면 국세청 코드 170조 항목의 자선, 교육, 그리고 구제 항목이 기업의 목적에 명시되는 것을 요구, L3C는 전형적인 사회적 목적과 영리 목적을 명기한 공식문서를 가진 복합조직, 영리를 추구하는 기업이기에 전통적 투자가들로부터 투자를 유치하고 L3C의 사회적 목적으로 인해 자선 단체나 사회적 금융을 지원받을 수 있다.), B콥(B Cop., 새로운 형태의 기업으로 메릴랜드와 버몬트주에서만 인정되는 미국식 사회적기업의 한 형태, 주식회사와 달리 B콥의 임직원은 업무와 관련된 의사결정에서 사회적 목적을 반영할 수 있도록 규정, 이윤 추구는 유일한 목적이 아니며, 따라서 직원의 신의와 성실의 의무는 기업의 사회적 목적에 근거해 법적 책임에 대한 두려움 없이 결정, 경영판단의 원칙에서 자유롭다), 하이브리드, 비영리 사회적기업(비영리 SE는 미국에서 발전한 SE의 대표적 형태이며, 소유자는 주식이 없기 때문에 주주에게 제공되는 특권이 없으며, 자본적 제약이 따른다. 국세, 지방세, 판매세, 소비세 등에 대한 면세의 혜택이 가장 큰 장점이다. 비영리 SE는 기부금을 수탁할 수 있는 자선 조직의 자격을 인증 받음으로써 기업의 사회적 사명감에 동조하는 사람들로부터 기부금을 수령할 수 있다. 미국의 사회적기업은 주식을 발행하지 않고 주정부가 인증하는 비영리 법인의 형태로 운영되는 것이 일반적이며 이사회의 구성원이 경영의 책임을 진다. 비영리법인은 주식을 발행하지 않기 때문에 이사회는 의결권이 있는 회원과 없는 회원으로 구성되어지며 개인이나 재단회원은 기부 조건에 따라 의결권이 주어진다.), 영리 기업에서 L3C, B콥, 하이브리드, 영리 기업 및 협동조합에 이르기까지 다양하다. 이들 선택은 자금 조달 및 지속적인 운영(보조금, 주식 투자, 정부 계약 등의 자격)에 대한 절충의 정도에 따라 결정된다. 자금 조달을 우리의 체계의 한 요소로 포함시킴으로써, 우리는 창업기업이 손익분기점에 필요한 현금 흐름을 확보하기 위하여 요구되는, 자금 조달의 양과 시기를 명시하는 사업 계획서의 필요성을 인정하고 있다. 우리는 초기 및 후속 성장단계를 위한 다양한 자금 조달원 사이의 절충 가능성을 인정하기도 한다. 포괄적인 사회적 벤처 사업 계획 체계의 요소로 자금 조달을 포함하면 투자 준비 상태를 쉽게 평가할 수 있다.

다른 사업 계획서 패러다임에서 빠진 요소는 계량적 분석이다. 사회적 결과와 영향에 대한 책임성에 중점을 둔다는 점을 감안할 때, 이것은 매우 중요한 단점이다. 우리의 패러다임은 사회적 결과와 재무적 계량분석은 물론 내부 프로세스 및 조직의 효율성을 모니터링하기 위한 계량적 분석을 다룬다. BOP 시장에서 지속 가능한 사회적 영향력을 창출하는 것은 특별한 전략적 및 운영적 과제를 제시한다. GSBI 패러다임은 자원이 제한된 환경에서 이러한 과제에 특히 중점을 둔다. 우리 모델에서 계량적 분석은 책임성을 강화하고 지속적인 혁신과 기업가적 적응을 지원하는 메커니즘으로 간주된다.

사회적 벤처에 특이한 점은 무엇인가?
What Is Unique about Social Ventures?

수년 전 구클루(Guclu), 디스(Dees) 및 앤더슨(Anderson)은 사회적기업가를 다음과 같은 혁신적이고, 기회 지향적이며, 가치를 창출하고 변화시키는 중요한 사람이라고 표현했다:

- 사적인 이익이 아니라 사회적 가치를 창출하고 유지하기 위한 사명을 채택한다;
- 그 사명을 달성하기 위해 새로운 기회를 인식하고 끊임없이 추구한다:
- 지속적인 혁신, 적응 및 학습 과정에 참여한다;
- 현재 자원에 구애받지 않고 대담하게 행동한다;
- 구성원들에 대해서, 일어난 결과에 대해서, 높은 책임감을 보여준다.

또한 순전히 상업적인 벤처기업의 기업가와 사회적기업가의 활동을 구별하는 것은 사회적기업가는 높은 수준의 모호성이 존재할 때, 사회적 결과에 대해 책임을 지는 경우가 많다는 것이다. 부당하거나 지속될 수 없는 상황을 중단시키려고 하는 그들의 사명은 확장 가능한 기업을 창출하는 것에서부터 사회적 문제를 해결하기 위한 다른 업종 간 제휴와 공공—민간 파트너십에 이르기까지 다양한 형태를 취할 수 있다. GSBI 비즈니스 계획 패러다임은 이러한 노력을 주도한 사회적기업가가 재정 및 기타 자원을 통합함으로써 재정적으로 지속 가능하고 확장 가능한 사회적 벤처를 만들 수 있도록 돕기 위한 노력에서 생겨났다. 수십 개국에 걸친 사회적기업가와의 협력을 통해 검증되고 개선되었다.

사회적 벤처에 대한 짤막한 정보 Social Venture Snapshots

이 책의 2부에서는 사회적 벤처 사업 계획을 수립하거나 기존 벤처기업을 강화하는 방법을 분석하기 위한 예제와 연습문제를 통해 우리의 패러다임을 자세하게 설명한다. 우리가 사용하는 예제는 그라민 샥티, 산카라, 수많은 GSBI 혁신가와 같은 대표적인 사회적기업에서 뽑았다. GSBI 혁신가 예제의 개요는 각 예제에 포함되어 있다. 각 개요는 GSBI 패러다임을 사용하여 우리의 체계가 실제로 어떻게 적용되는지를 보여준다.

산카라와 그라민 샥티의 간단한 개요가 이어진다.

사회적 벤처에 대한 짤막한 정보: 그라민 샥티

그라민 샥티는 방글라데시의 외딴 시골 지역에서 재생 에너지 기술을 홍보, 개발 및 보급하기 위해 1996년에 설립된 신재생 에너지 사회적기업이다. 이 회사는 극빈층을 위한 소액 대출 프로그램을 통해 빈곤 퇴치라는 사명을 띠고 설립된 그라민 뱅크 (Grameen Bank) 그룹의 계열사이다. 그라민 샥티는 세계에서 가장 크고 빠르게 성장하는 신재생 에너지 회사 중 하나이며, 자사의 엔지니어를 "사회적 엔지니어"로 양성한다. 이 "사회적 엔지니어"는 현지 청소년들을 효율적인 무료 애프터서비스를 하는 기술자로 양성하는 것은 물론, 신재생 에너지의 효과를 보여주기 위해 가가호호 방문하는 전도사 역할을 한다. 이 책에 실린 예는 그라민 샥티의 사업을 개발하고 확장한 처음 10년(1996~2006)에 관한 것이다.

사명, 기회, 전략

그라민 샥티의 사명은 저렴하고 재생 가능한 에너지를 방글라데시의 농촌 공동체에 제공하는 것이다. 1996년에 방글라데시 농촌 지역의 1억 명이 넘는 사람들은 전력망에 연결되어 있지 않았고, 잠재적 수혜자 중 누구도 조명이나 요리를 위해 재생 가능 에너지를 사용하지 않았다. 그 대신 이들은 조명용으로 양초와 기름 또는 등유 램프를 사용했으며, 라디오 및 휴대폰 재충전용으로 건전지 배터리를 사용했으며, TV에는 12V 자동차 배터리를, 요리에는 목재 또는 석탄을 사용했다. 이러한 조명 공급원들은 밤에 작업하기에 충분하지 않으며, 석탄 및 등유와 같은 가연성 조명 및 요리 연료원은 건강에 해롭다.

　그라민은 5가지 핵심 전략을 가지고 있다: (1) 3가지 제품 라인(태양열 시스템, 요리용 스토브, 바이오 가스 생성 시스템)을 획득, 조립, 판매 및 서비스한다. (2) 시장 침투를 통해, 농촌 빈곤에 대한 영향을 극대화한다. 이익에 중점을 두는 것과는 달리, 즉 기업 운영상 한계 비용이 한계 수익보다 큰 성장을 수용 할 의사가 있어야 한다. (3) 환경에 부정적인 영향을 미치지 않으면서, 재정적으로 지속 가능한 비즈니스 모델로 운영한다. (4) 투자자에게 투자 자본(무이자)만 상환한다. (5) 방글라데시 종업원(여성 포함)을 고용, 훈련 및 승진시키고, 경쟁력 있는 급여를 지불하고, 안전한 작업 환경을 제공한다.

외부 환경

그라민 샥티 수혜자 대부분은 수로나 습지로 격리되어, 접근하기 어려운 지역에 살고 있다. 방글라데시의 극심한 기후는 종종 몬순과 홍수를 포함하고 있는데, 이는 수혜자의 접근을 어렵게 할 뿐만 아니라, 태양광 제품의 손상을 초래할 수 있는 조건이다. 환경 문제를 제외하면 그라민은 젊고 활기차고 기술적으로 정통한 인력을 이용할 수 있고, 그라민 브랜드를 활용할 수 있고, 중국으로부터 저가 제품을 공급받을 수 있다.

목표 시장

1996년에 방글라데시의 약 7,700만 명(농촌 인구 1억 2,000만 명 중 64%, 약 1,400만 가구)은 전력망에 접근할 수 없다. 이 시장은, 위치/지리, 연간 소득, 직업(농부, 어부, 교사 등), 그리고 니즈(시스템의 크기)를 기준으로 세분화할 수 있다.

운영 및 가치 사슬

그라민 샥티의 가치 사슬은 6가지 주요 과정으로 구성된다. (1) 제품 정의, 파트너 식별, 취득 및 가격 책정; (2) 제품 공급; (3) 유통/배송; (4) 마케팅, 판매 및 수집; (5) 소액 금융; (6) 서비스/수리. 이러한 과정에는 여러 공급업체, 그라민 은행(브랜드 및 비즈니스 진행용), 그리고 2010년까지, 현지 소액자본사업가(판매 용)와의 주요 파트너십이 존재한다.

조직 및 인적 자원

그라민 샥티는 자사를 "시골 에너지 사회적기업"이라고 말한다. 법적 구조는 유한 책임의 비영리 회사의 구조이다. 그라민 샥티는 잘 발달되고, 강한 조직구조를 가지고 있으며, 모든 종업원들에게 훈련과 경쟁력 있는 급여를 제공한다.

비즈니스 모델

그라민 샥티는 (1) 제품 판매, (2) 소액 대출에 대한 이자, (3) 용역 계약으로부터 수익을 도출한다. 주요 비용에는 (1) 제품 비용, (2) 판매 및 마케팅, (3) 교육 및 서비스 비용이 포함된다. 2000년 이래, 그라민 샥티는 현금 흐름이 흑자이거나 손익분기가 되었다. 그림 3.3은 오스터왈더의 비즈니스 모델 생성 체계를 사용하는 샥티 비즈니스 모델을 보여준다.

계량적 분석

그라민 샥티는 조직(예: 사무실, 직원), 비즈니스(예: 설치 및 판매), 영향(예: 탄소 배출량 감소)의 3가지 그룹으로 나누어 19개의 계량적 분석을 사용한다.

운영 계획 및 예산

그라민 샥티는 회사 및 각 지사의 연간 운영 계획과 예산을 보유하고 있다.

자금 조달

1996년 이래 그라민 샥티는 다섯 차례의 자금 조달을 통해 총 1,500만 달러를 조달했는데, 약 60%는 보조금에서, 40%는 대출에서 나온다.

마지막으로, GSBI 패러다임과의 비교로서 이번 절에서 설명한 것처럼, 그림 3.3에서는 비즈니스 모델 생성 패러다임 형식을 사용하여 그라민 샥티 비즈니스 계획("모

가치 제공
그라민 샥티의 비즈니스 모델

핵심 파트너	핵심 활동	가치 제안	고객 관계	고객 부문
재무: • GEF(세계은행) • USAID(미국 국제 개발단) • IDCOL(세계은행) • CDM(세계은행) 브랜딩: 농촌 비즈니스 경험: • 그라민 은행 기술: • 모든 주요 시스템 부품 공급업자(국내외) 과학: • 다카 기술대학교 • 아시아 개발연구소 • 세계은행	• SHS, 스토브, 바이오개스 플랜트 생물 비료의 마케팅 • 고객의 소득 창출 지원 • 농촌 일자리 창출 **핵심 자원** • 자격을 갖춘 현지 직원 • 지점 네트워크 • 내부 직원 네트워크 • 교육 시설 • 신뢰받는 브랜드명 • 회전 기금	• 조명 • 스토브를 통한 건강 • 교육 • 정보 • 커뮤니케이션 • 오락 • 에너지 비용 절약 • 추가적인 소득 • 직원에게 의미 있는 직업 • 불우한 여성을 위한 자립	풀 서비스: • 시스템 설치, 유지, 보수 • 고객 금융, 교육, 상담 **채널** • 지점 네트워크 • 기술 센터 • 에너지 기업가 • 소규모 공익사업	농촌 고객: • 농부 • 어부 • 상인 • 기능공 • 교사 • 병원, 학교 BOP 부문 1000에서 3000까지 • 도시 고객이 거의 없음 • 산업이 없음 • 관공서/벤처 없음
비용 구조			**수익흐름**	

그림 3.3 **그라민 샥티의 비즈니스 모델**

델")을 요약한다.

사회적 벤처에 대한 짤막한 정보: 산카라 안과 진료기관

산카라 안과 진료기관(Sankara Eyecare Institutions(SECI))은 1977년 라마니(R.V. Ramani) 박사와 라다(Radha) 박사가 창안한 "운동"이다. 산카라는 인도의 10개 주에 14개의 전문 안과 병원을 소유할 정도로 성장했으며, 인도 농촌 빈곤층에게 양질의 안과 진료를 제공하기 위해, 총 누적량 1,000개 이상의 전용 병상을 보유하고 있다. 운동이 시작된 이래 산카라 네트워크는 100만 건의 시력 회복 수술을 수행했으며, 인도에서 가장 큰 안과 진료 제공자 중 하나가 되었다. 300명의 의료 전문가로 구성된 우수한 팀은 최고의 안과 진료를 제공하기 위해 지역 안과 진료에 최첨단 의료기술을 활용하고, 환자와 공감을 지닌다. 산카라는 존엄성과 존경심을 가지고 가난한 사람들에게 봉사하면서 우수한 진료를 제공하기 위해 노력한다. 산카라는 인도의 농촌 빈곤층을 대상으로 하는 기존 병원에는 없는, 몇 가지 중요한 안과 진료 프로그램이 있다. 이 프로그램을 통해 산카라는 예방, 치료 및 재활 치료를 포함한 종합 안과 진료를 제공한다.

사명, 기회, 전략

산카라의 사명은 강력한 서비스 지향 팀을 통해 최고의 안과 진료를 제공하는 것이다. 산카라의 기회는 인도의 불필요하게 많은 시각 장애인의 수다. 세계 보건기구(WHO)에 따르면, 인도에서 약 6억 3,000만 명의 사람들이 시각 장애가 있으며, 약 800만에서 1,200만 명이 맹인이다. 이들 실명 환자 수의 54%는 백내장과 교정되지 않은 굴절 이상으로 인해 발생하였으며, 둘 다 치료가 가능한 것이다. 산카라 전략은 모집, 치료 및 지속적인 치료의 통합 과정에 의거한다.

외부 환경

산카라에 영향을 미치는 주요 외부 환경 요인은, 전문적인 안과 치료를 제공하는 숙련된 인력 부족, 백내장 수술이 필요한 환자에게 도달하기 어렵게 만드는 지리적인 분산, 잠재적인 환자들의 경각심 부족 및 재력 부족이다.

목표 시장

산카라의 목표 시장은 직접, 간접 및 관련 수혜자로 구성된다. 직접 수혜자(산카라의 서비스를 이용하는 자)는 안구 검진, 안과 검사 및 안과 수술과 같은 의료 절차를 받는 환자를 포함하여 안과 진료가 필요한 환자이다. 간접 수혜자는 제품/서비스(의료진)를 제공하는 사람들과 직원을 교육하는 Sankara Academy of Vision이 있다. 산카라에 자금을 지원하는 파트너들 또한 간접적 수혜자이다. 조직에 자금 조달을 하는 산카라 파트너들도 간접 수혜자이다. 여기에는 Sankara Eye Foundation(미국), Sankara Eye Foundation(유럽) 및 Mission for Vision Trust가 포함된다. 관련 수혜자는 여성 병원 직원 및 현장 근로자(취업 기회를 통해 권한을 부여받는), 안과 진료를 받는 사람들의 가족(환자가 직장으로 돌아가 소득을 얻을 수 있기 때문에 수혜가 있을 수 있음), 산카라가 안구 캠프를 실시하는 마을 및 지역 사회가 포함된다. 이 지역 사회의 경제는 치료받은 환자가 직장으로 복귀할 수 있게 되면 수입 증가로 수혜를 받는다.

운영 및 가치 사슬

산카라의 가치 사슬은 고객(산카라 안과 병원에 돈을 지불하거나 지불하지 못하는 환자)을 위해 가치를 창출하는 10가지 주요 과정과 관계 네트워크로 구성된다. 관리 및 인적 자원과 같은 지원 기능은 일반적으로 가치 사슬에 포함되지 않지만, 병원 직원의 채용 및 교육은 핵심 과정이기도 하다.

조직 및 인적 자원

인도의 등록된 공익신탁인 Sri Kanchi Kamakoti Medical Trust는 산카라의 안과 병원을 관리한다. 전반적으로 산카라는 인도에서 지리적으로 산재되어 있기 때문에 몇 가지 약간의 사업부구조 요소를 가미한, 기능별 조직구조를 띠고 있다. 형태가 간단하고 중앙 집중식 의사결정이 가능하기 때문에 기능별 조직구조는 산카라의 저비용 전략을 위한 이상적인 선택이다. 이사회는 6명으로 구성된 리더십팀을 감독한다. 각 책임자는 유급 병원, 무급 병원 또는 의료 행정과 같은 특정 수직적 조직에 배정된다. 단위(병원) 수준의 각 기능별 책임자는 리더십팀의 전담 사장에게 보고한다. 각 단위(병원) 책임자는 의료 관리, 인적 자원 또는 운영과 같은 단위 내의 기능별 팀을 관리한다.

비즈니스 모델

산카라는 인도의 무료 안구 수술 대표업체인데, 2가지 구별되는 시장(시골 빈민층을 위한 무료 서비스와 도시 중산층을 위한 알맞은 가격대의 고급 안과 진료)에 종합적인 안과 진료 서비스를 제공하는 전문 안과 진료 병원을 운영한다. 인도 정부가 운영하는 병원과 달리 산카라는 고객의 전반적인 복지를 향상시키면서, 환자의 존엄성을 염두에 두고, 고품질의 저렴한 안과 진료를 제공할 수 있다. 산카라 수입의 70%는 20%(총 수술 중)의 유료 수술에서 나오고, 나머지 30%는 기부금(15%), 보조금(10%), 투자에 대한 이자(5%)로 구성된다. 주요 비용은 병원 직원 및 운영(85%), 눈 수술(10%), 관리(5%) 등이다.

계량적 분석 및 책임

산카라는 균형성과표를 사용하여 다양한 계량적 분석을 추적하고 평가한다. 자동화된 일일 보고서는 병원 정보 관리 시스템에서 생성되어, 여러 부서의 다양한 일상 활동에 대한 주요 성과 지표를 보여준다.

운영 계획 및 예산

산카라는 지난 10년간 수익성 있는 운영을 해왔다. 자선 단체로서의 법적 구조를 감안할 때, 이러한 수익은 영업을 확장하고 성장시키기 위해 사업에 재투자된다. 해당 연도의 목표를 가진 연간 예산과 운영 계획을 가지고 있다.

자금 조달

새로운 병원을 위한 자금 조달원은 Sankara Eye Foundation(미국 및 유럽) 및 Vision Trust for Mission과 같은 파트너를 통해 주로 기부받는 것이다. 반복되는 비용은 주로 유료 환자를 통한 병원 진료비 수입으로 충당된다. 목표는 외부 기부자에 대한 의존도를 줄이고, 각 병원이 5년 내에 완전히 자립할 수 있도록 병원 진료비 수입을 늘리는 것이다.

사회적 벤처에 대한 짤막한 정보: GSBI 혁신자

세 번째 예로서, GSBI 비즈니스 계획 패러다임의 9가지 요소 각각에 대해 다른 GSBI 벤처기업을 선택했다. 각 벤처에 대해 전체 패러다임을 간단하게 요약하고, 패러다임의 구체적인 요소를 상세하게 보여준다. 이에 따라 총 11개의 조직에 대해 전체 패러다임을 다룬다.

요약 To Recap

이 장에서는, 사업 계획서의 주요 목적뿐만 아니라 사회적 벤처 사업 계획을 위한 여러 가지 일련의 패러다임을 다루었다. 그다음 우리는 우리만의 패러다임을 소개하고, 사회적기업을 전통적인 이윤 추구 기업과 차별화 시키는 요소를 논의하고, 2부에서 사회적 벤처 사업 계획을 개발하는 단계를 수행하면서 자세하게 살펴볼 두 개의 조직을 소개하였다. 다음 장에서는 모든 사회적 벤처의 핵심 요소인 사명, 기회 및 전략을 다룬다.

참고문헌 Background Resources

DeThomas, Arthur R., and Lin Grensing-Pophal. *Writing a Convincing Business Plan*. New York: Barron's Educational Services, 2001.

Guclu, Ayse, J. Gregory Dees, and Beth Battle Anderson. *The Process of Social Entrepreneurship: Creating Opportunities Worthy of Serious Pursuit*. Duke University Fuqua School of Business, Center for the Advancement of Social Entrepreneurship, 2002.

MacMillan, Ian, and James Thompson. *The Social Entrepreneur's Playbook*. Philadelphia: Wharton Digital Press, 2013.

Osterwalder, Alexander, and Yves Pigneur. *Business Model Generation: A Handbook for Visionaries, Game Changers, and Challengers*. New York: John Wiley and Sons, 2010.

Sahlman, William. "How to Write a Great Business Plan." *Harvard Business Review*, July-August, 1997, 99-108.

2부

지속 가능하고, 확장 가능한
사회적기업 경영

2부에서는 GSBI 사업 계획을 구성하는 7가지 기본 요소를 다룬다. 다음 7개 각 장은 그 장에서 기술된 사업 계획 요소를 완성하는 데 필요한 "기본 지식"을 설명하는 것으로 시작한다. GSBI 참여자들은 계획을 수립하는 데 종종 멘토의 도움이 필요했다. 각 장은 그 장에서 기술된 사업 계획 요소를 완성하는 데 필요한 일련의 최소 중요 세목과 실무자가 그러한 요소를 개발하는 데 도움을 주기 위한 일련의 연습문제로 끝난다.

4장

사명, 기회, 전략

이 장에서는 비즈니스 계획의 첫 번째 요소를 다룬다. 이 비즈니스 계획은 사명(벤처가 창출하려는 사회적 변화), 기회(바람직한 사회 변화의 규모와 성격) 및 전략(벤처기업이 변화를 일으키기 위해 취하는 주요활동)을 정의하는 데 사용되기 때문에, "전략 계획"이라고 부를 수 있다. 가장 중요한 "변화 이론"은 일반적으로 이들 3가지 요소를 통합한다.

> **기본 지식**
> 논리적으로 특정 결과 측정값과 전략을 연결하는 명확하게 정의된 변화이론을 가진 목표 미션은 가치 창출과 자본효율성(비용/결과)의 지식을 강화한다.

프로세스 Process

사업 계획서의 "전략 계획" 부분은 다음과 같은 세 부분으로 구성된다:

1. 사명 진술, 이루어질 사회적 변화와 이를 측정하는 계량적 분석을 설명하는 짧은(10단어 미만) 문장이다.
2. 기회 진술, 이루어질 사회적 변화의 규모와 성격, 이 변화가 일어나는 현지 환경, 그리고 변화의 잠재적 수혜자를 식별하는(그리고 계산하는) 법을 설명한다.
3. 변화를 만들기 위해 수행할 전략 목록(주요 프로그램 또는 이니셔티브).

이 절에서는 세 부분을 자세히 살펴보고, 세 부분이 무엇인지(때로는, 그렇지 않은 경우가 있다) 고려하고, 많은 예제를 제공한다.

사명 진술

가장 기본적인 관점에서, 사명 진술은 변화될 내용과 대상(사람)을 기술한다. 훌륭한 사명 진술은 10단어 미만으로 표현될 수 있다. 예: 인도에서 백내장으로 인한 시각장애를 제거하자, 또는 방글라데시의 가정에 전기를 공급하자. 이 둘은 간결하고, 명확하고 핵심을 찌른다.

짧다는 것 외에도, 훌륭한 사명 진술은 '어떻게'보다 '무엇'과 '누구를 위한' 것에 더 관련이 있다. 가장 큰 목적은 조직에 초점을 맞추고 안내하는 것이다. 이 사명 진술은 모든 이해 관계자가 공유하고, 누구든지 분명하게 표현할 수 있으며, 기업의 모든 사람들의 행동에 동기를 부여한다. 예측 가능한 시간 내에 달성 가능하며 측정 가능해야 한다. 사명 진술은 기업이 사명을 달성하기 위해 사용하는 전략에 직접적으로 기인하는 성공적인 결과를 "계산"하기 위한 단일 측정 기준이나 측정 가능한 효용 단위가 필요하다; 예를 들어, 백내장으로 인한 실명자의 수를 특정 숫자로 낮추거나, 특정수의 가정에 조명을 제공하는 것이 있다.

분명한 것은, 사명 진술은 보다 더 초점이 맞추어진 비전 진술일 수 있지만 비전이 아니라는 것이다.

비전 진술은 보다 광범위하고 야심찬 경향이 있다. 높은 수준의 열망으로서, 측정뿐만 아니라 종종 달성하기도 어렵다. 그에 비해 동사, 명사 및 목표로 구성된 사명 진술은 훨씬 더 초점이 맞추어져 있다. 사명 진술은 대상이 되는 고객 인구와 이상적인 결과 또는 이점을 명시한다. 비전 진술과 사명 진술의 차이점은 아래의 예에서 보여준다:

비전: 불필요한 실명을 방지하라

사명: 인도에서 백내장으로 인한 실명을 방지하라

마지막으로, 사명 진술은 기업가의 가치에 대한 진술이 아니며, 조직의 구체적인 목표 또는 핵심 혁신도 아니다. 가치(예를 들어, 우리는 종업원을 잘 대해준다, 혹은 우리는 우리가 대하는 사람들의 존엄성을 믿는다)는 사명을 지원하는 조직 및 조직 리더의 속성이며, 목표는 핵심 전략으로부터 도출될 수 있다.

기회 진술

기회 진술은 사명에 대한 총 가용 시장의 진술이다. 기회 진술은 인구 혹은 해결해야 할 문제의 크기 및 속성과 성공적인 미션 수행으로부터 나타나는 변화를 설명한다. 변화의 기회는 (측정 가능하게) 수혜를 받을 수 있는 수혜자의 수로 나타날 수 있으며(백내장으로 실명한 인도의 900만 명의 사람), 사명으로부터 나온 측정 가능한 경제적, 환경적 또는 기타 결과(예를 들어, 시각장애인에게 복지 지불금을 50% 할인)로 나타날 수 있다.

또한 기회 진술은 문제 증상, 수혜자 위치, 수혜자 특성, 수혜자의 변화 능력 및 의지, 변화를 치르려는 능력 및 의지, 그리고 가능한 대안에 관해서, 기회의 주요 특성을 기술한다. 근본적으로, 기회 진술은 수혜자의 니즈와 속성(특히, 문제에 성공적인 해결책을 제공하기 위해서 반드시 이해해야 하는)이 포함되어야 한다(즉, 미션을 완수하기 위하여).

예를 들어, 인도의 백내장으로 인한 불필요한 실명의 75%는 농촌 지역에서 발생하며, 인도의 백내장으로 인한 불필요한 실명자의 60%는 치료비를 지불할 능력이 없으며, 이들 60%의 대부분은 치료를 받기 위해 멀리 여행하지 않는다. 또한 이들은 병원 환경에 불편해할 수 있다. 대안은 비소비(수술 없음), 또는 전통적인 수술인데 이는 매우 비싸고, 돈이 없는 사람들에게 후원자가 필요하다. 전형적인 수혜자(예를 들어, 최종적으로 백내장 수술을 받은 사람)를 활용하여 문제 영역에 대한 이야기로, 기회를 설명하는 것이 도움이 될 수도 있다.

핵심 전략

핵심 전략은 기업이 사명을 달성하기 위해 수행해야 하는 핵심 프로그램(활동, 혁신, 프로세스 및 어쩌면, 기술 또는 역량개발 이니셔티브)을 파악하는 것이다. (변화이론을 명시적으로 보여주는) 논리모델(logic model)들은 조직의 바람직한 결과와 사회적 영향을 달성하는 방법을 명확히 하는 데 유용하다(그림 4.1). 이 모델들은, 취약계층 시장에 적합한 비용으로, 기회의 크기에 맞는 규모로, 사회적 혁신 결과와 영향을 달성하는 데 필요한 자원, 활동 및 역량을 명확히 한다.

비즈니스 계획 프로세스에서, 논리모델들은 구체적인 전략으로 변환되어야 한다. 이들 각 전략에는 목표 전략의 영향을 나타내는 계량적 분석과 전략이 실행되는 일정표, 그리고 (적절하다면) 전략에 대한 연간 예상 비용 및 수입 등이 있어야 한다. 또한 구체적인 전략은 활동, 산출물, 결과 및 영향뿐만 아니라 기회의 크기에 대한 인과관계의 관련성을 고려하여야 한다.

투입물	활동	산출물	결과	영향
자금 조달 사람(의사 및 간호사 교육) 병원, 토지 및 시설 캠프를 위한 파트너십	안과 캠프 검안 종합 안과 진료 서비스 및 전문 서비스 학교 파트너십 (레인보우 프로그램) 마이쓰리(Maithri), 스와가쌈 (Swagatham)과 같은 프로그램 산카라 눈 은행	다양한 안과 질병 치료 수술 횟수	시력 회복 지속적인 확장을 위한 매출	불필요한 시각장애자 없앰 보다 나은, 보다 생산적인 삶을 영위할 수 있게 함 여성의 권리 신장 공통체 내에서 일자리 증가

그림 4.1   적정가격에 안과 진료 접근성을 위한 논리모델

전형적인 사회적 벤처는 일반적으로 10개 미만의 핵심 전략을 가지고 있다. 이보다 많으면, 미션이 너무 광범위하거나 복잡하여 성공적으로 관리하기 어려울 수 있다. 일반적으로 아래와 같은 부분에 전략이 필요하다.

- 수혜자(문제) 식별 및 위치;
- 제품 또는 서비스를 소비하거나 구매할 수혜자를 "납득"시킴(마케팅);
- 제품/서비스 개발 또는 개선(연구 및 개발);
- 제품/서비스 생산(제조);
- 제품/서비스 제공 또는 유통(물류);
- 수혜자의 지불 능력 이해;
- 필요한 자금 조달, 수혜자 후속 조치(고객 서비스/지원), 결과 또는 영향 측정을 제공

수입 그리고/또는 비용 동인을 명시하는 비즈니스 모델의 요소나 비즈니스 모델의 간단한 요약이 전략들 가운데 한 개 이상 포함될 수 있다. 예를 들어, 여성 소득을 증가시키는 사명 진술은 "여성이 태양광 조명 시스템을 판매할 사업체를 설립하도록 권한을 부여한다"를 핵심 전략으로 할 수 있다.

다음은 일련의 핵심 전략의 예이다:

1. 파트너를 활용하여 농촌에 "캠프"를 만들어 농촌 지역의 시각 장애인을 찾아서 그들이 치유될 수 있다고 확신시킨다.

2. 아래와 같은, 병원 "대량 수술" 프로세스를 개발하라.

   ∞ 환자를 받아들이고 지불 능력을 결정하며,

   ∞ 안과 수술을 위해 환자를 준비시키고,

   ∞ 대량 수술을 위해 숙련된 안과 의사와 함께 현대적인 절차와 장비를 사용한다.

   ∞ 비숙련 여성들에게 입원 및 환자 수술 준비 교육을 시킨다.

   ∞ 외과의에게 기술 갱신/향상을 위한 기회를 제공하고,

   ∞ 지불 능력이 충분한 환자들에게는 진료비를 부과하고, 지불 능력이 없는 사람들에게는 "무료" 수술을 하는 차등 가격체계를 사용한다.

3. 가족기업 방식을 사용하여 강한 문화를 확립하고, 통제를 확립하고, 신뢰를 구축하고, 효율성을 강화한다.

4. 직원들의 업무 성과를 개선하고 이직률을 줄이기 위해 사명, 작업 환경 및 "적절한 임금"을 통하여 동기부여를 한다.

핵심 전략 각각은 목표 지향적이 되어야 하고 측정 가능해야 하며 달성 가능해야 한다. 또한 핵심 전략을 복제할 수 있도록 쉽게 문서화하면 유용하다. 핵심 전략의 비용은 생산량의 증가(규모의 경제)에 따라, 그리고 학습경제를 통하여 시간이 지남에 따라 감소해야 한다. 전략은 대안보다 비용 효율적이어야 하고, 의도된 수혜자에게 더 설득력 있게 소비(사용/구매)해야 할 이유를 제공해야 한다.

사회적 벤처에 대한 짤막한 정보 Social Venture Snapshots

이 장의 나머지 부분은 그라민 샥티, 산카라, 푸다시온 파라과야 자활 학교(Fundacion Paraguaya Self-Sustaining Schools)라는 세 조직의 사명, 기회 및 전략에 대한 사례를 제공한다. 각 조직에서, 간결한 사명 진술은 자원을 동원하고 효과적으로 배치하는 데 필요한 초점을 제공한다. 예를 들어, 산카라의 단일 성공 척도(성공적인 시력 회복 수술의 수)는 자본 효율성의 척도로서 결과 대비 비용을 계산할 수 있게 한다. 이들 사례를 주의 깊게 읽어보면 세 조직 모두가 그들이 다루고 있는 기회에 대해 시스템 접근법

을 취하고 있다는 것이 분명해진다. 그들의 사업 계획들은 행동 변화의 도전에 대한 이해를 반영하고, 바람직한 결과에 관련된 활동이나 전략을 명시하는 논리모델을 효과적으로 사용한다. 이들 사업 계획들은 매우 중요한 요점이며 사명을 성공적으로 수행하기 위해 각 조직에 배치된다. 아래의 사회적 벤처에 대한 짤막한 정보를 읽으면서 다음과 같은 질문들을 생각해 보라:

1. 성공의 효과적인 단일 척도는 무엇인가?
2. 각 벤처기업의 논리모델은 무엇인가?
3. 그들의 전략이 기회를 성공적으로 도출하는 데 어떻게 기여하는가?

이 질문들과 3가지 사례로부터 시사점을 고려하면, 이 장의 마지막 부분에 있는 연습문제를 해결할 준비가 더 잘되어 있을 것이다.

사회적 벤처에 대한 짤막한 정보: 그라민 샥티의 사명, 기회 그리고 전략

사명

방글라데시의 농촌 지역에 저렴한 재생 에너지를 공급하라.

기회

1996년에, 방글라데시의 농촌 주민 1억 명 이상이 전력망에 연결되어 있지 않았고, 이들 잠재적 수혜자 중 누구도 조명이나 요리를 위해 재생 가능 에너지를 사용하지 않았다. 이들 대부분은 수로나 습지로 격리되어 접근하기 어려운 지역에 산다. 그들은 조명용으로 양초와 기름 또는 등유 램프를 사용하고, 라디오 및 휴대폰 충전용으로 건전지를 사용하고, TV용으로 12볼트 자동차 배터리를, 요리용으로 목재나 석탄을 사용하였다. 조명용 연료원은 밤에 일하는 데 충분치 않고, 요리용 연료원은 건강에 해롭다. 농촌 인구의 90%가 빈곤층이며, 하루 5달러 미만을 번다. 농촌 가구는 에너지에 그들 소득의 약 7%(하루 0.35달러)를 지출한다.

전략

1. 3가지 제품군을 구입, 조립, 판매 및 서비스: 태양광 홈 시스템, 요리용 스토브 및 바이오 가스 생성 시스템.
2. 이익을 강조하지 않고, 시장침투를 통한 농촌 빈곤에 미치는 영향을 극대화. 운영

면에서 한계비용이 한계수익보다 큰 성장을 수용할 수 있는 의지가 필요함(즉, 추가 제품의 판매가 다른 수입을 통해 보조되어야 한다).

3. 환경에 부정적인 영향을 미치지 않으면서 재정적으로 지속 가능한 비즈니스 모델로 운영.

4. 투자자는 그들이 투자한 금액만 상환받음(배당금 없음, 소유권 없음).

5. 방글라데시 출신 직원(여성 포함) 고용, 훈련 및 승진. 경쟁력 있는 급여를 지불하고 안전한 근무 조건을 제공.

사회적 벤처에 대한 짤막한 정보: 산카라의 사명, 기회 그리고 전략

사명

인도에서 저렴하고 수준 높은 공평한 안과 치료를 제공.

성공의 척도: 산카라의 사명을 위해 가장 논리적인 단일 성공 척도는 시력 회복 수술의 성공한 횟수이다. 고품질의 타의 추종을 불허하는 안과 진료를 제공하기 위해, 산카라는 시장 범위의 폭 또는 봉사할 수 있는 사람들의 수뿐만 아니라 그러한 사람들에게 제공하는 서비스의 질에 대한 성공을 측정해야 한다. 성공적인 안과 진료는 시력 회복과 시력이 회복된 사람들의 삶의 질 향상을 통해 측정된다. 예를 들어 산카라 환자들은 시력이 좋아졌기 때문에 가족을 위해 일하고 돈을 벌 수 있어서 개인과 가족의 전반적인 삶의 질이 향상된다.

기회

인도는 전 세계적으로 치료 가능한 실명자가 가장 많은 나라다. 세계 보건기구(WHO)에 따르면, 인도에는 약 6억 3,000만 명의 시각 장애자가 있고, 약 800만에서 1,200만 명이 실명자다. 실명의 54%는 백내장과 교정되지 않은 굴절 이상이 원인이며, 둘 다 치료가 가능하다.

　실명과 빈곤은 밀접하게 관련되어 있다. 빈곤층의 성인과 어린이는 영양 부족, 수질 악화, 위생 시설 부실 등으로 안질환에 걸릴 확률이 높다. 인도의 시각 장애인 대부분은 안과 진료 시설에 쉽게 접근할 수 없는 외딴 시골 지역에 살고 있다. 대부분의 경우 이들은 치료를 받기 위해 여행할 수 없다. 정부가 운영하는 병원은 종종 불결하며 대기시간이 너무 길다. 또한 빈곤층은 대부분의 사설 병원에서 치료비를 지불할 여력이 없다.

결과적으로 인도의 대부분의 농촌 빈곤층은 비소비 상태에 처해 있으며, 치료 가능한 안과 질환에 대해서 치료를 받지 못한다.

시골의 가난한 사람들뿐만 아니라, 산카라는 또한 도시 중산층(산카라에 따르면 30억 달러 시장)에 봉사할 기회도 있다. 이 시장은 "유료 고객" 부문으로 간주되며, 사업 운영에 절대적으로 필요하다. 산카라는 비용을 지불하지 않는 고객의 비용을 보조하기 위해 유료 고객 세분 시장을 유지해야 한다.

전략

재무: 교차 보조/혼합 수익 모델: 사명을 달성하기 위해, 산카라는 핵심 재무비율 80/20을 유지해야 한다. 즉, 유료 고객 20%의 수입은 무료 고객 80%의 비용을 충당해야 한다. 이 측정 기준은 변화 이론에서 산출 및 결과 요인에 직접적으로 관련된다. 이 핵심 재무비율을 유지하지 않으면, 불필요한 실명을 없애는 일과 산카라 변화 이론의 재무적 생존능력 모두에 악영향을 끼칠 수 있다. 그리고 많은 농촌 고객들에게 다가 갈 수 없을 것이다.

파트너십: 기금 모금(Sankara Eye Foundation): Sankara Eye Foundation과의 핵심 파트너십은 인도의 Sankara Eye Care Institution과 직접 협력하여, 지역사회 안과 진료 활동을 시작하고 추진한다. 이 재단은 행사를 주최하고, 주요 기부자와 협력하여, 산카라를 위한 건강한 기부금 수입원을 창출한다. 이 필수적인 파트너십이 없으면 산카라의 투입물(병원 및 직원 수)이 잠재적으로 위협받을 수 있으며, 수행되는 활동의 수와 규모를 줄여야 한다.

마케팅: 두 주요 시장 타겟팅: 산카라는 도시 지역의 "근거지" 병원과 농촌 지역의 "지역 사회" 병원을 운영한다. 산카라는 모든 소비자에게 동일한 진료 및 서비스 품질을 제공하지만, 농촌과 도시의 2개의 별도 시장과 이들 각 시장 내에 두 세분 시장(유료 및 무료 고객)을 목표로 한다. 이러한 세분화 체계 때문에 각 특정한 고객 그룹의 필수적인 요구에 따라, 다른 마케팅 전략을 유지하는 것이 중요하다. 보편적 마케팅 계획은 농촌과 도시 지역의 사람들에게 결코 적절하게 대처하고 접근하지 못한다. 고객을 확보하고 80/20 재무 모델을 유지하려면, 이중 세분화 마케팅 계획을 유지할 필요가 있다.

고객 봉사: 봉사활동/안구 캠프: 봉사활동 캠프는 인식 확산과 새로운 농촌 고객 접근과 확보에 중대한 역할을 한다. 필요한 오지 공동체로 직접 가서 캠프는 산카라가 제

공하는 서비스를 알지 못하는 소비자에게 양질의 진료와 친밀감을 제공할 수 있다. 또한 일반적으로 진료와 검진을 받기 위해 장거리를 여행 해야만 하는(이는 대다수 사람들에게 비현실적인 일) 농촌 빈민층에게 기회를 제공한다. 봉사활동은 산카라의 변화(그리고 조정)모델 이론에서 필수적인 활동이다.

교육: 산카라 비전 아카데미(Sankara Academy of Vision): 산카라의 교육 훈련 프로그램은 전국적으로 최고의 인재를 끌어들인다. 병원에서 최고의 인재를 고용함으로써 산카라는 모든 사람들에게 불필요한 실명을 없앨 수 있는 방식으로, 양질의 서비스를 제공하는 조직의 사명에 열정적인 유능한 직원을 유지할 수 있다. 최고급 직원을 고용하는 또 다른 이점은 비용을 지불하려는 환자를 끌어들인다는 것이다. 교육 및 훈련의 가치를 평가하는 일을 지속하는 것은 최고의 인재를 유지하고, 그 대가로 유료 고객 층을 유지하기 위한 중요한 성공요인이다.

사회적 벤처에 대한 짤막한 정보: GSBI 혁신가 푼다시온 파라과야 자활 농업학교

마틴 버트(Martin Burt)가 2005년에 GSBI에 참석했을 때, 현지 청소년들이 성공적인 농민이 되기 위해 교육하고 훈련하는 학교인 그의 조직 푼다시온 파라과야 자활 농업학교(Fundacion Paraguaya Self-Sustaining Agriculture Schools(SSAS))는 사명에 고객의 재무적 성공을 포함했던 첫 번째 GSBI 참여자이었으며, 복제계획과 함께 2년 안에 조직의 흑자 현금 흐름을 보여주는 사업 계획서를 작성한 최초의 GSBI 참여자 중 하나였다.

사명

졸업생들이 재정적으로 성공할 수 있도록 실용적이고 기업가 정신을 가진 교육을 제공한다.

SSAS를 위해 제작된 비디오에서, 마틴 버트는 지역 농민들이 이미 농사를 짓는 방법을 알고 있었지만, 농사를 통해 돈 버는 법을 몰랐다며, 토지 개혁, 원조 및 보조금과 같은 가난한 농민들을 돕기 위한 전통적인 정부 대책은 효과가 없었으며, 지역 학교들은 학생들의 삶의 성공과 관련이 없는 과목들을 가르쳤다고 지적했다. GSBI가 우선시하는 SSAS의 사명 진술의 핵심은 지역 농부들의 자녀들에게 농업을 통해 돈 버는 방법을 가르치고, 농업에서 성공과 관련된 고등학교 수준의 교육을 제공함으로써, 이 문제를 해결하는 것이었다. 사명 성공의 가장 큰 측정 기준은 졸업생의 수입이었다.

기회

첫 번째 단계에서, 기회는 구조적으로 실업자가 될 위기에 처한 파라과이의 가난한 지역 농민들의 수천 명의 아이들을 위한 지속 가능한 농업소득의 가능성을 만드는 것이다. 두 번째 단계로, 가난한 지역 농민들의 수십만 명의 어린이들이 있는 다른 국가에 SSAS를 복제하는 것이다.

전략

SSAS의 핵심 전략은 아래와 같다.

1. 기초과목(읽기, 쓰기, 수학, 과학)이 성공적인 지역 농부를 배출하기 위한 지식을 활용하는 것을 목표로 한 고등학교 수준의 교과과정을 만든다.
2. 이런 학교에 교사를 파견하도록 주정부를 설득한다.
3. 학교를 "모범사례" 또는 복제 가능한 모델 농장으로 활용한다.

또한 졸업생의 농업기업에게 소액금융 서비스를 제공하고, 졸업생 제품을 위한 마케팅 협동조합의 역할도 한다. 이 2가지 활동 모두는 학교에 자금을 제공한다(따라서 학교는 물론 농민들이 자급자족하게 된다).

외부 환경

SSAS의 외부 환경은 사람들이 일자리를 찾기 위해 도시로 이주함에 따라 인구가 감소하고, 정부의 토지 개혁과 교육("부채로 허덕이는 학교")이 실패하고, 지역 농민의 성장과 성공을 뒷받침할 수 있는 인프라가 부재한, 빈곤한 농촌이다.

시장

학생들을 위한 시장은 만성적으로 실업상태인 가정과 빈곤한 공동체(직접 수혜자)에서 생겨난 어린이들에게 초점을 맞추었다. "제품"은 학교 그 자체였고, 학교가 생산하고 판매한 농산물이었다. SSAS는 학생들에게 명목상의 수업료를 부과했고, 학생들은 학교 농장에서 무임으로 일했다. 학교 농장이 판매한 소액 금융 및 제품은 시장 가격이었다. 학교는 학생-교사 팀을 활용하여 제품 배치 및 홍보를 수행했다. 간접적인 수혜자는 학생의 가족이었고, 관련 수혜자는 학생들이 살고 있는 지역 공동체였다.

운영 및 가치 사슬

SSAS의 핵심 프로세스는 (1)교육(훈련), (2)농업 생산, (3)학교 및 졸업생에 의해 생산된 제품의 마케팅, (4) 소액 융자였다. 가치 사슬은 고등학교 수준의 교육과 농업 공급망을 결합하였다.

조직 및 인적 자원

Fundacion Paraguaya는 비영리 단체다. 조직은 CEO, 3명의 주요 이사(생산 책임자, 학술 이사, 재무 및 행정 이사), 농업 경험이 있는 이사회 및 3개의 직원 그룹: 농업 고등학교(연간 120명), 청년 성취 마케팅 조직, 소액 금융기관이 있다. 2005년에 120명의 직원이 근무했다.

비즈니스 모델 및 단위 경제

학교의 주요 수입 요인은 수업료(5%), 길가 상점(10%), 야채 및 과일 판매(20%), 축산 판매(25%), 소액 융자 및 지역 사회 교육(40%) 등이다. 주요 지출 요인은 직원 및 시설이었다. 손익분기점 수익 금액은 175,000달러였다.

단위 경제학: GSBI는 2005년에 단위 경제학을 가르치지 않았지만, "1명의 학생" 단위와 175,000달러의 비용(손익 분기점 숫자)을 사용하면, 학생 1명당 단가는 연간 $175,000/120 = $1,458이다.

계량적 분석

각 SSAS의 계량적 분석은 (1)학생 수, (2)매출, (3)비용 및 (4)졸업생의 연간 소득이다.

운영 계획

2005년에 GSBI는 운영 계획 수립을 포함하지 않았지만, SSAS는 분명히 하나의 계획을 수립하였다.

자금 조달

SSAS는 처음에 학교 설립을 위한 비용 50만 달러와 첫 2년간의 보조금 약 12만 달러를 Fundacion Paraguaya에 의해 재정 지원을 받았다. 또한 정부가 지불하는 교사의 봉급 형태로 기부금 소득이 있었다.

요약 To Recap

사업 계획의 "전략계획" 부분은, 사회적기업가가 조직의 사명(성공을 측정하기 위한 측정 기준)을 펼치기 위한 장소이고, 사회적기업가가 해결해야 할 주요 기회/문제라고 지목하는 일이고, 그리고 이러한 문제에 대처하는 구체적인 전략이다. 최소 중요 세목 체크리스트는 이 절에 포함해야 하는 정보의 절대 기준선 수준을 다룬다. 다음 장에서는 외부 환경에 대해 살펴본다.

연습문제 Exercises

4.1 사명 진술

조직에 대한 짧은(10개 미만의 단어) 사명 진술을 작성하고, 이 사명을 달성하기 위해 벤처기업의 성공을 측정할 단일 측정 기준을 선택하라.

4.2 기회

벤처기업의 기회에 대한 정량적인 설명을 하고, 기회의 주요 특성을 말해보라.

> **최소 중요 세목 체크리스트**
>
> **사명, 기회 및 전략**
> - 10개 단어 이하의 사명을 작성
> - 성공의 단일 척도를 구체적으로 명시
> - 벤처가 기회를 잡을 수 있도록 기회와 핵심 전략을 정의
> - 논리모델 또는 변화이론을 반영

4.3 핵심 전략

기회에 기술된 수혜자를 위해 사명 진술에 명시된 변화를 이루기 위해 사용되는 10가지 이하의 핵심 전략(프로그램)을 작성하라. 종합하면, 이러한 전략은 논리모델 또는 변화이론, 즉 성공 측정을 이끌어낼 활동을 반영해야 한다.

참고문헌 Background Resources

Dees, J. Gregory, Jed Emerson, and Peter Economy. *Strategic Tools for Social Entrepreneurs: Enhancing the Performance of Your Enterprising Nonprofit*. New York: John Wiley, 2002, chapter 1.

DeThomas, Arthur, and Stephanie Derammelaere. *How to Write a Convincing Business Plan.* 3rd ed. New York: Barron's Educational Services, 2008, chapters 4 and 5.

Prahalad, C. K. *The Fortune at the Bottom of the Pyramid: Eradicating Poverty through Profits.* Philadelphia: Wharton School Publishing, 2010, chapter 2.

Thompson, J., and I. MacMillan. "Making Social Ventures Work." *Harvard Business Review*, September 2010, 67−73.

Yunus, M., et al. "Building Social Business Models: Lessons from the Grameen Experience." *Long Range Planning* 43 (2012): 308−325.

5장

외부 환경

외부 환경은 사회적 벤처에 영향을 미치지만 통제할 수 없는 요인을 포함한다. 이러한 요인들이 벤처기업에게 위험을 초래한다면, 요인들을 완화해야 한다. 반대로 잠재적으로 도움이 된다면, 기업은 몇 가지 외부 요인들을 활용할 수 있다. 사회적기업뿐만 아니라 모든 기업은 외부 환경에 의해 긍정적으로 또는 부정적으로 영향을 받지만, 사회적기업(특히 "저개발/신흥" 국가 또는 미국과 같은 선진국의 취약 지구에서 영업을 하는 사회적기업)은 외부 환경으로부터 심각한 도전을 받을 것이다.

저개발국의 경우, 교통이나 통신 인프라가 부족한 상황, 계약 체결 및 이행의 어려움, 은행 또는 기타 금융 시스템의 부재, 지적재산권 보호능력 부족, 복잡한 세금 또는 사업 규제 법률, 적대적이거나 지나치게 관료주의적인 정부 또는 문화 단체, 극심한 기후 혹은 지형, 그리고 부패는 미래의 사회적기업에 큰 도전이 될 수 있다. 또한 외부 환경이 국가마다 크게 다른 것 못지않게, 인도와 같이 한 국가 내에서도 상당한 차이가 있을 수 있다. 지리적 경계를 넘어서 나타나는, 외부 환경의 차이는 사회적기업을 다른 국가로 확장시키는 데, 그리고 종종 한 국가 내에서 확장시키는 데 중대한 도전을 제기한다. 이

> **기본 지식**
>
> 심각하게 자원이 제한된 환경에서, 벤처기업은 이해관계자의 이익을 이해하고, 공유가치를 창출하고 그들의 강점을 활용하기 위해 파트너의 협력을 얻어야 한다. 환경 분석을 통한 관리는 불확실성을 명확하게 확인된 위험으로 완화시키고, 파트너전략으로 바꿀 수 있다.

장에서는 부정적인 요소를 완화하고 긍정적인 요소를 활용하기 위한 일련의 행동을 창출할 뿐만 아니라 사회적기업의 경제적 생존능력 또는 변화 창출 능력에 영향을 미치는 외부 환경의 주요 요소를 확인하기 위해 노력할 것이다.

제도적 공백 Institutional Voids

BOP 시장에서, 프라할라드의 시장 기반 접근법에 대한 여러 비판은 외부 환경의 복잡성과 시장 관련 제도적 공백과 관련이 있다. 거래 비용 경제학 관점에 따르면, 미국과 같은 선진국은 잘 정의된 재산권, 교환 규칙 및 잘 작동하는 자본, 노동 및 제품시장의 출현을 가능케 하는 법적 수단의 형태를 포함하는, 정교하게 발전된 제도적 환경을 가지고 있다.[1] 대조적으로, 신흥국(예: 인도)에서 이와 같은 구조는 정보 및 실행 문제로 인해 어려움을 겪어 시장의 불완전성을 초래한다. 부적절한 정보 공개에서 취약한 기업 지배구조, 증시 규제의 일관성 없는 시행에 이르기까지의 다양한 특징이 이들 국가의 금융 시장의 모습이다.[2]

경제 개발 문헌에서 "제도적 공백"이란 용어는 시장의 원활한 기능을 가능하게 하는 데 필요한 필수 제도적 장치 및/또는 행위자의 부재를 의미한다.[3] 이러한 공백은 거래 비용을 높이며 결과적으로 시장형태의 활동을 크게 저해한다. 이들 경제권에서 근본적인 제도적 구조의 부족이 그러한 공간에서 활동하는 행위자들에게 상당한 도전을 안겨주고 있다는 점은 이러한 연구흐름은 강조한다.[4] 다르게 말해서, 이러한 연구가 불러오는 이미지는 간신히 기능하는 시장이다. 데 소토(De Soto)는 재산을 둘러싼 법률구조의 부재가 신흥국에서 자본주의 관련 활동을 얼마나 크게 방해하는지를 설명함에 있어, 이러한 동력을 생각나게 하도록 포착한다.[5]

빈곤한 지역에 대한 연구에 의하면, 허약한 제도가 야기하는 불확실성을 고려할 때, 비정부기구(NGOs)와 같은 현지 행위자와 관계를 발전시키는 것은 이러한 공백의 영향을 상쇄할 수 있다.[6] 비공식 경제에 대한 최근의 학계는, 공식적인 제도권 외부에서 이루어지지만 비공식 제도권 영역 내에서 발생하는 많은 사업 활동을 강조한다.[7] 이것은 두 영역이 겹치는 시장이 존재한다는 점을 시사한다.

프라할라드의 논문 「피라미드 바닥의 부(Fortune at the Bottom of the Pyramid)」는 이용되기를 기다리는 시장이 존재한다고 가정한다.[8] "제도적 공백"에 대한 연구가 이

논문에 이의를 제기하지만, 2가지 관점 모두 몇 가지 중요한 유사성을 공유한다. 둘 다 이 지역 사회의 시장을 특성화하고, 이러한 세계관을 반영한 처방전을 제공하는, 핵심 특성에 대한 외부인의 시각을 반영한다. 이들의 주된 관심사는 생산자 측(즉, 기업 및 이 시장에 참여하려는 기업가)에 있다. 이러한 관점에서 놓친 것은 이 공동체 내의 개인이 영위하는 삶과 이러한 환경에서 교환 시스템이 어떻게 진화했는지에 대한 심층적인 이해이다. 또한 이러한 상황에서, 소비의 성격(또는 소비자 자체)에 대한 고려가 거의 또는 전혀 없다. 이러한 이유 때문에 우리 사업 계획 패러다임의 외부 환경 요소는 사회적 벤처에 매우 중요하다. 이러한 벤처기업에 대한 상향식 관점은 하향식 관점보다 공동체 내에서의 경제적 상호작용과 소비경험에 대해 보다 상세하고 근거 있는 이해를 제공한다.

프로세스 Process

GSBI 참가자들의 의견은 사회적 벤처기업의 외부 환경이 사업 계획의 모든 요소에 중대한 영향을 줄 수 있음을 시사한다. 그림 5.1은 사회적 벤처기업이 외부 환경에 어떻게 갇혀 있는지를 보여준다.

극심한 빈곤 환경에서, 제도적 공백은 조직의 사업 수행능력(거래 관리 역량)을 제한한다. 외부 환경 분석은 외부 환경에 있는 자산과 부채를 찾아내는 데 필수적이다. 외부 환경을 다음과 같은 5가지 특성 또는 카테고리로 분석할 수 있다:

1. 경제 환경(시장 지향적인 생태계)
2. 법적/규제적 환경
3. ICT 환경
4. 공동체/문화 환경
5. 자연환경(기후, 지리)

외부 환경의 각 특성에 대해 부정적인 요소 또는 부작용을 완화하고 성장 추세의 긍정적인 요인 또는 잠재적 요인을 활용하는 데 사용될 수 있는 기술/방법 목록과 함께 사회적 벤처에 영향을 미치는 조건 목록을 작성할 수 있다. 다음 절에서는 외부 환경의 각 특성에 대해 자세히 살펴볼 것이다.

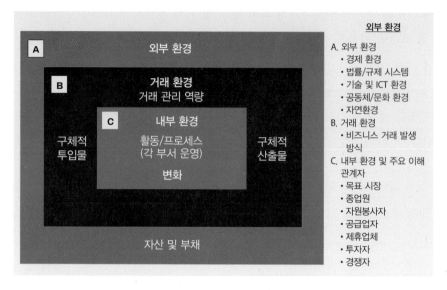

그림 5.1 외부 환경에 대해 끼워진 시스템 모습

경제 환경

경제 환경은 조직, 인프라 및 비즈니스 수행 방식으로 이루어져 있다. 보다 구체적으로, 경제 환경에 있는 조직은 잠재적 공급업자, 파트너, 경쟁업체, 고객 또는 기타 영향력 있는 사람이다. 그들은 중소기업, 다국적 기업, 정부 또는 NGO, 정치집단(예: 정당), 무역단체 또는 노동조합, 초소기업(예: 개인기업, 구멍가게), 심지어 탈법적인 조직(예: 갱, 암거래 시장 참가자)이 있다.

인프라에는 도로, 에너지 및 통신 시스템과 같은 물리적 요소와 재화 및 서비스를 효율적으로 이동시키는 유통망이 있다. 비즈니스를 수행하는 다양한 방식에는 공식 및 비공식 메커니즘이 있다—조직과 세금 같은 것, 은행 및 고유한 금융거래 방식(예: 소액금융), 회계 및 재무보고 시스템, 일대일 현지 현금 또는 물물교환 시스템의 지불 관행, 심지어 뇌물까지 있다. 이 모두는 경제 환경에서 중요한 역할을 한다.

법률/규제 시스템

규제 및 법률 시스템들은 기업이 감당해야 하는 제약사항을 나타낸다. 종종 이 규제 및 법률 시스템들은 여러 가지 절충(trade-offs)을 요구할 수도 있다. 프라할라드는 이러한 고려 사항이 기업의 "거래 관리 역량(TGC)"을 형성한다고 주장한다.[9]

TGC는 자산, 지적재산권 및 법률(있는 경우)의 소유권 및 이전에 대한 규제와 비즈니스 계약을 문서화하고 비즈니스 거래를 규제하는 계약 및 기타 방법, 그리고 비즈니스 행위에 영향을 미치는 법과 규제를 공정하게 실행, 이행 및 변경하는 프로세스(및 기관)를 포함한다. 예를 들어, 방글라데시에서는 계약 및 판매 계약을 이행하는 것이 매우 어렵다. 그라민 샥티의 태양광 홈 시스템 고객 중 일부가 다른 고객이 비용을 지불하지 않기 때문에 자기들도 지불할 필요가 없다고 느낀다면 샥티 팀은 지불하지 않는 행위를 고객을 불신하고 모든 사람들을 위해 에너지 접근성을 유지하는 데 필수적인 공동체 규범을 훼손하는 행동처럼 보이게 하는 방법을 찾아내야 한다. 대출 시장 또는 자조집단에서 유사한 집단 규범 메커니즘은 높은 소액금융 상환 비율을 설명한다.

기술 및 ICT 환경

정보통신기술(ICT) 환경에는, 인쇄 매체(예: 신문)부터 라디오, 전화(유선 및 휴대전화), 네트워킹(인터넷), 소셜 미디어, TV 및 영화에 이르기까지, 컴퓨터, 네트워크 통신 및 미디어 기술이 있다. 개발도상국 시장에서 ICT 환경은 후진적이거나 매우 초보적일 수 있다. 이것은 검색, 정보 및 거래 비용이 선진국 시장의 비용보다 높다는 것을 의미한다.

ICT 환경은 고객(손님, 수혜자 및 파트너)과의 커뮤니케이션, 마케팅, 비즈니스 거래 처리 및 공급망 관리에 영향을 미친다. 규모를 추구하는 조직의 경우, 백오피스 시스템(회계 및 재무보고, 급여, 직원기록 등)은 ICT 환경의 매우 중요한 요소다.

제품이나 서비스가 거래를 할 때 휴대전화나 개인용 컴퓨터를 사용해야 하거나 유사하게 통신망에 의존하는 이들 사회적 벤처들에게 ICT 환경은 신뢰할 수 있어야 한다. 여기서 좋은 소식은 휴대전화 기술이 유선전화를 뛰어넘어 많은 개발도상국에서 보급률이 급상승하고 있다는 것이다. 일부 지역에서 모바일 뱅킹이 뿌리내리고 빠르게 확장되고 있다. 이들과 기타 정황에서, 스마트폰 기술도 급상승하고 있다. 그러나 개발도상국에서 첨단 통신기술의 전개는 선진국의 고속 통신망 현실에 뒤진다. 많은 새로운 시장에서 라디오는 여전히 중요한 통신 수단이다.

사회적 벤처기업의 경우, 기술 및 ICT(특히 휴대전화 ICT)는 거래 비용을 절감하고, 중개자를 없애고, 시장에 진입하고, 공급망을 단순화할 수 있는 커다란 기회를 의미한다. 예를 들어, 클라우드 기반 IT 플랫폼은 사회적 벤처를 위해 고객 및 파트너의 공동체를 구축할 뿐만 아니라 거래 비용을 절감할 수 있는 잠재력이 있다. 태양열 시스템 또는 새로운 의료 기기와 같은 기술적 진보는 사회적 벤처가 채택할 수 있는 효과적이고 저비용의 솔루션을 위한 기회를 창출할 수 있다. 시장이 커지는 ICT 기회의 예로써, 웹 기술을 효과적으로 적용한 최초의 GSBI 사회적 벤처기업은 온라인 소액 금융회사인 키바(Kiva)였다. 2005년에 100개 미만의 대출에서 시작하여, 키바는 불과 4년 만에 40개국에 14만 8,000명의 대부자를 가진 3만 3,000개가 넘는 대출로 성장했다. 이 글을 쓰는 시점에, 키바는 10억 달러 이상의 P2P 대출로 성장했다.

공동체/문화 환경

공동체/문화 환경은 사회규범과 다양한 그룹(가족, 종교, 민족, 이해관계자 및 성별), 공식 기관(예: 학교), 정치/정당 및 역사적으로 뿌리를 둔 관행 또는 사업방식의 신념 체계로 이루어진다. 인도에서는 예를 들어, 일자리의 85% 이상이 비공식 경제에 있고, 물물교환 시스템이 여전히 일반적인 교환 형태로 남아 있으며, 지방 집행위원회 또는 마을회의의 원로는 60만 개가 넘는 마을에서 새로운 시장참여자를 어떻게 받아들일지를 결정하는 데 커다란 역할을 한다. 특히 여성의 권리 신장과 같은 사회적기업의 사명이 여성의 차별이나 착취와 같은 공동체 규범에 의해 악영향을 받을 경우, 사회적기업은 공동체 및 문화적 상황을 고려해야 한다. 어떤 경우에는, 공동체에서 안전 문제나 신체적 폭력의 위협은 사회적기업을 시작조차 하지 못하게 하거나 사회적기업의 전략을 위협하거나 사회적기업을 다른 곳으로 이전하게 할 수 있다.

공동체 및 문화 환경을 활용하는 것이 사회적기업에 도움이 될 수 있다. 예를 들어, 몇몇 GSBI 벤처기업은 여성 그룹을 활용해 서비스(예: 휴대폰 대여, 지역사회 보건 종사자)를 제공하거나 제품(예: 가정용 태양열 램프)을 유통시킨다. 뿐만 아니라 자원봉사자, 직원, 영향력 있는 조기 도입 고객 및 파트너를 제공함으로써 공동체 및 문화 환경의 요소는 자원이 될 수 있다.

자연환경

자연환경의 요소는 종종 사회적기업에게 동기를 부여하거나 사회적기업의 필요성을 증폭시킨다. 홍수, 허리케인, 대기 및 수질 오염 및 지진은 모두 사회적기업이 가장 힘들게 맞서는 문제들을 야기할 수 있다.

자연환경의 지리적 요소는 사업 수행비용 및 수혜자 접근 방법에도 영향을 줄 수 있다. 예를 들어, 기후 변화로 인한 해수면 상승과 잦은 태풍과 홍수는 그라민 샥티가 태양광 주택 시스템 벤처기업을 도약시키기 위한 탄력적인 공급망을 개발함으로써 완화해야 하는 방글라데시의 주요한 문제다. 그리고 GSBI 벤처기업인 빌드체인지(Build Change)는 지진으로 인한 손실을 줄이는 저렴한 주택 디자인을 만들었다.

사회적 벤처에 대한 짤막한 정보 Social Venture Snapshots

다음의 사회적 벤처 짤막한 정보는 3개 조직(그라민 샥티, 산카라, GSBI 혁신자 빌드체인지) 각각에 대한 외부 환경 분석을 보여준다. 곧 알게 되겠지만, 각 벤처기업은 앞에서 제안된 5가지 요인 모델의 약간 다른 버전을 사용한다. 그리고 각 벤처기업은 외부 환경에 의해 제기된 문제에 다르게 접근하지만 3가지 예 모두는, 추진 요인들과 제약 요인들에 주의를 기울여 현지 상황에 맞는 솔루션을 제공할 가능성을 보여준다.

각 사회적 벤처의 짤막한 정보에 대한 외부 환경 분석은 네 개의 사분면이 있는 행렬을 사용한다(그림 5.2).

사회적 벤처에 대한 짤막한 정보: 그라민 샥티의 외부 환경 분석 (태양광 주택 조명 시스템)

그라민 샥티의 경우, 섬 공동체에 물류공급의 어려움, 전문적인 기술에 대한 접근성 제한, 그리고 가난한 사람들이 에너지 투자에 대한 선지급 비용을 지불할 수 없음이 현재의 바람직하지 않은 에너지 접근성의 상태를 고착화하고 있다. 샥티는 그라민 브랜드를 활용하고, 지역 사회 지도자들과 관계를 구축하며, 얼리 어답터(남들보다 먼저 신제품을 사서 써보는 사람)와 함께 개념 증명(proof of concept) 증거를 제공함으로써 신뢰를 구축한다. 이 회사는 고품질/저비용 제조업체와 협력하여 태양광 기술을 공급하고, 기술 학위를 가진 젊은이들을 교육하며, 고객 금융을 이용할 수 있게 하고, 지역 서비스 및 수리에 대한 접근성을 제공하는 지사를 통해 운영을 토착화한다.

그림 5.2 **외부 환경 분석 행렬**

환경 요소	조치
자산	활용
장애물	완화

그림 5.3 그라민 샥티의 외부 환경 분석(태양광 주택 조명 시스템)

환경 요인	조치
자산	**활용**
저비용 태양광 주택 시스템(중국의 교세라 및 기타 공급업체로부터)	기존 시스템 사용
그라민 브랜드	자금 조달을 정당화하고 돕기 위해 그라민 브랜드 사용
공학 학위를 지닌 청년들	직원 채용, 부트스트랩 훈련
일반적으로 커뮤니티 리더들이 부자임	리더들에게 먼저 판매하여 지지를 얻음
일하기를 원하는 젊은 여성	수리 및 판매 직원 교육
장애물	**완화**
매우 가난한 고객	소액금융 제공; 소득과 현금 흐름 향상으로서 태양광 판매
숙련종업원 유치 경쟁	유리한 임금, 수당 및 내부 승진
현금 경재, 거래에 대한 IT 지원이 없음	현금용 금고 보유; 수기 장부 개발; 엄격한 감사 시스템 개발
소매점 대신에 비공식 시장	스타트업 모임 시장을 이용
대부분 섬 공동체, 열악한 도로 및 값비싼 운송	현지 사무소, 자전거 또는 소형버스 배송
태양광이 영원히 작동하기를 기대	풀 서비스 및 보증계획 제공
한 공동체가 비용을 지불하지 않으면, 다른 공동체도 따라 한다.	부드럽지만 강한 비용지불 압박, 아내를 참여시킴
어려운 지리(섬)	지역 사무소 네트워크 개발
폭우 및 장마	교체보증

그림 5.3에서 볼 수 있듯이 그라민 샥티는 날씨, 도로 및 소매 인프라 부족, 숙련된 직원 부족과 같은 몇 가지 매우 어려운 외부 환경 장애에 직면하였다. 그라민 샥티 사업 계획은 이러한 장애를 완화하고 취업을 원하는 젊은 여성과 같은 외부 환경의 자산을 활용하는 조치를 포함해야 한다.

사회적 벤처에 대한 짤막한 정보: 산카라의 외부 환경 분석

산카라는 성공적인 사회적 벤처를 구축하기 위한 종합적인 조직 전략을 수립하였다. 그림 5.4~5.7에서 알 수 있듯이, 이 전략은 운영 환경의 각 측면에서 현저한 위험을 완화한다. 산카라는 파트너 조직과의 공유된 가치와 강력한 리더십 역량을 통해 사명을 활용한다. 이 수치의 상세한 분석은 산카라가 빈곤층을 위한 양질의 안과 진료를 제공하는 데 따른 어려움을 극복하기 위한 암호를 푸는 방법에 대한 실마리를 제공한다.

알다시피, 산카라는 인도의 저렴한 안과 진료 제공자이다. 그라민 샥티와 비교했을 때, 산카라는 장애를 완화하고 자산을 활용하는 데 많은 일련의 전략을 구사한다.

그림 5.4 경제 환경(시장 중심 생태계)

	조직 및 인프라	
외부 환경 요소(EEE)	장애물(I) 또는 자산(A)	자산 활용(L) 또는 위험 요소 완화(M)를 위한 산카라의 전략
공급 업체	A: 의약품 및 의료 기기의 저렴한 공급 업체	L: 규모의 경제를 통한 비용 절감
파트너	I: 검안 캠프를 수행하기 위한 제한된 자원 A: 파트너 재단(SEF USA 및 SEF UK) A: 비전 트러스트의 사명 A: 기타 — 반복적인 보조금 제공자	M: 지역 사회 후원자들이 캠프 자금 조달을 위해 협력 L: 장비, 수술, 새로운 병원 및 수술 후 영향 측정하는 것에 대한 기부 L: 기부 소득 • 안구은행을 위한 인도 정부 • Sankara Vision of Academy를 위한 스리 라탄 타타 트러스트 • 지구 실명 관리 협회(DBCS) • 인도 의학 연구 협의회(ICMR)
경쟁사	A: Aravind Eye Care A: 작은 안과 클리닉(개인 진료의/자영업자) I: Vasan Eye Institute(100개 이상의 안과 병원, Vasan Health Care 네트워크의 일부), Apollo Hospitals, Max Health Care 및 기타 지역 민간 병원	L: 유사한 인증된 교차 보조금 비즈니스 모델을 따름 L: 소규모 기업의 역량을 넘어선 수술 및 기타 절차에 대한 진료 소개받기 M: 큰 민간 안과 병원보다 더 나은 속도로 비슷한 가치를 제공
고객	I: 실명 및 빈곤	M: 외딴 마을에서 편리한 현장 안구 캠프를 제공한 후 환자를 병원으로 이송하여 무료 치료
영향 요인	A: Aravind Eye Care는 의료 서비스 제공을 위한 보조금, 고효율, 저비용 모델을 대중화했음	L: 동일한 모델을 채택하고 자급자족을 위해 노력함
도로	A: 국도 및 주 고속도로의 잘 연결된 네트워크	L: 도시 지역의 근거지 병원 네트워크 구축, 농촌 지역의 무료 커뮤니티 병원 및 외딴 시골 마을의 안구 캠프 네트워크 구축

그림 5.5 **법률/규제 환경**

외부 환경 요소(EEE)	장애물(I) 또는 자산(A)	자산 활용(L) 또는 위험 요소 완화(M)를 위한 산카라의 전략
사회 구조와 제약		
조직 및 세법	A: Sri Kanchi Kamakoti Medical Trust는 Sankara Eye Care Institutions를 관리하는 등록된 공공 자선 신탁임	L: 세금 납부 면제, 기부자는 세금 공제 가능한 기부금을 지불. 사명에 집중하고 잉여금을 성장에 재투자
규제	A: 같은 수술실에서 여러 번의 수술이 가능함 I: 농촌 빈곤층을 대상으로 한 효율적인 공공 의료 계획의 부족	L: 각 의료 절차에 소요되는 시간을 최적화하여 프로세스의 높은 효율성 달성 M: 농촌 빈민에게 저렴한 안과 치료 제공
인도의 HIPAA 권리와 동일	I: 인도 정부는 의료 데이터를 이동하기 쉽고 쉽게 전송할 수 있도록 EHR (Electronic Health Records) 표준에 대한 지침을 만들었다(인도는 HIPAA, 환자 개인 정보 보호 조항 또는 데이터 보호에 관한 법률이 없다).[1]	M: 전자 건강관리 및 개인 정보 보호 요구에 중점을 둔 인도 전자 및 정보기술 부서의 Promising Digital India[2] 이니셔티브
건강보험	A: 건강보험 구매자는 건강보험료 지불에 대해 과세 대상 소득에서 매년 공제할 수 있다.[3]	L: 환자 경험/편의를 향상시키기 위해 비즈니스 모델에 통합

그림 5.6 **정보통신기술 환경**

외부 환경 요소(EEE)	장애물(I) 또는 자산(A)	자산 활용(L) 또는 위험 요소 완화(M)를 위한 산카라의 전략
컴퓨터, 네트워크 및 미디어 기술		
전화	A: 인도의 보편적 서비스 정책[4]의 결과, 마을의 98.3%가 전화 서비스를 받고 있다. 모바일 가입자 — 919.2백만 보급률 — 76.0% 고정 가입자 — 32.2백만 보급률 — 2.7%	L: 고객(손님, 수혜자 및 파트너)과의 통신, 마케팅, 비즈니스 거래 처리 및 공급망 관리를 위해 잠재적으로 활용
인터넷	I: 인터넷 사용자(2011) — 1억 2,500만 인터넷 가입자 — 22.9백만 보급률 — 10% PC 수(e) — 6,000만 보급률 — 5% A: 스마트폰 검영기 사용	M: Fletcher School-MasterCard 디지털 진화 지수는 인도를 디지털 진화의 관점에서 "발생" 국가로 두었다. 이는 국가가 강력한 디지털 경제를 개발할 수 있는 잠재력을 가지고 있음을 의미한다. 미래의 기회는 환자 온라인 등록, 예약, 온라인 건강 기록 관리 및 기타 모바일 웹 기반 거래(장기적 기회)에 디지털 진화를 활용할 수 있다는 데 있다. L: 시골 캠프의 현장 검안

그림 5.6 정보통신기술 환경(계속)

컴퓨터, 네트워크 및 미디어 기술		
외부 환경 요소(EEE)	장애물(I) 또는 자산(A)	자산 활용(L) 또는 위험 요소 완화(M)를 위한 산카라의 전략
미디어 기술(인쇄 미디어, 라디오, 텔레비전 및 영화)	I: TV 및 라디오를 통한 병원의 의료 서비스 광고는 비윤리적인 것으로 간주되며 인도 의료 협회의 지침에 따라 금지된다.	M: 산카라는 매우 높은 윤리기준을 준수하며 인도 의료 협회의 지침을 따른다. 다른 마케팅 전략을 사용한다(인쇄 및 소셜 미디어).
은행가	A: 인도 중앙은행, Canara Bank 및 Axis Bank	L: 신뢰할 수 있는 파트너십, 조직에 신뢰성 제공

[1] http://en.wikipedia.org/wiki/Electronic_health_record#India, [2] http://deity.gov.in/sites/upload_files/dit/files/Digital%20India.pdf, [3] http://www.policyholder.gov.in/uploads/CEDocuments/Health%20 Insurance%20Handbook.pdf, [4] http://www.budde.com.au/Research/India-Key-Statistics-Telecommunications-Market-and-Regulatory-Overview.html [5] http://fletcher.tufts.edu/eBiz/Index#Insights

그림 5.7 커뮤니티/문화 환경

기관, 신념 및 관행		
외부 환경 요소(EEE)	장애물(I) 또는 자산(A)	자산 활용(L) 또는 위험 요소 완화(M)의 산카라 전략
사회적 편견	I: "무료 또는 보조금이 지원된 서비스가 품질 저하와 관련이 있을 수 있다"는 비용을 지불하는 고객들의 마음가짐	M: 가치 기반 서비스를 통해 얻은 환자 신뢰와 우수한 공급 업체로서의 브랜드 평판; 고객 만족에 초점; 수술 비용을 지불하는 사람이 주는 사회적 선을 강조
	I: "다른 사람들이 지불하지 않는데 왜 내가 지불해야 하는가?"	M: 지불 및 무료 센터는 일반적으로 동일한 지붕에서 서비스를 받지 않는다(별도의 병원).
	I: 교육받은 농촌 여성은 취업 기회를 찾기 위해 지역 사회를 떠날 자유가 없을 수도 있다.	M: 농촌 여성은 캠프/지역사회 병원에서 일하기 위해 안과 치료와 취업 기회를 위해 제공되는 교육으로 권리가 신장된다.
공동체	A: 인도의 "가족 의사"와 상담하는 일반적인 관행(일차 진료 의사와 같지만 반드시 병원에 연결되어 있지는 않음); 종종 전문가에게 진료 소개를 제공할 수 있는 개인 개업의	L: 입소문 마케팅을 통한 안과 치료 서비스 추천 프로그램
세대 차이	A: 디지털/소셜 미디어와 더 많이 접촉하는 젊은 세대	L: 웹 기반 마케팅 접근법 통합 M: 저렴한 안과 치료를 제공하여 삶의 질 향상
고객	I: 실명 및 수많은 장애가 사회적 금기와 관련됨; 소외된 지역사회는 무시됨	M: 시골 학교에서 가난한 아이들을 위한 시력 검사(무지개 프로그램); 통합된 아동 발달 센터 및 고아원(Maithri); 다른 소외된 지역 사회에 대한 홍보

그림 5.7   커뮤니티/문화 환경(계속)

	기관, 신념 및 관행	
외부 환경 요소(EEE)	장애물(I) 또는 자산(A)	자산 활용(L) 또는 위험 요소 완화(M)의 산카라 전략
자원봉사자	I: 프로그램 및 운영을 위한 자금 부족 I: 농촌 캠프를 수행할 인력 부족	M: NRI(Non-Resident Indians)는 미국 SEF에 자원봉사하고 기부함으로써 SECI에 기여함 M: 안구 캠프 자원봉사자
직원	I: 자격을 갖춘 숙련된 직원 부족 I: 지속적으로 증가하는 수요를 가진 거대한 건강관리 일자리 시장	M: Sankara Academy of Vision은 의사를 위한 사내 교육을 제공 M: 경쟁력 있는 급여와 직원 유지를 위한 복리 후생 제공, 직원 만족도 및 보람 있는 직장 문화에 초점

사회적 벤처에 대한 짤막한 정보: GSBI 혁신자 빌드체인지의 외부 환경 분석

그림 5.8에서 알 수 있듯이, 빌드체인지(Build Change)는 외부 환경에서 많은 제약을 가지고 있었기 때문에, 저비용 내진 주택을 위해 현지에 적합한 설계를 만들고, 강력한 정부 건축 규제를 지지하며, 현지 건축업자를 교육하고, 주택 소유자를 교육하고 영향을 주기 위해 수상 경력을 인정받은 브랜드와의 파트너십을 활용하였다.

개요(GSBI 2007)

2007년, 빌드체인지는 지진 발생이 많은 지역에서 저소득층을 위한 저비용 내진 주택을 건설하기 위한 성공적인 모델을 창안했다. 사명은 간단하다: 지진 때문에 일어난 주택 붕괴로 인한 사망, 부상 및 경제적 손실을 줄이는 것이다. 매년 지진으로 100만 명의 사람들이 집이 없어지는 것에서 기회를 발견했고, 건축된 내진 주택 수에서 성공을 측정한다.

사명, 기회 및 전략

사명	지진 때문에 일어난 주택 붕괴로 인한 사망, 부상 및 경제적 손실을 줄인다.
주요 측정 기준	건축된 내진 주택 수
기회	지난 7년 동안 지진으로 인한 연간 100만 명의 집 없는 사람들

그림 5.8 **Build Change**의 외부 환경 분석

환경 요인	조치
자산 지진 구호 정부 기관 문제에 대한 지역 사회 인식 지역 사회 디자인 우선	**활용** 파트너십, 수상 성공을 증명 표준 디자인을 지역 선호도에 맞게 조정
장애물 빈국의 건축 법규/규정 부족 내진 주택을 위한 저비용 설계 부족 숙련된 건축전문가 부족 지진으로 인한 심각한 피해	**완화** 표준 개발/지지 자체 디자인 개발/증명 건축업자 교육 재해 후 현장을 목표로 함

전략　　　(1) 저비용, 내진 주택 디자인 제작

　　　　　(2) 현지 자원을 사용하여 자재명세서(BOM)를 작성

　　　　　(3) 주택 건설을 위한 지역 건축가 교육

외부 환경

자연환경, 특히 지진의 지질학, 가난한 나라의 건축법 및 기술 부족은 빌드체인지의 사명을 결정짓는 상황적 요소이다. 그림 5.8을 참조하라.

시장

지진으로 계속 위협을 받는 지역에는 1억 3,000만 명의 사람들이 살고 있다. 정부 기관은 내진주택을 위해 투자할 예산이 있고, 잠재적 주택 소유자는 돈과 교육이 부족하지만 건축 과정에 참여하기를 원한다. 직접 수혜자는 신규 주택을 공급받는 사람들이며, 간접 수혜자는 그들이 살고 있는 지역사회이며, 관련 수혜자는 정부, 경제 및 긴급 구호 단체이다. 경쟁 우위는 제품(주택 디자인), 프로세스(지역 참여) 및 비용절감이다.

운영 및 가치 사슬

주요 프로세스: (1) 표준 디자인을 만들고 지역 선호 및 자재에 적응, (2) 현지 건설업자 교육, (3) 주택 건설 및 테스트, (4) 현지 주민(여성) 및 시행 기관의 지원을 얻고, (5) 현지 건축법의 변경을 제안한다.

조직 및 인적 자원

　빌드체인지는 미국 비영리 단체 (501(c)(3))이다.

이사회 (3): SE 경험, 자금 조달, 비즈니스 경험 + 구조 및 토목 기술자, 자원봉사자 고문

설립자 겸 CEO(건축 경험 및 토목 공학 학위 소지자)

운영 및 건축 이사

프로젝트별 현지 직원

비즈니스 모델 및 단위 경제

주요 매출원: 50% → 70% 수입(컨설팅 및 건설), 50% → 30% 기부금(보조금 및 기부금)

주요 비용 요인: 직원(70%), 마케팅(8%), 자재(2%), 시설(10%), 행정(10%)

단위 경제: 단위 = 주택. 목표는 주택당 비용을 100달러 이하의 현지 자재 + 현지 노동으로 낮추는 것이다.

계량적 분석

(1) 건설주택 수, (2) 주택당 비용, (3) 수익, (4) 지출(burn rate: 신생 기업이 현금으로 지불한 창업비용, 연구개발비, 기타 비용의 비율), (5) 채택된 건축 법규

운영 계획

GSBI를 떠난 지 1년 이내에, 빌드체인지는 2년 이내에 현금 흐름을 손익분기점에 도달하고, 5년 만에 자체 조달하는 운영 계획을 수립하였다.

자금 조달

교부금과 기부금으로 1년 차와 2년 차(적자 현금 흐름)의 신생 기업 자금 조달.

요약 To Recap

많은 개발도상국에서, 사회적 벤처의 직접 통제를 벗어나는 외부 환경 요인은 사회적 벤처가 효율적이고 효과적으로 도전에 맞설 수 있는 능력에 심각한 영향을 미친다. 환경 분석 수행은 잠재적인 장애물을 찾아서 완화하고, 외부 환경으로 발생한 잠재적인 자산을 활용하기 위해 중요하다. 최소 중요 세목 체크리스트는 외부 환경 분석이 다루어야 할 가장 중요한 요점을 개괄한다. 다음 장에서는 목표 시장 부문을 살펴본다.

연습문제 Exercise

5.1 외부 환경 요소

3개의 사회적 벤처에 대한 짤막한 정보에서처럼, 사회적 벤처의 성공에 영향을 미치는 모든 외부 환경 요소(External Environment Elements: EEEs)를 나열하는 표(행렬 또는 스프레드시트)를 작성하라. EEE 목록을 만들려면 이 장의 "프로세스" 절에서 5가지 특성 또는 카테고리로 시작하라. 적용되지 않는 특성에 의해 제한받거나 적용되지 않는 특성을 포함할

> ### 최소 중요 세목 체크리스트
>
> ### 외부 환경
> - 현재의 바람직하지 않은 상태를 고착화하는 것을 명확하게 한다.
> - 결과에 영향을 주는 핵심적인 생태계 행위자들을 확인한다.
> - 벤처 강점을 활용하기 위해 이상적인 파트너를 지정한다.
> - 생태계 위험을 완화하기 위한 전략을 수립한다.

필요는 없다. 각 EEE가 벤처기업의 장애(문제)인지 자산(이익)인지 식별하라. 각 장애에 대해 장애를 완화하기 위한 조치를 파악하고, 각 자산에 대해 자산을 활용하는 조치를 파악하라.

참고문헌 Background Resources

Coase, R. H. "The Problem of Social Cost." *Journal of Law and Economics* 3 (October 1960): 1–44.

Dees, J. Gregory, Jed Emerson, and Peter Economy. *Strategic Tools for Social Entrepreneurs: Enhancing the Performance of Your Enterprising Nonprofit.* New York: John Wiley, 2002, chapter 7.

De Soto, H. *Mystery of Capital: Why Capitalism Triumphs in the West and Fails Everywhere Else.* New York: Basic Books, 2003.

Khanna, T., and K. Palepu. "Is Group Affiliation Profitable in Emerging Markets? An Analysis of Diversified Indian Business Groups." *Journal of Finance* 55, no. 2 (2000): 867–891.

Khanna, T., and K. Palepu. "Why Focused Strategies May Be Wrong for Emerging Markets." *Harvard Business Review*, July-August 1997.

Mair, J., and I. Marti. "Entrepreneurship in and around Institutional Voids: A Case Study from Bangladesh." *Journal of Business Venturing* 24, no. 5 (2009): 419–435.

Prahalad, C. K. *The Fortune at the Bottom of the Pyramid: Eradicating Poverty through Profits.* Philadelphia: Wharton School Publishing, 2010, chapters 4, 5, and 6.

Webb, J. W., R. D. Ireland, and D. J. Ketchen. "Towards a Greater Understanding of Entrepreneurship and Strategy in the Informal Economy." *Strategic Entrepreneurship Journal* 8 (2014): 1–15.

Webb, J. W., G. M. Kistruck, R. D. Ireland, and D. J. Ketchen Jr. "The Entrepreneurship Process in Base of the Pyramid Markets: The Case of Multinational Enterprise/Nongovernment Organization Alliances." *Entrepreneurship Theory and Practice* 34, no. 3 (2010): 555–581.

Williamson, O. E. *The Economic Institutions of Capitalism.* New York: Simon & Schuster, 1985.

6장

목표 시장 진술

❝목표 시장"의 개념은 전통적인 비즈니스 용어에서 차용한다. 이 개념은 재화나 서비스의 "목표" 사용자인 잠재고객이나 고객의 특정 그룹을 말한다. 그러나 사회적 벤처기업의 경우, 조직이 제공하고자 하는 그런 개인들 또는 그룹들을 좀 더 의미하며, 미묘한 차이가 있을 수 있다. 이 장에서는 사업 계획의 목표 시장 진술 부분을 살펴본다.

프로세스 Process

목표 시장 진술은 당신이 제공하고자 하는 수혜자의 정확한 그룹을 나타내며, 구체적으로 그 그룹의 규모와 특성을 설명한다. 사회적 벤처기업의 경우, 목표 시장 진술은 벤처기업의 제품/서비스가 가치를 창출하기 위한 수혜자(고객)들을 나타낸다. 제품 또는 서비스를 사용하는 사람들(직접 수혜자)과 제품 또는 서비스를 만들거나 유통시킨 것으로부터 비용을 지불하거나 혜택을 받는 사람들(간접 수혜자) 사이에 차이가 있을 수 있다. 예를 들어, 초기에 그라민 샥티는 특정 지리적 시장에서 특정한 수의 가정용 태양열 시스템을 설치하기 위한 보조금을 받았다.

그 밖에 다음과 같은 제3자 지불인의 많은 예가 있다: BOP에 있는 자녀를 위한 식사나 교육을 제공하는 스폰서를 찾아내는 단체(예: Save the Children), 지불할 능력이 없는 사람들을 교차 보조하는 지불고객, 휴대전화 사용자의 "고착도(stickiness: 사용자가 상품이나 서비스를 얼마나 오래 혹은 자주 사용하는지에 대한 충성도, 혹은 그 충성도를 나타내는 지표)"를 증가시키기 위해 모바일 뱅킹 인프라에 대한 비용을 지불하는 네트워크 운영자. 유사하게, 양측 플랫폼에서 농업 관련 기자재 공급업체는 소작농에게 광고를 통해 돈을 벌고 있는 시장정보를 제공하는 ICT 플랫폼에 대한 비용을 지불한다.

목표 시장 진술은 당신의 제품이나 서비스를 가치 있게 만드는 수혜자의 속성(니즈)을 찾아야 한다. 이러한 속성은, 구체적이고 잘 기술하면 당신의 제품을 자신의 니즈에 관련해서 매력적인 제품이고, 자신의 니즈를 충족시키기 위한 대안으로 받아들이는 잠재적 수혜자(고객)의 범주를 찾아낼 것이다. 목표 시장 진술은 다음과 같은 네 부분으로 이루어진다:

> **기본 지식**
>
> BOP 시장정보는 일반적으로 빈약하다. 많은 벤처기업들이 매크로데이터로부터 대체적으로 추정함으로써 어려움에 처한다. 필요는 수요가 아니며, 가난한 사람들은 구분되지 않는 집단이 아니다. 가난한 사람들은 외부인에게 불분명한 비공식 시장에 종종 존재한다.
>
> 세분화는 인간의 니즈, 문화적 영향, 지역에 따른 가치인식에 대한 솔루션에 적응하는 방법 및 지불능력을 이해하는 데 중요하다. 투자자들은 "큰" 시장을 선호하지만 4P의 시장 진입(go-to-market) 전략은 시장 채널과 마지막 접점 유통이 발달되어 있지 않거나 커다란 공백이 있는 이질적인 환경에 적응해야 한다.

1. 전체 시장(total available market)의 정의—당신의 제품/서비스를 사용할 가능성이 있는 모든 잠재적 수혜자
2. 시장 규모(total addressable market: TAM)의 정의—당신이 현재 목표로 삼고, 몇 년 이내에 도달할 수 있는 수혜자
3. 당신의 제품 또는 서비스의 사용 결정과 관련성이 가장 높은 수혜자 특성을 나타내는 시장 세분화 표
4. 판매 채널 또는 당신의 목표 수혜자에게 접근할 방법을 포함하는 마케팅 계획

1단계: 전체 시장 추정

먼저 시장 규모, 즉 당신의 기업이 성공할 경우 얼마나 많은 사람들이 당신이 운영하는 기업의 서비스를 받을 수 있는지를 추정하라. 이 추정은 일반적으로 **사명/기회/전략**

의 일부로 식별된 **기회**의 하위 집합이다. 지리적 경계(예: 대륙, 국가, 주) 및 인구 통계(예: 연령, 성별, 소셜 그룹)를 사용하여 이 숫자를 더 세분화할 수 있다. 전략이 각 세분 시장에서 다룰(영향을 미칠) 핵심 니즈 및 문제점을 구체적으로 명시하라. 이것이 **시장 규모**(*total addressable market*: *TAM*)이다. 그림 6.1에서 **유효시장**(*served/addressable market*)은 당신의 **목표 시장**과 판매채널로 도달할 수 있는 시장을 포함한다.

시장 규모를 추정하기 위한 2가지 접근법이 있다: 즉, 상향식과 하향식 접근법이다. 하향식 접근법에서, 요약된 출처의 데이터(예: 인구조사 또는 기타 정부 조사)는 기초값(base)으로 사용된다. 그런 다음 시장 규모 추정치는 기초값의 비율로 취해진다. 예를 들어, 대체 에너지를 제공하는 서비스는 현재 전기가 공급되지 않는 100만 가구 중 75%에 도달할 수 있다고 추정할 수 있다. 상향식 접근

양면 플랫폼

역사적으로, 사용자는 여러 가지 많은 방법이 있지만 대개 구매 시 또는 나중에 사용료를 지불한다. 그러나 신문, 텔레비전, 그리고 드디어 인터넷이, 기술은 사용자가 서비스 비용을 지불하지 않고, 대신 광고주와 같은 다른 사람들이 지불할 가능성을 만들었다. 이러한 양면 플랫폼들은 혼용 비즈니스 모델이다. 왜냐하면, 이 양면 플랫폼들은 2가지 가치 전달 시스템을 통합하기 때문이다. 하나는 사용자(예: 검색하고자 하는 소비자)용이고, 다른 하나는, 특정 유형의 소비자가 볼 수 있는 광고를 게재하고자 하는 소규모 회사와 같은 돈을 지불하는 고객용이다.[1]

방식은 지역 데이터를 사용하여 시장 규모를 집계한다(예: 각 마을에 평균 400가구를 가진 10만 개의 마을이 있다. 그리고 우리가 마을의 50%에 가구의 50%에 도달하면, 우리는 100만 가구에 접근할 수 있다). 시장 규모에 대한 다른 가능한 자료 공급원은 세계은행, 국제통화기금(IMF), 세계 보건기구(WHO)와 같은 유엔그룹과 IDC(International Data Corporation)와 같은 시장조사 회사가 있다. "신흥 시장"에 대한 인터넷 검색을 하면, 벤처기업의 전체 시장 규모를 예측하는 데 도움이 되는 몇 가지 추가적인 자료 공급원을 얻을 것이다. 만약 당신의 초점이 미국 국내시장이라면, 관련된 통계는 중소기업청(SBA.gov), 미국 인구조사국(www.census.gov), 그리고 연방통계청(FedStats.gov)

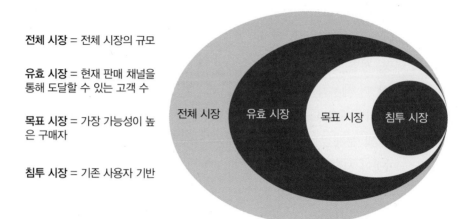

전체 시장 = 전체 시장의 규모

유효 시장 = 현재 판매 채널을 통해 도달할 수 있는 고객 수

목표 시장 = 가장 가능성이 높은 구매자

침투 시장 = 기존 사용자 기반

그림 6.1 시장 세분화

에 있다.

2단계: 유효시장 정의

현재 목표로 삼고 있거나 몇 년 내에 도달할 수 있는 *시장 규모* 내에 세분 시장을 찾아 내라. 이것은, 기존의 재정 및 인적 자원 또는 현실적으로 모을 수 있는 자원으로, 도달 할 수 있는 잠재적 수혜자 그룹이다. 이러한 잠재적 수혜자가 대안("소비하지 않음" 포 함) 대신 제품이나 서비스를 "소비"하는 이유를 찾아내라. 이것이 시장 규모 위치설정 진술이다. 소비해야 하는 이유는 비즈니스 모델의 핵심적인 특성인 벤처기업의 가치 제 안과 밀접한 관련이 있다.

3단계: 시장 세분화

목표 시장은 현재 유치하려고 노력하는 고객들(수혜자들)이다. 그렇게 하려면 고객들을 여러 범주로 세분화하여 나누는 것이 좋다. 각 범주는 잠재적 수혜자의 구체적인 특성, 도달 방법 및 어떤 종류의 의사소통 및 메시징이 소비자에게 조직의 제품을 사용하거나 서비스를 채택하도록 유도할 수 있는지를, 조직이 더 잘 이해하도록 도움이 될 요인에 기반을 두어야 한다. 연령, 교육 수준, 소득 수준, 위치 및 가족의 크기와 같은 인구통 계학적 요인이 여기에서 관련이 있으며, 심리적 요인도 관련이 있다. 심리적 요인은 산 업 또는 마을 조직과 같은 집단의 소속감뿐만 아니라 문화적, 종교적, 언어적, 동료의 영향력 및 개인적 열망과 같은 것이다. 종합적으로, 이것이 목표 시장 세분화이다.

시장 규모를 추정할 때와 마찬가지로, 목표 시장의 규모를 추정하는 데 2가지 방법이 있다: (1) 정해진 기간(예: 5년) 동안 도달할 수 있는 가용시장의 비율을 추정하는 하향식(top-down) 방법과 (2) 유효시장(예: 2개 마을)의 부분 집합에서 단위를 조사하고, 부분 집합의 단위당 평균 추정 시장을 정해진 시간 내에 도달할 것으로 예상되는 총 단위 수와 곱하는, 상향식 방법이 있다.

일단 기존 시장 규모 및 세분 시장을 구체적으로 명시하면, 수혜자의 속성과 니즈를 차별화하여 보다 심층적인 특성을 개발할 수 있다. 이들 세분 시장에 대한 깊은 이해를 하기 위한 한 가지 접근법은, 수혜자들의 일상생활 선택에 영향을 미치는 개인의 니즈와 속성을 보다 완벽하게 이해하기 위해 잠재적 수혜자를 인터뷰하는 것이다. 당신은 "마케팅" 노력을 단일 세분 시장 또는 여러 세분 시장에 집중하도록 선택할 수 있다. 시장 세분화는 또한 각각의 목표 세분 시장에 대해 서로 다른(또는 약간 다른) 제품 또는 서비스 내용이 포함된 여러 마케팅 메시지를 만들 수 있도록 이끌 수 있다.

시장 세분화는 다음과 같은 여러 가지 이유로 중요하다:

- 목표 수혜자의 관련 특성을 찾아내고, 수혜자의 선택 및 소비 패턴을 판단하는 데 도움을 준다.
- 제품 가격 책정, 채널 전략 수립 및 고객 교육, 제품 또는 브랜드 광고 및 기타 마케팅 프로세스를 통한 고객 관계 구축에서, 수혜자 분석에 사용될 수 있다.
- 의사소통의 효율성을 높이고 다양한 그룹 또는 세분 시장에 맞게 마케팅을 조정하는 데 사용할 수 있다.

그림 6.2는 전체 시장에서의 세분 시장의 크기를 범주화하고 추정할 때 사용할 일련의 여러 변수를 보여준다.

4단계: 마케팅 계획 개발

목표 시장 진술을 작성하는 마지막 단계는 **마케팅 계획**을 수립하는 것이다. 우리는 다음과 같이 4P라고 부르는 마케팅 계획에 공통된 체계를 사용할 것이다. (1) 제품, (2) 가격, (3) 유통, (4) 판촉.

제품은 분명히 수혜자(고객, 손님)에게 제공하는 제품 또는 서비스를 정의한다.

가격은 제품 또는 서비스에 대해 청구할 금액(어쩌면 무료일 수 있고, 또는 세분 시

그림 6.2   시장 세분화를 위한 변수

변수 유형	속성
설명 변수	• 인구 통계 • 사회 경제학
심리적 변수	• 태도 • 관심 분야 • 문화 • 의견 • 생활양식 • 인격 • 포부
제품/후원 특성(상황 특이성)	• 구매 기회 • 사용 기회 • 이용률 • 브랜드 충성도 • 추구하는 혜택

장마다 다른 가격일 수 있다)으로 정의한다. 사회적기업에서는, 다음과 같이 가격을 만들어내는 5가지 방법이 있다:

1. 보조금(무료): 제3자가 총 부피로 또는 단위 기준으로 비용을 부담한다.

2. 비용 근거: 가격은 각 제품 또는 서비스의 비용을 회수하거나(fully loaded cost: 직간접비용을 포함한 총비용 근거) 또는 각 제품 또는 서비스의 한계(증분)비용을 회수하는(한계 비용 근거) 것에 근거한다. 총비용 기준은 해당 기간 동안 조직의 총 경비를 해당 기간 동안 판매된 단위 수로 나누어 결정한다. 한계비용 기준은 해당 기간 동안 판매된 모든 단위의 판매된 물품(총)비용(COGS)을 판매된 단위 수로 나누어 결정한다.

3. 시장 근거: 수혜자가 대안 제품과 비교하여 당신의 제품 및 인지된 가치에 대해 지불할 것에 근거하여 대안 제품보다 낮은 가격, 같은 가격, 또는 높은 가격을 설정한다.

4. 가치 근거: 고객에게 주는 제품 및 서비스의 금전적 가치의 비율에 근거하여 가격을 설정한다(예: 당신의 제품 사용으로 인한 소득 증가 또는 저축의 비율).

5. 지불 능력: 각 수혜자 범주에 관련하여 지불할 수 있는 능력에 근거하여 제품 가격을 설정한다.

사회적기업의 많은 제품 또는 서비스의 경우, 가격이 원가(비용)를 완전히 커버하지는 않는다. 그러나 기업을 위해 개발하는 비즈니스 모델(9장)은 여전히 모든 비용을 충당할 수 있는 충분한 수입을 제공해야 한다.

유통은 수혜자에게 제품 및 서비스를 전달하기 위해 사용된 방법(채널)을 말한다. 판촉은 수혜자가 당신의 제품과 서비스를 인지하도록 만들기 위해 행해지는 것을 말한다. 입소문 설명에서 설명한 것처럼, 가난한 사람들에게 마케팅을 하려면, 현지 상황에 대한 깊은 인식이 필요하다.

사회적 벤처에 대한 짤막한 정보 Social Venture Snapshots

다음의 사회적 벤처기업에 대한 짤막한 정보는 그라민 샥티, 산카라 및 GSBI 혁신자 디지털 디바이드 데이터(Digital Divide Data) 세 조직 각각에 대한 **목표 시장 진술**을 살펴본다. 우리는 샥티로 시작한다. 샥티는 직업, 사용 사례(use cases) 및 지역뿐만 아니라 소득 수준 및 지불 능력에 따라 맞춤화된 제품 사양을 가지고, 시장 세분화에 대한 매우 정교하고 구체적인 접근 방식의 훌륭한 예를 제공한다. 흥미롭게도 시장 세분화에 대한 보다 정교한 접근 방식은 제품 혁신의 증가, 목표 세분 시장에 대한 소유 비용의 절감 및 시장 침투의 증가로 인한 긍정적인 효과가 있다.

입소문

인도 남부, 마두 비스오나단(Madhu Viswanathan)의 시골과 도시의 다양한 구매자와 판매자에 대한 관찰과 심층 인터뷰 결과, 주로 선진국에서 전형적으로 나타나는 익명의 상호작용과 대조적으로, 자원이 빈약한 상황에서의 시장이 일반적으로 직접 대면하는 상호작용과 교류가 얼마나 풍부한지를 보여주었다.[2]

이러한 상황에서 개인과 이웃 소매점주 사이의 일대일 관계와 입소문이 주목을 받는다. 거래의 성격은 종종 유동적이며, 가격과 수량이 협상되고, 할부금이 입금되지 않을 수도 있으며, 가격이 구매자와 판매자 양쪽 모두의 이익 쪽으로 개인적인 상황에 맞게 조정된다. "최저생활 시장"에서 기능하기 위해서는 중장기적 관점을 가진 교환거래에서 신뢰 관계와 호혜주의의 규범을 개발해야 한다.[3]

사회적 벤처에 대한 짤막한 정보: 그라민 샥티의 마케팅 계획(태양광 주택 조명 시스템) 수혜자 분석 및 마케팅

직간접 및 관련 수혜자(태양광 조명 시스템)

직접: 농촌 저소득층 및 그 가족

간접: 그라민 신탁 및 재단(Grameen Trust and Foundation), 미국 국제개발처(US-AID) 및 기타 자금원, 태양광 조명 시스템 공급업체 및 스토브/바이오 가스 파트너

관련: 농촌 지역의 가정, 방글라데시 경제 및 정치적 안정을 추구하는 정치가들

직접 수혜자를 위한 "시장 규모"의 크기

1996년 약 7,700만 명의 방글라데시인(1억 2,000만 농촌 빈곤층 중 64%)이 전력망에 접근하지 못했다. 이것은 약 1,400만 가구이다.

직접적인 수혜자를 위한 중요한 시장 세분화 기초(지리적, 인구통계학적, 제품/서비스 니즈)

지역/지리를 기준으로(64개 지구 및 40,000개 마을), 연간 소득을 기준으로(50% 8K 타카–10K 타카, 40% 5K 타카–8K 타카, 10% 미만 〈5K 타카〉, 직업을 기준으로(농부, 어부, 교사 등) 및 니즈(10W 가정 시스템: 1–2 5W 램프, 18Ah 배터리 및 5/10 앰프 충전기를 기준으로; 130W "소규모 공익사업" 시스템[11 7W 램프, 100Ah 배터리, 15 Amp 충전기, 17 "–20" B/W TV])를 통해 시장 세분화를 했다.

경쟁, 차별화/설득력 있는 소비 이유

양초 및 등유 램프와 비소비(조명 없음)는, 태양광 시스템 "giveaways(상품이나 서비스를 홍보하기 위해서 홍보나 추천을 하면 물품을 랜덤으로 주는 행위)"와 함께 주요 경쟁제품이다. 주요 차별화 및 소비 이유는, 보다 밝은 빛(밤에도 일할 수 있어 소득이 20~25% 증가), 훌륭한 고객 서비스, 건강 문제 감소 및 월 324타카 절약(등유 + 배터리 재충전 및 교체 비용) 때문이다. 추가 소득과 비용절감은 2~3년 안에 태양광 시스템에 지불된다.

직접 수혜자를 확인/유치하기 위한 시장 진출 계획(4P's)

제품: 니즈에 맞춘 태양 전지 패널, 배터리, 충전기 및 조명이 장착된 10개의 태양

　　전지 시스템

　가격: 솔라 홈 시스템: 8.8K 타카($128) − 64.5K 타카($935), 2년 동안 25% 계약금
　　　과 4% 이자율, 또는 3년 동안 15% 계약금과 6%의 이자

　유통: 자체 판매 및 서비스 시스템 개발

　판촉: 시장 및 지역사회 지도자의 집에서의 선전용 제품, 고객 성공사례(증언)

사회적 벤처에 대한 짤막한 정보: 산카라의 목표 시장

산카라의 목표 시장 분석은 보다 넓은 범위의 이해관계자 생태계에 있는 직접 수혜자를 고려한다. 각 이해 관계자 그룹은 가난한 사람들에게 저렴하고 고품질의 안과 진료를 제공한다는 사카라의 사명에 참여함으로써 혜택을 얻는다. 산카라는 직접 수혜 목표 시장을 4가지 특성으로 세분화하고, 서비스 사양 및 가격을 경쟁업체와 차별화함으로써, 접근성과 영향력을 높일 수 있다(참고: 이 비즈니스 요소의 연습문제에 대한 당신의 활동에서, 효과적인 시장 세분화가 혁신을 촉진하고 시장 침투를 증가시킬 수 있는 방법을 반영해야 한다).

직간접 및 관련 수혜자

산카라의 목표 시장은 직간접 및 관련 수혜자로 구성된다. 직접적인 수혜자(산카라의 서비스를 사용하는 사람들)는 안구 검진, 안구 검사 및 안과 수술과 같은 의료 절차를 받는 환자를 포함하여 안과 진료가 필요한 환자이다. 간접적인 수혜자는 제품 및 서비스를 제공하는 사람들(의료진) 및 직원을 양성하는 산카라 비전 아카데미가 있다. 또한 조직에 자금을 지원하는 산카라의 파트너도 간접적인 수혜자다. 여기에는 Sankara Eye Foundation(미국), Sankara Eye Foundation(유럽) 및 Mission for Vision Trust가 포함된다. 관련 수혜자는 병원의 여성 직원 및 현장 근로자(취업 기회를 통해 권리가 신장되는), 안과 진료를 받는 개인의 가족(환자의 직장 복귀 및 수입 획득의 혜택을 누릴 수 있는 사람들), 산카라가 안과 캠프를 실시하는 마을 및 지역 사회가 있다. 치료받은 환자가 다시 직장에 복귀할 수 있게 되면 이러한 지역 사회의 경제는 수입 증가로 혜택을 본다.

목표 시장 크기와 중요한 시장 세분화 기초

전 세계적으로 약 3,000만 명의 사람들이 실명(주로 백내장 실명)으로 고통받고 있다.

이것은 직접 수혜자의 총 가용 시장이다. 앞에서 언급했듯이, 인도 내에서는 800에서 1,200만 명의 치료 가능한 실명자들이 있다. 이것이 산카라의 유효시장이다.

산카라는 인도의 농촌 빈민층과 도시 중산층을 대상으로 한다. 교차 보조금 모델을 감안할 때, 중산층은 산카라 성공의 열쇠다. 가장 좋은 추정치에 따르면, 인도의 중산층은 많아야 인구의 30%에 불과하다. 그러나 중산층은 인구 중 가장 빠르게 성장하는 부분이다. 인도의 중산층에 대한 매우 제한된 데이터가 존재하지만, 2007년 맥킨지(McKinsey) 연구에서 지적한 바와 같이, 인도의 중산층은 추가적으로 다음과 같이 두 개의 소득 수준 그룹으로 나눌 수 있다:[4]

1) **연간 소득 20만~50만 루피(Rs):** 소비자에 대한 설명: 중산층의 하단. 이 부문은 주로 젊은 졸업생, 정부 공무원, 상인 및 사업가로 구성된다. 이들은 일반적으로 TV, 냉장고, 휴대전화 및 어쩌면 운송 수단과 같은 간단한 소비재를 소유한다. 이들은 가처분 소득이 많지 않지만 교육비와 퇴직을 대비하여 절약하기 위해 노력한다.

2) **연간 소득 50만~100만 루피:** 소비자에 대한 설명: 중산층의 상단. 이 부문은 직장에서 성공을 거두고 있고, 주로 고위 공무원, 고위급 사업가, 전문가 및 잘사는 농민으로 구성된다. 이들은 일반적으로 에어컨, 자동차 및 전자 제품을 포함해 필수품을 뛰어넘는 많은 소비재를 소유하고 있다. 그들은 과소비에 빠질 수 있는 가처분 소득이 있다.

산카라는 여러 가지 구별되는 방식으로 고객을 분류한다.

1) 지불 능력:
- ∞ 도시 중산층을 위한 저렴한 고급 안과 진료
  (위에 추가적으로 설명된 30억 달러 시장) – 고객의 20%
- ∞ 농촌 빈곤층을 위한 무료 안과 진료 – 고객의 80%

2) 지역:
- ∞ 도시 병원(도시 고객용) – 고객의 20%
- ∞ 지역 병원(시골, 무료 고객용) – 고객의 80%
- ∞ 참고: 산카라는 각 병원에서 반경 200km 이내의 치료 가능한 실명자를 목표로 삼고 있다.

3) 인구 통계:

∞ 여성

∞ 남자

∞ 어린이

∞ 소외 집단(예: 트랜스젠더 개인)

4) 안과 진료 서비스의 종류:

∞ 기본 종합 치료(안구 검진, 렌즈/안경 등 사용)와 전문 서비스(백내장 수술, 녹내장 치료, 안과 종양학 등)

∞ 입원 환자 치료와 외래 환자 치료

산카라의 경쟁 및 영향 요인은 그림 6.3에 나와 있다.

마케팅 계획(4P)

산카라의 마케팅 계획은 4P(제품, 가격, 유통 및 판촉)를 다룬다.

제품: 산카라는 그림 6.4와 같이 종합적이고 전문화된 안과 서비스를 제공한다.

가격: 산카라의 가격모델은 고객의 지불 능력과 서비스가 수행되는 인도의 도시에 따라 다르다. 시골의 가난한 고객은 무료로(숙박, 교통 및 음식과 함께) 치료를 받는다. 도시 고객은 저렴한 가격으로 치료를 받는다. 산카라는 비교할 만한 병원보다 서비스 비용이 같거나 적을 것이라고 약속했다. 이것은 지역사회에서 신뢰를 구축하는 전략과 역량의 핵심 부분이다. 그림 6.5는 산카라의 세 병원에서 2가지 일반적인 안과 진료에 대한 가격 샘플을 보여준다.

유통(채널): 산카라는 현재 치료 및 서비스가 수행되는 14개 시 및 농촌 지역사회 네트워크를 보유하고 있다. 뿐만 아니라 농촌 지역의 안구 캠프는 고객의 초기 검진을 실시하는 데 중요한 통로이며, 이후 산카라는 추가 치료를 위해 지역사회 병원 중 하나로 고객을 이송한다. 레인보우 프로그램은 학교에 다니는 아이들에게 서비스를 제공하기 위해 추가 채널을 제공한다. 교사는 학생들의 초기 시력 검사를 실시하도록 교육을 받고, 필요할 경우 산카라 의사가 후속 검진과 치료를 실시한다.

판촉: 산카라는 인도에서 고품질의 저렴한 안과 진료를 제공하는 유명 브랜드이다. 많은 홍보 활동이 입소문을 통해 이루어진다. 무료 환자 시장의 홍보 활동은 안구 캠프를

그림 6.3 산카라의 경쟁 및 영향 요인

경쟁 업체	산카라와의 차별화	강력한 소비 이유
Aravind 아이 케어 시스템	65/35 비율(유료 고객과 무료 고객) 치료의 질(유료 고객과 무료 고객에 대한 다른 서비스 수준) 지리(인도 남쪽으로 제한되는 위치)	저렴한 고품질의 눈 관리 신뢰할 수 있는 브랜드
정부 보건소	낮은 치료 품질	무료 서비스
개인 안과 진료소	더 높은 가격 무료 서비스 없음	안과 전문 지식 고품질 서비스
다분야 전문 병원	전체 의료 서비스 제공(안과 진료뿐만 아니라)	편리함

그림 6.4 산카라의 서비스 사양

종합적인 안과 치료 서비스	전문 서비스
• 백내장 및 IOL 클리닉 • 각막 및 외부 눈 질환 • 소아과 치료 • 녹내장 서비스 • 유리체 망막 서비스 • 안과 성형술 및 미학 • 저시력 • 라식 • 콘택트렌즈 클리닉 • 컴퓨터 비전 클리닉 • 안과 종양학	• 백내장 • 녹내장 • 당뇨병 성 망막증 • 안과 종양학 • 각막 및 굴절 수술 • 소아 안과 • 안구 은행

통해 이루어지며, 파트너의 도움을 받아 농촌 지역사회에 인지도를 전파함으로써 이루어진다. 유료 환자 시장의 경우, 산카라의 판촉 전략은 도시 병원 위치에서 5~7km 반경 내에서 인지도를 확산시키는 데 중점을 두고 있다. 유료 환자 시장의 판촉 활동에는 대상 지역의 게시판, 전단지 및 신문 전단지 그리고 아파트 단지, 쇼핑몰 등의 상영 이벤트가 있다. 다음과 같은 추가 판촉 프로그램이 있다:

기업 프로그램: 산카라는 Philips India와 Cognizant Technological Solutions과 같은 인도의 대기업 및 중소기업과 관계를 맺고 있다. 산카라는 기업 캠퍼스에서 회사 직원의 시력검사를 주기적으로 실시한다. 이 전략은 여러 가지 면에서 매우 효과적이었다—

그림 6.5　산카라의 경쟁 가격

병원 위치	시력 검사 가격(Rs)	백내장 수술 가격(Rs)
아난드	200	11,950
방갈로르	300	21,000 — 30,000*
코임바토르	100	12,000 — 34,000*

*가격 범위는 선택한 렌즈 유형에 따라 다르다(현지에서 만든 것과 수입된 것).

직원들은 편의성을 좋아하며, 도시 중산층 기업 직원들에게 산카라의 고품질 및 저렴한 안과 진료 서비스에 대한 인식을 높이는 좋은 방법이다. 이 직원들과 그들의 가족 중 많은 사람들이 결국 평생 산카라의 고객이 되었다.

건강보험 프로그램: 산카라는 United India Insurance와 Star Health Insurance와 같은 건강보험회사와 제휴하고 있다.

TPA 프로그램: 산카라는 건강보험 제3자 기관(TPAs)과 협력 관계를 맺고, 현금 없는 거래를 제공하므로 환자에게 매우 편리하다.

교육/회의: 산카라는 최신 안과 진료 및 기술을 논의하는 정기 회의를 실시한다. 외부 지역 의사들이 이 회의에 참가하도록 초대받고 있으며, 많은 경우 안질환을 지닌 이들의 환자를 산카라에 소개한다.

소셜 미디어 마케팅 및 온라인 평판 관리: 산카라는 소셜 미디어 마케팅(키워드 검색 광고)과 온라인에 게시된 문제(예: 긴 대기 시간) 해결과 같은 온라인 평판 관리를 위해 제3자 대행사를 고용했다.

산카라는 TV 또는 라디오 광고를 하지 않는다는 점에 유의해야 한다. 인도에서는 TV와 라디오를 통한 병원의 의료 서비스 광고가 인도 의학협회의 지침에 따라 비윤리적인 것으로 간주된다. 그럼에도 많은 민간 의료업체가 이 매체를 통해 광고를 계속하고 있다. 산카라는 항상 매우 높은 윤리적 기준을 고수하고 인도 의학협회의 지침을 따르기로 하였다.

사회적 벤처에 대한 짤막한 정보: GSBI 혁신자 Digital Divide Data(DDD)

DDD(Digital Divide Data)는 두 차례에 걸쳐 GSBI에 참여한 드문 벤처기업 중 하나다(2004년과 10년 후인 2014년). 아래의 짤막한 정보는 비즈니스 계획 작업이 초기 단계에 있었던 2004년도 것이며, 업데이트는 2014년까지 상당한 진전을 반영한다. 2008년, DDD는 유명한 스콜(Skoll) 상을 수상했다. DDD는 서비스의 품질, 혁신 및 사회적 영향에 대해 전 세계적으로 인정받는 지속 가능한 비즈니스다. DDD에 의해 설립된 "Impact Sourcing" 모델은 수십 개의 조직에 의해 전 세계적으로 보급되었다.

개요(GSBI 2004)

Digital Divide Data는 학생을 IT 외주업체의 직원으로 활용하여 졸업생을 위한 사이트 및 일자리를 통해 소득을 창출하는, 교육/훈련 사이트를 갖춘 여러 국가를 대상으로 한다.

사명, 기회 및 전략

사명   고객들에 대한 고품질의 기술 서비스를 통해, 학생들에게 교육/성장 기회를 제공

핵심 측정 기준   졸업생의 평균 급여

기회   개발도상국에 있는 수십만 명의 빈곤한 청소년

전략   (1) 고등학교 수준의 교육 및 IT 교육 제공

                 (2) 학생들을 직원으로 활용하여 저렴한 비용으로 고품질의 IT 서비스를 고객에게 제공(예: 데이터 입력)

                 (3) IT 일자리에 졸업생 취업

외부 환경

개발도상국의 교육/훈련 부족 및 저임금 일자리의 만연; 빈곤한 청소년(특히 여아)들의 낮은 자신감, 자긍심, 기술; 대상 국가의 높은 실업률과 낮은 경제 성장률; 선진국의 IT 업무(예: 데이터 입력)를 아웃소싱하는 고용기회; IT 기술 및 교육 과정에 대한 접근성.

시장

시장 규모:

직접 수혜자: 수백만 명의 빈곤한 실업자 청소년

간접 수혜자: 아웃소싱된 IT 서비스를 필요로 하는 수백 개의 회사

관련 수혜자: 학생 가족, 목표 시장의 경제

그림 6.6 목표 시장 세분화

국가	인구	실업률	학생 성별/연령	학생 수
라오스	600만	5.7%	10대 소녀	50
캄보디아	1,100만	7%	10대 소녀	100

시장 규모: 2004년 목표 시장은 2개국(2015년, 3대륙 4개국)

목표 시장 세분화: Digital Divide Data의 시장 세분화는 그림 6.6과 같다.

경쟁: 몇 개의 아웃소싱 회사(가격, 품질 경쟁), IT 교육 학교 없음

마케팅 계획:

1. 제품: IT 교육을 포함한 고등학교 수준의 교육

2. 가격: 교육/훈련은 무료이지만 학생들은 IT 아웃소싱 회사의 직원

3. 유통: 지역 학교를 IT 아웃소싱 기업으로 만들기

4. 판촉: 파트너, 아웃소싱 고객 추천

운영 및 가치 사슬

Digital Divide Data의 주요 프로세스는 (1) IT 아웃소싱 비즈니스를 위한 교육센터 구축, (2) 학생 모집, (3) 학생 교육, (4) IT 아웃소싱 고객 모집, (5) 고품질 아웃소싱 계약 체결, (6) 졸업생 취업(일자리 수)이다.

가치 사슬은 학생들을 직원으로 고용하여 고품질 IT 아웃소싱 서비스를 제공함으로써 빈곤한 청소년을 위한 교육, 훈련 및 일자리를 제공하는 데 도움을 준다.

조직 및 인적 자원

DDD에는 기금모금 및 경영관리를 위한 미국 비영리 단체(501(c)(3))가 있으며, 지역 DDD 센터는 영리를 목적으로 하는 IT 아웃소싱 업체이다.

이사회: 북미 회장, BA 예일, MBA 스탠퍼드: CEO, BA 하버드, MBA MIT: CMO, BS 미시간, MA Tufts, MSc London School of Economics, McKinsey에서 근무: VP 비즈니스 개발, BA Oberlin, MA Central European University; 라오스와 캄보디아에 각각: 지역 제너럴 매니저 및 운영 관리자

비즈니스 모델 및 단위 경제

주요 수입 요인: 보조금(20%), 아웃소싱 계약(80%)

주요 비용 요인: 직원(50%), 자본(30%), 마케팅/채용/취업(20%)

단위 경제: 단위 = 학생; 학생 1인당 비용 약 1,870달러

계량적 분석

(1) 학생 수, (2) 아웃소싱 수입, (3) 비용, (4) 순이익, (5) 학생 일자리 수 및 (6) 취업한 학생당 평균 급여.

운영 계획

연간 운영 계획은 각 사이트에서 작성한다.

자금 조달

2001년 기부자 자금으로 시작; 2004년, 80%는 자체 수입 자금 조달을, 20%는 기부자 자금 조달을 받았다.

요약 To Recap

BOP 시장은 다른 어떤 시장과 같지 않다. 선의의 외부인조차도 직관적으로 이해하기 힘든 비공식 시장은 BOP 시장의 상당 부분을 차지한다. 이러한 종류의 시장의 니즈와 작동하는 문화적 영향력 및 시장의 재화와 서비스에 대해 지불할 수 있는 능력을 잘 이해하기 위해서 세분화가 필수적이다. 최소 중요 세목 체크리스트는 모든 목표 시장 진술에 포함되어야 할 가장 중요한 사항이 요약되어 있다. 다음 장에서는 운영과 가치 사슬에 대해 살펴본다.

연습문제 Exercises

6.1 총 가용 시장

총 가용 시장(Total Available Market) 추정치를 작성하여 (1) 제품의 잠재 수익자를 지리(또는 다른 주요 분류)를 사용하여 주요 항목(세분 시장)으로 나누고, (2) 각 주요 세분 시장의 수혜자 수를 결정하고, (3) 주요 세분 시장의 핵심 제품/서비스 니즈 사항을 명시하라. 시장 규모 추정을 위한 출처(근거)를 인용하라.

6.2 전체(목표) 시장 위치설정 진술

현재 목표하고 있는 전체 시장 중 해당 세분 시장의 특성 및 크기를 찾아내는 전체 시장 위치설정 진술을 작성하고, 벤처회사의 제품 및 서비스를 비소비를 포함한 주요 대안과 비교하라.

- 특성: 제품/서비스의 잠재적 수혜자를 정의하는 주요 특성
- 규모: 현재 각 대안을 사용하는 수혜자 수
- 비소비를 포함하여 대안과 비교된 제품/서비스의 위치설정. 첫 번째 열에는 혜택/비용/수혜자 경험 요인, 두 번째 열에는 벤처기업의 이점, 세 번째 열에는 경쟁사 1의 이점, 네 번째 열에는 경쟁사 2의 이점을 열거하는 경쟁적 대안 표를 작성하라.

6.3 시장 세분화 표

고유한 특성에 따라 서로 다른 유효시장 하위 그룹을 식별하는 시장 세분화 표를 작성하라. 각 세분 시장에 대해 기업의 제품 사양이 왜 채택될지 설명하라.

6.4 4P의 마케팅 계획 작성

P1. **제품/서비스**: 기업이 제공하는 각 제품이나 서비스에 대한 간단한 설명을 작성하고, 제품이나 서비스가 어떤 것을 주는지, 사용자에게 제공하는 이점("구매 이유")을 작성하라.

최소 중요 세목 체크리스트

목표 시장 진술

- 목표 시장(직접 수혜자, 세분화 기준, 시장 규모)을 구체적으로 명시
- 돈을 지불할 대상자(직간접 및 관련 수혜자)를 명확히 함
- 경쟁, 차별화, 소비할 강력한 이유 및 영향요인 정의
- 마케팅 계획(4P) 및 직접 수혜자 참여 방법 구체적으로 명시
- 사업을 지원하기에 충분한 시장 규모의 증거 제공

P2. **가격**: 각 제품 또는 서비스 가격을 책정하라. 종종 가격 책정은 2가지 이상의 가격 책정 방식(예: 비용 근거 책정 가격의 전부 또는 일부를 지불하는 제3자 구매자를 근거로 하는 보조금 가격)의 조합을 사용하여 설정된다.

P3. **유통**: 제품/서비스가 고객에게 전달되는 방식("채널")을 설명하라. 일반적인 채널(비용 증가 순서대로)에는 기존 채널 사용(조정), 새 채널을 만들기 위한 기존 사회 그룹 사용(협업), 완전히 새로운 수직적 통합 채널 생성이 있다.

P4. **판촉**: 수혜자에게 제품 및/또는 서비스를 알리는 데 사용할 방법을 설명하라. 판촉의 전형적인 방법으로는(비용 증가 순서대로) 입소문, 파트너십(파트너가 홍보), 광고(인쇄물, 라디오, 웹, TV) 등이 있다.

참고문헌 Background Resources

Baden-Fuller, Charles, and Stefan Haefliger. "Business Models and Technological Innovation." *Long Range Planning* 46 (2013): 419–426.

Dees, J. Gregory, Jed Emerson, and Peter Economy. *Strategic Tools for Social Entrepreneurs: Enhancing the Performance of Your Enterprising Nonprofit*. New York: John Wiley, 2002, chapter 2.

DeThomas, Arthur, and Stephanie Derammelaere. *How to Write a Convincing Business Plan*. 3rd ed. New York: Barron's Educational Services, 2008, chapters 6 and 7.

Jain, S., and J. Koch. "Conceptualizing Markets for Underserved Communities: Trajectories Taken and the Road Ahead." In *Sustainability, Society, Business Ethics, and Entrepreneurship*, edited by A. Guerber and G. Markman. Singapore: World Scientific Publishers, forthcoming.

Rochet, J. C., and J. Tirole. "Two-Sided Markets: A Progress Report." *Rand Journal of Economics* 37, no. 3 (2006): 645–667.

Viswanathan, M. "Understanding Product and Market Interactions in Subsistence Marketplaces: A Study in South India." *Advances in International Management* 20 (2006): 21–57.

Viswanathan, M., and S. Sridharan. "Product Development for the BoP: Insights on Concept and Prototype Development from University-Based Student Projects in India." *Journal of Product Innovation Management* 29, no. 1 (2012): 52–69.

7장

운영 및 가치 사슬

사회적 벤처 운영 및 가치 사슬은 수혜자에게 가치를 창출하는 주요 프로세스를 설명한다.

투입물이 산출물로 나오는 어떤 조직의 범위 내에서, 직접 및 간접 운영 루틴은 산출물의 품질 및 조직의 생산성, 사람의 동기부여 및 조직의 전반적인 변화 능력에 도움을 줌으로써 가치를 창출한다. 이러한 루틴은 창업자의 경험, 가치 및 조직 철학에 의해 형성된다. 이러한 루틴의 영향력은 직무의 통제와 조정을 위한 합리적인 메커니즘을 넘어 조직 문화의 형성, 직무의 본질적 또는 동기부여적인 성격, 조직학습으로 확대된다. 이러한 특징은 종종 창업자가 떠난 후 오랫동안 지속되어 제도화되거나, 조직 내에서 "일이 처리되는 방식"에 대한 일정한 특성으로 당연한 것으로 받아들여진다.

일반적으로 더 나은 벤처기업을 구축하려면, 적어도 각 핵심 전략에 대한 1개의 **핵심 프로세스**(4장 참조)가 있어야 한다. 마케팅이 분명하게 핵심 전략이 아니라면, 마케팅(예: 6장의 **마케팅 계획**을 실행하기)을 위한 프로세스가 적어도 하나는 있어야 한다. 조직 계획(8장)은 (각 프로세스가 파트너에 의해 수행되더라도) 각 프로세스에 대한 일차적 책임을 한 개인에게 할당해야 한다. 소규모 조직의 경우, 한 개인이 둘 이상의 프로세스에 대한 책임을 질 수 있지만, 한 명 이상의 사람이 한 프로세스에 대해 책임을 지지 말아야 한다(여러 사람이 프로세스를 수행하더라도 한 사람만 "책임"을 져야 한다). 벤처기업이 재무 계획을 수립할 때, 각 프로세스는 조직의 수입을 창출하는 프로세스를 포함하여 예산(지정된 재무 배분)이 있어야 한다.

가치 사슬은 고객부터 공급업체 및 유통채널 파트너, 지역사회 기반의 이해 관계자 그룹 및 정치 단체에 이르기까지 다양한 주체를 포함한다. 경우에 따라 가치 창출은 제품이나 서비스의 흐름으로 나타나고 돈의 흐름으로 수익을 창출한다. 그 밖의 경우에는 정보의 흐름, 현물 서비스 및 공식 또는 비공식 협업으로 나타난다. 비즈니스 모델(9장)과 함께 **운영 및 가치 사슬**은 수혜자의 가치를 창출하고, 미래의 조직 역량을 유지하고 성장시키기 위한 가치를 포착하기 위한, "비즈니스 작동 방식"을 설명한다.

사업 계획의 **운영 및 가치 사슬** 요소는 사명을 수행하기 위해 내부 조직(작업흐름, 직무설계 및 책임 구조), 외부 파트너십 및 공식 절차 또는 운영 루틴을 만드는 기초다. 이 요소는 조직이 사명 진술에서 요구되는 영향(가치와 바람직한 변화)을 창출하는 메커니즘이다.

- 운영은 수혜자의 가치를 창출하고 영향을 유지하고 확장할 수 있는 충분한 자원을 확보하기 위해 구현된 주요 내부 프로세스다.
- 가치 사슬은 내부적으로나 외부적으로 이러한 프로세스와 핵심 인물 또는 기업 간의 관계를 보여준다.

프로세스 Process

조직의 운영은 본원적(수혜자를 위한 직접 가치 창출) 및 지원적(본원적 프로세스 유지 및 강화에 필요)으로 분류할 수 있다. 본원적 프로세스의 예는 다음과 같다:

- 신제품(또는 제품 수명주기) 개발
- 구매/재고 관리
- 제품 제조
- 제품 및 서비스의 유통/전달
- 수혜자 찾기
- 수혜자 모집
- 품질 관리/보증

기본 지식

운영의 우수성은 반복적인 프로세스로 시작된다. 가치 사슬을 구체적으로 명시하면, 벤처기업이 사회적 영향 및 재정적 생존 능력을 달성하는 데 필요한 내부역량 및 기술을 찾아낼 수 있다. 핵심역량을 확인하고 개발하면, 성장과 차별화가 촉진된다. 가치 사슬은 외부 파트너가 성공의 열쇠가 되는 위치를 지정하고, 인센티브가 조정되는 위치, 공유가치가 창출되는 위치를 구체적으로 명시한다.

- 수혜자를 위한 자금 조달

지원 프로세스는 자금지원이나 본원적 프로세스를 활성화하는 데 필요한 프로세스다. 예를 들면 다음과 같다:

- 자금 조달 및 기금 제공자를 위한 보고서 준비
- 직원 채용 및 교육
- 가격 설정 및 수수료 징수
- 직원 평가 및 보상
- 정보 기술, 행정 및 회계 서비스

조직은 이러한 본원적 및 지원 프로세스 모두를 보유하고 있지 않으며, 실제로 여기에 나열되지 않은 다른 프로세스가 있을 수 있음을 주목하라. 대부분의 조직은 10개 미만의 본원적 및 지원적 프로세스를 결합하여 가치 창출을 정의할 수 있다.

BOP 또는 서비스 부족 시장을 위해 저렴하고 우수한 품질의 제품 또는 서비스를 창출 및 제공하는 데 필요한 핵심 혁신 중 많은 부분은 공정 혁신이다. 예를 들어 가스화 또는 생물 분해공정을 통해 전기를 생성하기 위해, 벼 또는 용도 변경된 동물쓰레기와 같은 현지 천연재료와 현지에서 개발된 기술을 사용한다.

주요 프로세스를 찾아내는 좋은 방법은 4장을 검토해서 각 **전략**을 구현하기 위해 수행해야 하는 구체적인 직무를 찾아내는 것이다. 당신이 기억하는 것처럼, **사명**을 통해 달성하고자 하는 변화/영향과의 관계에 기초하여 사회적 벤처에 대한 **전략**이 수립되었다.

예를 들어 "인도에서 치료 가능한 백내장 실명자를 치료하는" 산카라 안과 진료 시스템의 사명의 경우, "대량 수술 방법"을 개발하는 것이 **핵심 전략**이었다. 이 전략에는 실제로 다음과 같은 5가지 본원적 프로세스가 필요하다:

P1. 환자 찾아내기 및 모집(지역사회 봉사활동)

P2. 환자를 평가하고 병원에 입원시키고 "요금"을 결정(입원)

P3. 수술 준비(수술 전 관리)

　　　a. 무료 환자

　　　b. 유료 환자

P4. 수술 수행

P5. 수술 후 관리 및 분석 수행

또한 다음과 같은 중요한 지원적 프로세스가 있다.

S1. 직원 모집 및 훈련

성과가 우수한 조직들은 품질이나 비용에 영향을 미치는 "차이"와 그 제어에 대한 책임을 명시적으로 나타낸다("시스템 분산" 참조). 이 조직들은 또한 올바른 사람들을 선택하고, 긍정적이고 권한을 부여하는 조직문화를 창조할 필요성을 염두에 두고 있다(8장에서 다루는 주제). 각 프로세스의 "주요 차이"에 대한 설명은 효과적인 프로세스 측정 기준을 개발하는 데 도움이 될 수 있다(10장).

파트너십 Partnerships

거래 경제이론에는, 통합, 계층구조 및 네트워크와 같은 3가지 주요한 조직 형태가 있다. 통합된 형태에서는 단일 조직이 가치 창출 및 제공에 필요한 모든 요소를 통제한다. 이것을 수직적으로 통합된 조직이라고 한다. 계층적 형태는 계층적으로 구조화된 책임 및 재무 통제 내에서 공식 규칙을 통해 통제권을 행사한다. 프랜차이즈 및 지주 회사 형태가 전형적인 예다. 대부분의 조직 그리고 대다수의 사회적기업은 네트워크 형태다. 네트워크 형태는 가치를 창출하고, 전달하고, 포착하기 위해 다른 여러 주체에 의존해야 한다. 그림 7.1은 MOU 또는 운영이 수직적으로 통합되지 않은 지배 관계를 위한

그림 7.1 **파트너십 유형**

파트너십 유형	교환 대상	서면 계약
네트워크(Network)	정보(예: 고객 이름)	양해 각서(MOU)
조정(Coordination)	다른 수혜자 그룹을 위한 공통/공유 프로세스; 또는 동일한 수혜자에게 서비스를 제공하기 위한 개별적이지만 상호 의존적인 프로세스	양해 각서(MOU)
협력(Cooperation)	한 파트너는 "아웃소싱"하여 다른 파트너에게 제품 및 서비스 비용을 지불한다.	계약(무엇을, 얼마에, 언제를 명시하는 서비스 계약)
협동(Collaboration)	파트너는 프로세스를 구현하기 위해 협력한다(각 파트너는 자체 비용을 부담한다).	계약(보완 프로세스 및 영향을 달성하기 위해 프로세스를 구현하는 방법을 구체적으로 명시)

계약과 같은 상호 의존성과 메커니즘의 성격을 기술한다.

파트너는 제조 또는 유통 및 마케팅(고객 또는 수혜자 유치)과 같은 몇 가지 주요 프로세스를 수행할 수 있다. 이 경우, 파트너가 당신을 위해 무엇을 할 것인지, 당신이 파트너를 위해 무엇을 할 것인지, 명시하는 각 파트너와의 서면 계약서가 있어야 한다(예: 지불 처리, 제품 설계 및 제조, 측정 기준 제공 또는 영향 평가). 서로 다른 유형의 파트너십에는 서로 다른 정도의 상호의존성이 있어야 하며, 각 파트너십은 가치 교환관계를 공식화하는 데 필요한 서면 합의 형태가 특징이 될 수 있다. 주요 파트너십, 관계 상호의존성의 성격, 파트너십의 일부로 교환되는 가치를 보여주는 표를 만드는 것이 유용하다. 그림 7.2는 그라민 샥티의 그러한 표를 보여준다. 이 예에서, 파트너 관계 중 2가지는 더 공식화거나 계약상의 합의가 필요하다.

가치 사슬

가치 사슬은 기업 내에서, 그리고 파트너 또는 활성화 생태계에서 다른 사람들과의 프로세스 사이에서 정보,

시스템 분산

프로세스 단계들 각각은 조직의 효율성과 직장 생활의 질을 좌우하는 편차의 대상이 되는 운영단위이지만, 핵심 프로세스를 검토하여 운영을 분석할 수 있다. 전반적인 운영 체제는 이러한 단위 운영으로 나눌 수 있다.

고성과 시스템은 품질이나 비용뿐만 아니라 고객 만족도, 시장 침투력 및 직원 복지에 영향을 미치는 차이를 확인하고 제어 메커니즘을 지정한다. 프로세스 차이가 어디서 발생했는지, 어디에서 관찰되는지, 어디에서 제어되는지를 지정하는 것이 효율적인 시스템 설계에 중요하다. 분산 제어는 가능한 한 분산이 발생하는 곳에 가깝게 있어야 하며, "라인을 따라 내려가서는" 안 된다. 이를 위해서는 직무설계 및 이러한 직무를 수행하는 사람들의 권한부여에 섬세한 주의가 필요하다.

사회적기업에서 기업의 가치와 사명은, 특히 사명 및 학습 능력, 고성과 문화 및 권한 부여 작업 시스템에 "적합"한 사람들을 선별하는 것과 결합하면, 강력한 동기부여가 될 수 있다. 가능한 한 분산이 일어난 곳 가까운 곳에서 분산을 제어하는 것은 사회 기술적 시스템 설계 사고의 핵심 원칙이다.

그림 7.2 예: 그라민 샥티의 파트너십

파트너	파트너십 유형	교환된 가치
그라민 텔레콤	네트워크	농촌 영업 프로세스에 대한 지식
태양열 주택 시스템 공급 업체	협력	돈을 대가로 제품 및 부품 제공
그라민 은행	협동	그라민 고객에게 가치를 교환하는 사무실 공간

제품 및 어쩌면 자금의 흐름을 찾아낸다. 수혜자를 위한 최종 제품/서비스를 만드는 데 필요한 파트너 조직 사이의 재화의 흐름을 보여주는 가치 사슬을 종종 공급망이라고 한다. 가치 사슬과 공급망은 흐름도로 도식화할 수 있다(이 장의 뒷부분에 있는 짧막한 정보 예 참조). 다수의 가치 사슬 또는 공급망 파트너가 사명을 수행하는 데 관여하는 경우, 이들이 가치 사슬에서 제공하는 가치의 각 단위에 대해 이들이 받는 금전적 또는 다른 혜택을 구체적으로 명시하는 것이 중요하다.

사회적 벤처에 대한 짧막한 정보: 그라민 샥티의 운영 및 가치 사슬 (태양광 조명 시스템)

그라민 샥티의 가치 사슬은 태양열 주택 시스템 설계부터 공급업체 선택, 유통, 판매의 소액금융 및 애프터 마켓 서비스에 이르기까지 "전체 제품" 솔루션을 그린다. 높은 성장률 및 시장침투를 이루기 위한 성공 여부는 샥티의 잘 정의된 프로세스와 외딴 곳 및 접근하기 어려운 지점을 왕래하는 책임성 시스템의 복제능력에 달려 있다.

기금 모금, 행정 및 기타 지원 또는 "간접비" 요인을 제외하고, 그라민 샥티 고객을 위한 제품/서비스 가치를 창출하는 핵심 운영 프로세스는 다음과 같다.

1. 제품 정의, 파트너 솔라 홈 시스템 공급 업체 선택, 인수 및 가격 책정
2. 제품 공급
3. 유통/배송
4. 마케팅, 판매 및 수집
5. 소액 대출
6. 서비스/수리

이러한 프로세스는 그림 7.3에 표시된 대로 가치 사슬을 형성한다.

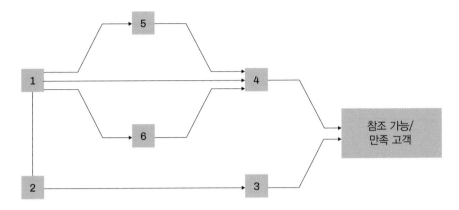

그림 7.3 그라민 샥티의 가치 사슬 도표

사회적 벤처에 대한 짤막한 정보: 산카라의 운영 및 가치 사슬

산카라는 서비스 조직이기 때문에, 가치 사슬은 그라민 샥티와 크게 다르다. 중앙 집중식 병원에서 재정적 성공 가능성을 달성하는 능력은 양질의 대량 안구 수술 및 관련 서비스를 제공하기 위해 특별히 고안된 반복 가능한 프로세스에 달려 있다. 이러한 핵심 역량은 전문화된 관리 및 마케팅 지원 기능을 통해 가능하며 자원봉사 네트워크를 통해 보완된다. 성공적인 사회적 벤처 구축에 대한 산카라의 접근 방식은 전략에 대한 자원 기반 접근 방식으로 나타난다. 이 접근 방식은 미래의 안과 의사 양성을 위한 아카데미, 확장 자금 조달을 위한 국제 네트워크, 지방정부 및 산업계 지도자들과의 파트너십을 포함한다.

가치 사슬의 프로세스

산카라의 가치 사슬은 고객(산카라의 안과 병원의 유료 및 무료 환자)에게 가치를 창출하는 프로세스와 관계의 네트워크로 구성된다. 관리 및 인적 자원과 같은 지원 기능은 일반적으로 가치 사슬에는 포함되지 않지만, (우리가 믿기에는) 산카라의 경우, 병원 직원 모집 및 교육 또한 핵심 프로세스다. 유능한 직원을 확보하고 유지하기 위한 노력을 통해 산카라는 시설의 성공적인 운영, 고품질 환자 치료 및 산카라가 고용하는 여성들의 경제적 개선을 보장할 수 있다. 산카라의 가치 사슬(그림 7.4)은 다음과 같은 프로세스로 구성된다.

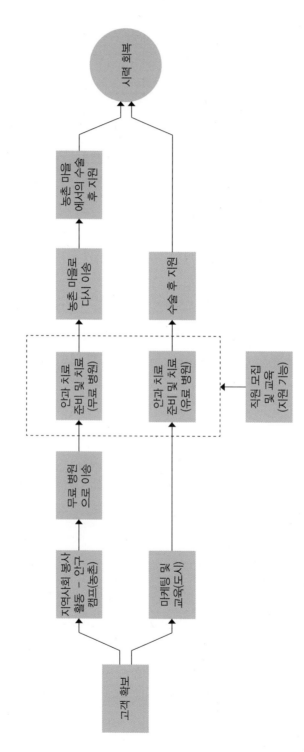

그림 7.4 산카라의 가치 사슬 도표

고객 획득: 산카라는 안과 진료를 위해 고객을 확보해야 한다. 이들 고객은 근거지(도시) 및 지역사회(시골) 병원에서 각각 진료를 받는 유료 및 무료 고객으로 나뉜다.

지역사회 봉사활동(농촌 안과 캠프): 무료 고객 세분 시장의 경우, 산카라는 안과 캠프를 통해 시골 지역의 사람들에게 접근한다. 거기에서 산카라는 산카라가 제공하는 서비스에 대해 이해시키고, 현장에서 시력 검진을 실시한다.

마케팅/교육(도시 고객): 유료 고객 세분 시장의 경우, 산카라는 주요 도심의 근거지 병원에 대한 인지도를 높이고 고객을 확보하기 위한 마케팅 활동을 수행한다. 이러한 마케팅 활동에는 광고판, 전단지 및 신문 삽입물과 같은 전통적인 홍보 방법뿐만 아니라 기업 및 건강보험회사와의 파트너십, 소셜 미디어 관리 및 온라인 평판에 대한 외부 유료 계약이 포함된다.

이송: 산카라는 무료 고객 부문을 위해 농촌 마을의 환자들을 버스를 통해 지역 병원으로 이송한다.

안과 진료 준비 및 치료(무료 병원): 산카라는 시골 지역의 지역 병원의 무료 고객에게 종합적이고 전문적인 안과 진료 서비스를 제공한다.

안과 진료 준비 및 치료(유료 병원): 산카라는 도시에 있는 병원의 고객에게 종합적이고 전문적인 안과 진료 서비스를 제공한다.

이송: 산카라는 치료가 끝난 후 무료로 병원의 환자를 다시 마을로 이송한다.

수술 후 지원(유료 병원): 수술 후 지원은 치료가 완료된 후 도시 병원의 유료 환자에게 제공된다.

수술 후 지원(무료 병원): 수술 후 지원은 그들의 각 마을에 있는 무료 환자에게 제공된다.

시력 회복: 유료 고객과 무료 고객 모두 산카라에서 치료를 마치고, 회복된 시력으로 떠나서 건강하고 생산적인 삶을 산다.

산카라의 프로세스 및 관계 네트워크에는 현지 파트너(1~3단계 및 6~10단계)와의 협력이 포함되며, 기술 운영 인프라(4단계 및 5단계)의 공급 및 유지 관리에는 고급 의료 기술의 국제 공급 업체와의 협력이 포함된다. 그림 7.4는 산카라의 가치 사슬을 보여준다.

제품/서비스 가치를 창출하는 주요 내부 운영 프로세스

수혜자에게 직접 가치를 창출하는 본원적 프로세스는 다음과 같다.

- 환자 찾아냄 및 모집
    - ∞ 지역 병원(무료 환자) – 캠프 및 인식 프로그램과 같은 지역사회 봉사활동을 통해
    - ∞ 근거지/도시 병원(유료 환자) – 마케팅을 통해
- 환자 검진 및 진단
- 환자 치료(임상 또는 전문 서비스)
- 치료 후속 관리 및 평가

본원적 프로세스를 활성화하는 데 필요한 **지원적 프로세스**는 다음과 같다.

- 의료 및 행정 직원의 모집, 교육, 훈련 및 관리
- Sankara Eye Foundation(미국, 영국) 및 Mission for Vision을 통한 모금 활동
- 80-20(무료 대 유료) 비율을 유지하기 위해 더 많은 유료 환자 확보
- 새로운 병원 건설 및 기존 병원 유지
- IT, 관리 및 회계 서비스
- 저가의 소모품 및 장비 구입(진단 및 수술)

비용 또는 사회적 가치(품질, 고객에게 저렴한 가격, 침투력)에 영향을 줄 수 있는 주요 차이

- 80-20(무료 대 유료) 비율을 유지하기에 불충분한 유료 환자 수
- 병원의 높은 설치 및 운영비용(농촌 및 도시 지역 모두)
- 안과 캠프를 위한 후원자가 없음
- 치료 프로세스의 효율성 감소
- 캠프에 대한 지역사회 지원 부족
- 서비스에 대한 경쟁력 있는 가격 부족
- 교육을 받을 자격을 갖춘 직원 부족

주요 외부 운영 파트너십

다음과 같은 파트너십이 없다면 산카라는 사명을 달성하지 못할 것이다.

Sankara Eye Foundation, 미국: SEF 미국은 미국의 서로 다른 지역에서 일하는 200명 이상의 자원봉사자를 두고 있다. 다양한 혁신적이고 매력적인 프로그램 및 이벤트를 통해 산카라를 지원하여, 안과 수술, 장비 조달/현대화 및 새로운 병원 건설에 자금을 지원한다. SEF 미국은 산카라의 매우 큰 후원자이며, Vision 20/20 목표의 원동력이다. 지난 10년 동안 SEF 미국은 평균적으로 산카라가 받은 모든 기부액의 50% 이상을 제공했다.

Sankara Eye Foundation, 유럽: SAF는 이벤트, 부스 및 기부자를 통한 기금모금으로 무료로 안과 수술을 지원하고자 한다.

Mission for Vision Trust: 임무는 새로운 병원 설립뿐만 아니라 반복지출에서의 적자 지원에 참여한다. 이 단체는 또한 다음과 같은 산카라와 공통된 목표를 공유한다: "누구도 치료를 받지 못해 시력을 잃어서는 안 된다." 지역사회 안과 진료 서비스와 전반적인 서비스 품질을 강조하면서, Mission for Vision은 수술 후 환자에 대한 정기적인 감사도 실시했다. 이는 진료의 질과 환자의 전반적인 복지를 평가하는 데 도움이 되고, 더 나은 시력으로 얻은 사회 경제적 이익을 평가하는 데 도움이 된다.

Gift of Vision Program(eye camps): 산카라는 현장 근로자, 의사 및 구급대원 네트워크를 통해 환자에게 다가간다. 검진은 마을의 안과 캠프에서 현장에서 이루어진다.

검진 프로그램: Rainbow School 검진 프로그램의 일환으로, 교사 자원봉사자를 확인하고, 학생들을 대상으로 예비 검안을 실시하도록 교육을 시켰다. 이 검사를 기반으로 산카라의 안과 진료팀은 학교를 방문하여 어린이들에게 어떤 질병이 있는지 검사하고, 눈에 문제가 있는 것으로 판명되면 근거지 병원으로 이송한다. 안경을 필요로 하는 학생들은 안경을 무료로 받는다.

Sankara Academy of Vision: Academy of Vision은 국내 최고의 안과 진료기관 중 하나로 인정받고 있다. 아카데미를 통해, 2013~2014년에 산카라는 190명의 인원을 교육하고 발전시켜 안과 의사, 검안사, 구급 요원, 기술자, 안과 진료 관리자 및 지원 인력이 되게 했다. 아카데미를 통한 교육은 또한 인도, 네팔, 나이지리아, 이란, 아제르바이잔에서 온 등록된 참석자들과 함께 학생들의 사회 경제적 권리 신장을 가능하게 한다. 최근의 내부 조사에서, 이 프로그램의 시력 관리 기술자 중 85%는 소외된 공동체에서 온 것으로 밝혀졌다. Sankara Academy of Vision에서 이 프로그램을 마친 학생들 중

72%는 지역 사회와 가족들로부터 더 많은 존중을 받는 것으로 나타났다. 이 사람들은 현재 가계 월 소득의 약 30%를 제공하고 있다.

인도 정부 및 NGO 단체: 인도 정부 및 NGO와 주요 파트너십은 산카라에게 정기적인 보조금을 제공한다. NGO 파트너는 인도 의학 연구 협의회, Sri Ratan Tata Trust 및 District Blindness Control Society가 있다. 정부는 보조금을 통해 안구은행을 지원하고 스리 라탄 타타(Sri Ratan Tata)는 Academy of Vision을 지원한다. 다른 NGO는 경상비를 위한 보조금 제공한다. 산카라의 핵심 파트너는 그림 7.5에 나와 있다. 그림 7.1에 명시된 바와 같이, 이러한 협력 관계는 책임성을 보장하기 위한 메커니즘으로서 공식/비공식 MOU 또는 계약 협약을 포함할 수 있다.

사회적 벤처에 대한 짤막한 정보: GSBI 혁신자 Equal Access International

Equal Access International에 대한 짤막한 정보는 2004년에 로니 골드팝(Ronni Gold-farb)이 GSBI에 참석하여, 여성 및 소녀들의 권한신장에 매진한 대표 프로그램에 여성 리더 조직의 첫 번째 프로그램 참석자가 된 것에 관한 것이다. 그녀의 조직의 사명은 개발도상국의 소외된 수백만 명의 사람들에게 필수적인 정보와 교육을 제공함으로써 긍

그림 7.5 산카라의 주요 파트너

파트너	파트너십 유형	교환된 가치
Sankara Eye Foundation — 미국	협동	기금 조성: 수술, 장비 및 병원을 위한 기금
Sankara Eye Foundation — 유럽	협동	자본: 기존 병원을 운영하고, 새로운 병원을 위한 기금
MIssion for Vision	조정	감사 및 기금 조성: 새로운 병원 설립, 반복 지출의 적자 지원, 수술 후 환자에 대한 감사
안구 캠프(Gift of Vision Program)	조정	조정: 인식 제고; 결함/질병의 검사 및 검출; 눈 치료
학생 검진(무지개 프로그램)	조정(안과 교육)	교육: 초기 발병 문제를 탐지하고 문제가 악화되기 전에 치료하기 위한 1차 검사
Sankara Academy of Vision	협동(안과 교육)	훈련: 훈련 이니셔티브를 통해 소외된 지역 사회 학생들의 사회 경제적 권리 신장
인도 정부와 NGO	협력	보조금: 수술, 장비 및 병원을 위한 기금

정적인 사회적 변화를 창출하는 것이었다. Equal Access는 학습조직의 전형적인 예이다. 2016년까지 Equal Access는 다양한 유형의 양방향 미디어를 사용하여, 다양한 지역사회 참여 활동을 이끌었고, 방송은 2억 명에 도달했고, 이 중 7,500만 명은 정기적인 청취자 및 시청자였고, 아시아 및 아프리카 9개국의 지역사회 참여활동에 118,800명이 넘는 사람들이 참여하도록 이끌었다. 많은 요인들이 이러한 성공적인 성장으로 이끌었다. 이들 요인 중 가장 중요한 것은 혁신적이고 문화적으로 공감을 불러일으키는 교육 미디어 프로그래밍을 제작하는 핵심적인 전문지식, 새로운 미디어 플랫폼에 적응하는 능력, 적극적으로 참여하는 라이프스타일을 위한 신뢰할 수 있는 브랜드가 되는 능력을 들 수 있다. 그러나 이 짧막한 정보의 경우, 2004년부터 멘토 관련 정보들로 돌아간다.

사명, 기회 및 전략

사명	혁신적인 미디어, 적절한 기술 및 직접적인 지역사회 참여를 통해 필수적인 정보와 교육을 제공함으로써 전 세계 수백만 명의 소외된 사람들에게 긍정적인 사회적 변화를 창조한다.
주요 측정의 기준	수혜자 수
기회	세계에서 가장 낙후된 지역의 수백만의 사람들은 삶을 개선하고, HIV/AIDS, 여성 폭력, 생계 기회, 평화 구축과 같은 도전 과제를 해결하기 위한, 정보와 생활기능이 부족하다.
	개발기관, 재단, 기업 및 투자자는 소외된 사람들에게 권한을 부여하고 긍정적인 사회적 영향을 만들어주는 획기적인 솔루션에 자금을 지원한다.
전략	(1) 각국의 현지 직원이 핵심 이슈에 대한 사회 및 교육 프로그램을 제작한다.
	(2) 인공위성, FM 라디오 및 ICT를 통해 규모에 맞게 니즈 지향적 프로그래밍을 배포하여, 사람들이 삶을 개선하는 데 필요한 도구와 기술을 제공한다.
	(3) 지역사회 수혜자 및 지역 단체와 협력하여 학습, 권한 부여 및 긍정적인 사회 변화를 촉진하는 현장 활동을 수행한다.

외부 환경

- 저개발국에 보건, 생활기술, 교육 및 생계에 관한 정보와 교육이 크게 부족하다.
- 기존의 위성, 지역사회 FM 라디오 및 새롭게 부상하는 ICT를 활용하여, 니즈 지향적인 정보와 교육을 규모에 맞게 제공한다.
- 지역사회는 자신들의 정보와 교육 니즈를 알고 있다.
- 지역사회와 협력하고 지역 파트너십을 활용하여 지역사회 참여 활동을 실시한다.

시장

초기 목표 시장은 남아시아와 동남아시아로, 하루 1달러 혹은 그 이하에 살고 있는 소외된 사람들이었으며, ICT는 매우 필요한 정보와 교육을 규모에 맞게 제공할 수 있었다. 선정된 국가와 잠재적 수혜자(아프가니스탄: 1,400만 명 이상, 네팔: 900만 명 이상, 인도: 3억 명 이상, 라오스: 700,000명 이상). 현지인재 역량을 배양하여, 콘텐츠(제품)를 개발하고, 무료(가격책정)로 유통시키고, 홍보 및 유통을 위해 현지 조직과 협력을 한다. 제품 – 정보 및 교육 콘텐츠; 가격 – 무료; 유통 – 지역사회에 직접 및 지역 파트너십을 통해; 홍보 – 현지 미디어.

운영 및 가치 사슬

Equal Access의 핵심 프로세스는 (1) 사회적 및 교육적 미디어 프로그래밍 개발, (2) 프로그래밍 배포, (3) 지역사회 참여 활동 구현이다. 이 3가지 프로세스를 결합하여 사회적 변화를 창출한다. 이들은 서로 관련이 있고, 그림 7.6과 같이 가치 사슬을 지닌 각 시장에 맞춰져 있다.

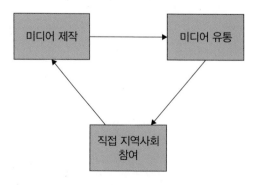

그림 7.6 동등한 접근: 가치 사슬 도표

각 시장에서 주요 파트너십은 그림 7.7과 같이 각 프로세스에 필요했다.

조직 및 인적 자원

Equal Access는 경영 관리, 사업 개발 및 기타 중앙 서비스를 위해 미국에 본사가 있는 국제 비영리 단체(501(c)(3))이다. 현지에서 운영하는 지점 사무소들은 미디어 프로그래밍을 제작하고, 자신들이 운영하는 각 국가에서 지역사회 참여활동을 실시한다.

소규모 이사회:

글로벌 텔레 시스템의 그룹의 CTO, 제품 전략의 AOL 이사

Equal Access 사장 및 CEO, 그리고

Equal Access CFO

작은 자문위원회:

Intel Capital(비즈니스 개발 부사장)

몬테레이 국제 문제 연구소(통번역 교수)

조직:

사장 겸 CEO

프로젝트 이사 CFO

컨트리 디렉터

15명의 현지 직원(현지인)

비즈니스 모델 및 단위 경제

주요 수입 요인: 콘텐츠를 만드는 계약에서 얻은 수입(60% → 80%), 보조금 기여 수입(40% → 20%)

주요 비용 요인: 인력(수익의 20~30%), 현지 콘텐츠 개발 및 배포(수익의 70%)

그림 7.7 동등한 접근 주요 파트너십

프로세스 파트너	파트너십 유형	교환된 가치
지역 사회 참여	협동	청취 그룹, 학습 촉진, 멀티미디어 허브, 청중 개발 및 피드백
미디어 제작	조정	현지 언어로 콘텐츠 개발
미디어 유통	협력	라디오 방송(위성 및 라디오), 인터넷 데이터 방송

단위 경제: 단위 = 수혜자. 2004년 비용/수혜자 = $0.25; 2008년: $0.14; 현재: $0.01. Equal Access는 단위 경제를 주요 측정 기준으로 사용하는 최초의 GSBI 참여자였다.

계량적 분석

(1) 수입, (2) 비용 및 수입의 비율로서의 비용, (3) 수혜자 수, (4) 비용/수혜자, (5) 지식, 태도 및 관행의 변화

운영 계획

2004년에서 2005년까지 Equal Access는 7가지 핵심 방책에 대해 분기별 중요한 단계로 운영 계획을 수립했다.

자금 조달

Equal Access는 초기에는 60%의 보조금과 40%의 자체 수입으로 충당되었으며, 2004년에는 75% 자체 수입과 25% 보조금으로 자금 조달을 하였다.

요약 To Recap

사회적기업이 운영 우수성을 달성하려면, 먼저 반복 가능한 프로세스를 개발해야 한다. 가치 사슬은 벤처기업이 사회적 영향을 극대화하고 재정적으로 성공할 수 있도록 필요한 기술 및 역량을 갖추도록 한다. 또한 가치 사슬은 외부 파트너의 네트워크와 역량을 최대한 활용할 수 있는 분야를 파악하는 데도 도움이 된다. 모든 파트너십의 과정에서 공유 가치를 창출하는 것이 중요하다. 최소 중요 세목 체크리스트는 사업 계획에서 이러한 요소를 반드시 포함해야 하는 가장 중요한 몇 가지를 강조한다. 다음 장에서 우리는 조직과 인적 자원에 대해 살펴본다(8장의 프롤로그는 그림 7.8을 참조하라).

그림 7.8   가치 창출 프로세스 및 조직 역량

8장에 대한 프롤로그

8장에서 벤처의 조직 및 인적 자원 요구 사항을 찾아내기 위한 준비로써, 운영의 각 가치 창출 단계와 효과적인 실행에 필요한 조직역량(지식, 기술, 능력)을 요약하는 것이 유용할 수 있다.

운영(가치 창출 프로세스) 및 인적 자원(역량)

단계	가치 창출 프로세스	필요한 역량
1		
2		
3		
4		
5		
6		
7		

연습문제 Exercises

7.1   주요 프로세스 확인

핵심 전략을 구현하기 위한 주요(10개 이하) 본원적 및 지원 프로세스를 나열하라. 각 프로세스에 대해, 프로세스 책임자를 지정하라.

7.2   운영 파트너 목록 생성

주요 파트너, 그들이 지원하는 운영, 파트너십 계약 유형(네트워크, 조정, 협력 또는 협업), 파트너십에서 교환되는(재정적 또는 기타) 가치를 나열하는 표를 만들어라.

7.3   가치 사슬 도표 만들기

가치 사슬 도표는 하나의 프로세스에서 다른 프로세스로, 마지막으로 수혜자에게까지

최소 중요 세목 체크리스트

운영 및 가치 사슬

- 제품/서비스 출하에서 유통 및 애프터 마켓 지원까지 가치 사슬을 구체적으로 명시한다.
- 잠재적인 프로세스 차이와 사회 기술적인 제어 메커니즘을 확인한다.
- 품질, 비용 절감 및 시장침투를 위한 파트너십을 확인한다.
- 가치 사슬이 확장성을 어떻게 지원하는지 명확히 한다.

가치의 "흐름" 측면에서 프로세스 내부와 외부의 관계를 보여준다. 프로세스 간 화살표는 가치가 수혜자에게 어떻게 흘러가고 정보 및 자금이 파트너와 다시 조직에게 어떻게 흐르는지를 보여준다. 프로세스는 대략 동시에 발생함을 나타내기 위해 "병렬"로 표시될 수 있다. 자신만의 가치 사슬 도표를 만들어라. 이번 장의 그림 7.3에서는 그라민 샥티의 예를 제공한다. 가치 사슬 도표에는 단일 또는 공통적으로 사용되는 형식이나 스타일이 없으므로, 가치 사슬을 가장 잘 전달하는 어떤 형식이나 스타일의 도표를 사용할 수 있다.

참고문헌 Background Resources

Dees, J. Gregory, Jed Emerson, and Peter Economy. *Strategic Tools for Social Entrepreneurs: Enhancing the Performance of Your Enterprising Nonprofit*. New York: John Wiley, 2002, chapter 3.

DeThomas, Arthur, and Stephanie Derammelaere. *How to Write a Convincing Business Plan*. 3rd ed. New York: Barron's Educational Services, 2008, chapter 8.

MacMillan, Ian C., and James D. Thompson. *The Social Entrepreneur's Playbook—Pressure Test, Plan, Launch and Scale Your Enterprise*. Philadelphia: Wharton Digital Press, 2013.

Microlinks. *Value Chain Development Wiki*. Washington, DC: USAID, 2009. http://apps.develebridge.net/amap/index.php/Value_Chain_Development].

Porter, M. E. "What Is Strategy?" *Harvard Business Review*, November-December 1996, 61–78.

Prahalad, C. K. *The Fortune at the Bottom of the Pyramid: Eradicating Poverty through Profits*. Philadelphia: Wharton School Publishing, 2010, part 4.

Wimmer, Nancy. *Green Energy for a Billion Poor*. Vatterstetten: MCRE Verlag, 2012, chapter 2.

8장

조직 및 인적 자원

7장에서 조직의 주요 프로세스를 파악함으로써 사업 계획에 대한 "운영 요소"를 만들었다. 이제 계획의 조직 및 인적 자원 요소를 만들 준비가 되었다. 이러한 요소에는 조직의 법적 형식, 이사회 구조 및 구성, 최고 경영진을 구성할 핵심 리더 및 직원 배치 계획이 있다. 사회적기업에서, 직원 배치 계획은 유급 직원 외에 자원자가 포함될 수 있다. 자원봉사자가 있을 경우, 잠재적인 법적인 문제(예: 법적 책임)가 발생할 수 있다.

사회적 사명을 가진 조직에서, 기업가는 많은 독특한 도전 과제에 직면한다. 예를 들어, 어쩌면 시장 임금으로 인재 경쟁을 할 수 없으며, 유급 직원을 자원봉사자로 대체해야 할 필요가 있을 수 있다(특히 초기 단계). 또한 주요 직책에서의 이직 가능성, 설립자/리더의 후계자에 대한 궁극적인 필요성, 올바른 이사회 선택의 중요성, (성공하기 위해 비슷한 열정을 가지고 공통의 가치관을 공유해야만 하는) 전문경영인에게 기업의 통제권을 넘겨줄 필요가 있다는 잠재적 현실을 고려해야 한다. 그 결과, 훌륭한 조직 및 인적 자원 계획의 필요성은 이윤 극대화를 추구하는 영리기업만큼 사회적 벤처에게(더 중요한 것은 아니지만) 적어도 중요하다.

프로세스 Process

『훌륭한 비즈니스 플랜을 작성하는 방법(How to Write a Great Business Plan)』에서 윌리엄 살먼은 "올바른 팀이 없으면, 사업 계획의 나머지 부분 중 어느 것도 중요하지 않다"라고 말했다. 그의 발언을 거꾸로 하면, 훌륭한 지침이 될 수 있다: 훌륭한 사업 계획이 없다면, 누가 팀에 있는지 중요하지 않다. 당신이 그것을 보는 방법에 상관없이, 당신은 조직 계획 없이 올바른 팀을 얻지 못할 가능성이 있다. 사회적기업은 가치에 의해 추진되기는 하지만, 여전히 조직 계획에 대한 체계적인 접근 (그림 8.1)이 요구된다. 이러한 계획은 조직의 작동방식, 핵심 기능, 핵심 리더십 역할, 적절한 기술을 갖추고 조직의 사명에 적합한 그런 직원들과 문화담당 직원들에게 책임성 있는 구조를 만드는 최선의 방식에 대한 분명한 이해를 담아야 한다. 이 조직 계획을 수립하기 위해서는 다음 4가지 주요 단계가 필요하다.

1. 조직의 법적 형태를 정의한다.
2. 이사회를 위해 명세 사항들을 작성한다.
3. 기업에 대한 핵심 관리자 역할(직책)을 정의한다.
4. 직원과 자원봉사자를 포함한 인력 계획을 수립한다.

> **기본 지식**
>
> 최고의 기술로 항상 승리하는 것은 아니다. 올바른 팀이 없으면, 사업 계획의 나머지 요소가 의미가 없다. 사회적기업은 다음을 활용할 수 있다:
>
> - 다양한 형태의 자본 유치를 위한 법적 구조(보조금, 증권 등)
> - 인재를 유치하고 행동을 지속적 학습의 정신에 맞추는 강력한 비전
> - 전략 및 운영 계획을 효과적으로 관리하고 네트워크에 접근하거나 사회적 자본을 "연결"하기 위한 이사회

그러나 첫째, 사회적기업과 창업자의 독특한 특성을 인정하는 것이 중요하다. 창업자 가치는 조직 루틴(관행)에 영향을 미친다. 창업자 가치는 또한 사회의 니즈에 부응하는 데 있어 지속적인 개선을 위해 노력하는 문화에 "적합한" 사람들을 끌어들이는 그런 규범들을 형성하는 데 도움을 준다. 사회적 벤처 창업자의 확고한 인간적 가치와 조직 계획에 대한 전통적인 접근 방식 사이에 존재하는 창조적인 긴장감은 유급 직원과 자원봉사자 모두에게 내재적으로 동기부여가 될 수 있고 매력적인 일자리와 직무 시스템의 설계를 자극할 수 있다.

그림 8.1   조직 계획: 기존 모델과 가치의 균형

조직의 가치기반 관점은 전략을 실행할 수 있는 조직을 설계하는 기존의 체계적인 접근 방식과 균형을 이루어야 한다.

조직 계획: 기존 모델	조직의 가치기반 관점
전략: • 우리는 어떤 사업을 하고 있는가? • 우리는 어떻게 경쟁할 것인가?	**기본 가치와 신념:** • 우리의 기본 가치는 무엇인가? • 우리는 무엇을 믿는가?
기능적 전략: • 마케팅, 제조, 재무, 인적 자원 등	**실천은 가치를 구현한다:** • 우리의 가치와 일치하는 정책과 관행은 무엇인가?
주요 성공 요인: • 전략을 실행하기 위한 중요한 작업은 무엇인가?	**관행(루틴)은 핵심역량을 구축한다:** • 사회의 요구를 더 잘 충족시키기 위해 무엇을 할 수 있는가?
조직적 정렬: • 시스템, 관행, 직원, 보상	**가치에 맞는 전략을 개발하라:** • 니즈를 충족시키는 역량
고위 경영진의 역할: • 정렬/준수 모니터	**고위 경영진의 역할:** • 가치와 문화를 "관리"

그림 8.1에서 볼 수 있듯이 창업자 가치는 광범위한 조직 프로세스 및 관행에 영향을 미친다. 일반적으로 말해서, 창업자 가치는 긍정적인 사회적 변화를 자극하는 사명에 조직구조, 프로세스 및 역할을 맞추고자 한다. 이러한 방식으로 가치는 소외된 사람들의 고용 및 현지 환경에 사회적 변화를 가져오는 다른 가치 사슬 혁신과 같은, 무언가를 하는 새로운 방식을 촉진한다. 창업자 가치는 공식적인 구조, 지배 프로세스, 리더십팀 구성 및 직원 배치와 관련된 구체적인 의사결정을 포함하여 공식 조직을 개발하는 데 필요한 규율과 균형을 이루어야 한다. 이러한 의사결정은 궁극적으로 전략 실행력을 결정한다.

조직 형태 Form of Organization

사회적기업이 사업을 수행하는 나라나 나라들에 따라, 다양한 조직선택권이 있다. 아래의 질문에 답하면 사회적기업의 최선의 조직 형태를 결정하는 데 도움이 될 것이다:

1. 기업에서 지분을 소유한 창업자나 종업원이 있는가 아니면 개인적인 소유자가 없는가?

2. 창업자는 조직의 통제권을 포기하는가(예를 들어, 다수 주주에게)?
3. 당신의 미션에는 전체 잉여수입을 기업에 재투자하지 않고 소유주에게 되돌려주는 것이 포함되어 있는가?
4. 기업에 영향을 줄 수 있는 세금 및 규제보고 요구사항은 무엇인가?

대부분의 국가에서, 조직 형태에 관한 첫 번째 의사결정은 영리 및 비영리 지위 중 하나를 선택하는 것이다. 일반적으로, 기업이 소유주에게 반환되는 이익을 갖거나 "소유권 지분"의 가치를 높이려면, 영리를 목적으로 하는 모델이 필요하다. 소유주에게 재정적인 이익을 제공할 의사가 없더라도, 조직은 영리목적 형태를 선택할 수 있다. 왜냐하면 국가 법률 또는 규정이 영리목적 형태를 요구하기 때문이거나(예: 기업이 상품 및/또는 서비스를 판매하는 경우 영리목적 형태가 요구됨), 영리목적의 형태가 종업원과 자본을 제공하는 사람들의 동기 사이에 적절한 인센티브와 조정을 창출한다고 창업주가 생각하기 때문이다.

영리 목적

영리를 목적으로 하는 조직을 선택하는 일반적인 이유는 다음과 같다. (1) 시간이 지남에 따라 소유권 지분의 가치 증가 가능성에 흥미를 느낀 투자자와 종업원을 유치하려는 욕구, (2) 기업 이익의 전부 또는 일부를 소유주/투자자에게 반환하려는 욕구, (3) 창업자의 통제권 유지 욕구. 대부분의 지역에는 여러 가지 대안이 되는 법적인 형태의 영리 단체가 있다. 예를 들어, 미국에서는 단독 소유권, 일반 또는 유한 파트너십, 협동조합, 유한 책임 회사(LLC) 및 주식회사(B-Corp, 몇몇 주에서, 사회적 목적 기업)가 있다. 이들 중 어느 것을 선택함에 따라 이익으로 무엇을 하는지, 손실 위험을 누가 지는지, 세금 징수 방법, 규제 방법이 결정된다. LLC(수익은 소유자에게 지급될 수 있음) 및 C 회사(이익은 배당으로 지급되거나 이익 잉여금으로 유지될 수 있음)가 가장 자주 사용된다. 조직적 대안(미국에서)의 간단한 비교는 데토마스(DeThomas)와 데라멜래러(Derammelaere)에서 제시된다.[2] 조직 형태를 선택하기 위한 기준은 미국 이외의 국가에서 매우 다를 수 있음을 주의하라. 어떤 형태를 선택할지에 대한 구체적인 법률 자문은 변호사 및/또는 공인 세무사에게 문의하라.

미국에서는 비콥(benefit corporation)이라고 하는 기업조직의 한 형태가, 주주의 이익을 최우선으로 여기라는 법적인 구속력이 없이도, 영리조직처럼 운영되기를 원하는 사회적기업에 의해 사용되고 있다. 대부분의 주에서, 비콥은 "사회적 목적"을 정의해야 한다—이익 극대화 사명은 아니지만 사명의 일부로서 재정적 이익(즉, 수익)을 포함하는 사회적 이익을 의미한다. 비콥은 자금 조달을 위해 주식을 판매할 수 있지만, 일반 기업과 달리 보조금이나 기부금을 받을 수 있다(비콥의 경우 기부자에게 세금공제가 안 됨). 다른 형태의 회사보다 비콥의 경우 보고 요구사항이 보다 엄격하며, 일반적으로 연간 특수목적 영향 보고서(an annual Special Purpose Impact report)가 요구된다.

비영리 및 혼합형태

비영리 조직 형태는 적다. 미국에서 가장 보편적인 비영리 조직 형태는 세금 공제 기부금을 받을 수 있도록 501(c)(3) 과세 상태를 가진 조직이다. 정부 및 정부가 승인한 NGO(예: 미국의 학군 및 방글라데시 개발기구인 BRAC)는 비영리 단체의 다른 형태이다. 비영리 조직으로 운영되는 이유는 조직의 라이프 사이클 단계에 따라 다르다.

기부 소득은 미숙련 인력을 훈련시키거나 자본 지출에 자금 조달하는, 초기 단계의 개념 입증(proof of concept)에 필수적이다. 후기 단계에서는 근로 소득 잠재력을 초과하는 지속적인 운영비용을 지원하기 위해 또는 고객의 부분집단에 보조금을 지급하기 위해 기부 소득이 필요할 수 있다. 비영리 조직을 선택하는 일반적인 이유는 주주 이익을 우선적으로 둘 필요가 없고, 제한된 지불 능력을 가진 고객이나 수혜자에게 서비스 비용을 낮추는 수단으로 수익이나 영업흑자가 기업에 재투자되기를 바라기 때문이다. 이 때문에 소유주에게 이익을 돌려주기보다는 비영리 조직이 극빈층을 위해 봉사하는 능력을 향상시킴으로써 목표 시장에 침투하는 것이 가능해진다.

"하이브리드"라고 불리는 혼합된 조직 형태는, 별개의 법적실체, 독립적인 그러나 중복되는 이사회, 어쩌면 공유된 경영을 통해, 영리 단체와 비영리 단체의 특성을 결합한다. 혼합된 형태의 조직은 근로 소득과 관련된 활동(예: 제품 판매)과 기부 소득에 의해 추진된 활동(예: 훈련) 사이를 명확하게 분리할 수 있을 때 선택될 수 있다. 일반적으로 혼합형 조직은 비혼합형 조직보다 관리가 복잡하고 총비용이 많이 든다. 따라서 명확한 이점이 있는 경우에만(예: 소득 증가, 성장역량 증가 또는 운영비용 절감), 혼합형 조직을 선택할 수 있다.

협동조합

마지막으로, 사회적기업은 종종 협동조합 형태의 조직을 사용한다. 협동조합(co-op라고도 함)은 "공동 소유이며, 민주적으로 관리되는 기업을 통해, 공동의 경제적, 사회적 및 문화적 니즈와 열망을 충족시키기 위해 자발적으로 모인 자치 단체"이다.[3] 협동조합은 종종 상품의 유통 또는 서비스 공급에 관여하며, 일반적으로 소비자 또는 농민이 조직하고, 회원들의 상호 이익을 위해 운영된다. 협동조합은 일반적으로 다른 여러 형태의 기업보다 경제적으로 회복력이 뛰어나며, 법적인 구속력 없이 회사의 협상력을 가질수 있다는 장점이 있다. 협동조합에는 다음과 같은 유형이 있다.

- 비영리 지역 사회 단체;
- 서비스를 사용하는 사람들이 소유하고 관리하는 사업(소비자 협동조합);
- 현장에서 일하는 사람들이 관리하는 조직(노동자 협동조합);
- 숙박시설을 제공하는 사람들이 관리하는 조직(주택 조합);
- 소비자 협동조합 또는 신용조합이기도 한 노동자 협동조합과 같은 하이브리드;
- 지역사회의 니즈를 충족시키기 위해 시민 사회와 지역 주체가 연합하는 다중이해 관계자 협동조합;
- 회원이 다른 협동조합원인 두 번째 및 세 번째 단계 협동조합.

지배구조 및 이사회 Governance and Boards

조직의 형태와 상관없이 이사회를 갖는 것이 언제나 도움이 된다(종종 법적으로 요구되는 경우도 있음). 일부 조직은 고유한 전문 지식을 제공하고 관련 자원이나 기능에 대한 접근성을 확대 또는 심화시키는 자문위원회를 선택한다.

　이사회는 기업에 지배구조를 제공한다. 대부분의 경우 이사회는 CEO를 고용하고 종종 다른 최고 경영진을 고용하는 데 관여한다. 이사회는 사업 자체(소유자, 투자자, 종업원 및 고객)에 대한 신의를 지킬 책임이 있다. 이러한 것은 재무 및 기타 의사 결정이 법률 및 윤리적 기준을 준수하고, 이러한 제3자의 이익을 위해 알려질 책임이 포함된다 (일부 형태의 조직은 이사회가 있어야 함을 주목하라).

　이사회 구성원은 다양한 역할과 책임(전문 분야)을 갖고 있으며 이러한 역할을 수행하기 위해 종종 위원회(예: 감사 또는 보상)에 봉사한다. 이사회의 규모는 많은 요인에 좌우되지만, 대부분의 사회적 벤처기업의 경우 홀수(동점 투표를 피하기 위해)와 소수 (7명 이하)의 이사회 구성원이 선호된다(참고: 기금모금 책임이 있는 이사회는 상당히 클 수도 있지만, 그러한 경우 소규모의 집행이사회가 사실상 이사회임). 이사회 자격에는 다음과 같은 전문 분야가 포함되어야 한다: 자금 조달(예: 기부자, 재단 및/또는 투자자), 재무 관리, 수혜자에 대한 지식, 필수 네트워크 파트너에 대한 접근 또는 연결 및 최고 경영진을 지도하기 위한 적절한 전문성. 그림 8.2는 이사회의 중요한 역할을 보여준다.

자문위원회는 종종 제품 또는 서비스 개발, 자금 조달 또는 유통과 같은 특정 운영을 돕기 위해 활용된다. 이미 대형 이사회를 보유하고 있거나 가능한 자문위원으로 참여하고 싶은 사람들이 많다면, 가장 좋은 방법은 비즈니스 모델과 그 실행에 중점을 둔 더

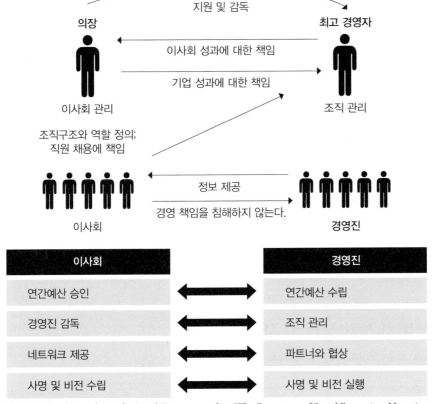

Source: Schwab Foundation for Social Entrepreneurship, "The Governance of Social Enterprises: Managing Your Organization for Success," World Economic Forum, June 2012, 16, http://www3.weforum.org/docs /WEF_Governance_Social_Enterprises_2106_light.pdf.

그림 8.2   사회적 벤처의 효과적인 지배구조

작은 이사회를 만드는 방향으로 넘어가는 것이다. 이 이사회에는 기술, 기금 모금, 또는 당신의 비즈니스가 전문성을 필요로 하는 다른 분야에 전문지식을 보유한 한 명 이상의 자문이사를 포함할 수 있다. 이사회가 지침에 대한 법적 책임이 있는 반면, 자문위원회는 그렇지 않기 때문에 특정 사람들을 자문위원회에 모집하는 것이 더 쉬울 수도 있다.

주요 직원(경영진) Key Employees (Management)

조직의 핵심 직원은 기업의 핵심 전략(4장) 및 프로세스(7장)를 관리하는 책임을 진 모든 사람을 포함한다. 이러한 주요 직원은 일반적으로 다음을 포함하는 관리 또는 통솔 역할을 수행한다: CEO(또는 관리/집행 이사), 제품/서비스 개발, 운영(제조 및 유통), 금융, 마케팅 및 비즈니스 개발, 판매(비영리 단체에서는 주로 기금 모금), 그리고 인적 자원. 소규모 조직의 경우, 이러한 역할 중 하나 이상에 대해 핵심 직원이 한 명 있을 수 있다(예: 최고 재무 책임자와 감독자 역할을 하는 사람, 제품 판매 및 유통을 담당하는 최고 운영 책임자 또는 제품 및 비즈니스 개발에 책임이 있는 사람), 그러나 어떤 조직에서도 같은 역할을 하는 직원이 여러 명 있어서는 안 된다(그림 8.3 참조).

리더십팀은 비전이 있고 운영적인 리더십 역량을 갖추어야 한다. CEO가 비전이 있지만 운영 역량이 부족한 경우, 지출 및 현금 흐름 관리와 같은 운영 의사 결정에 있어서, 운영 전문지식을 가진 개인이 항상 "최종 의견"을 갖도록 역할을 정의하는 것이 중요하다. 기술 위험, 시장 위험 및 리더십팀 위험이라는 3가지 위험 요인 중 리더십팀의 신뢰성, 역량 및 효율적인 기능이 기업 실적에서 이러한 요인 중 가장 중요하다는 것이 벤처 캐피탈리스트 사이에 널리 알려져 있다.

직원 배치 계획(직원 및 자원봉사자)
Staffing Plan (Employees and Volunteers)

사회적기업은 모든 직원에게 비용을 지불하기에 충분한 자원이나 현금 흐름이 없기 때문에 자원봉사자에게 몇 가지 중요한 역할을 맡길 필요가 있다(자원봉사자가 특정 역할을 맡을 수 없도록 하는 법적 요구사항을 확인하라). 금전적인 보상을 제외하고, 유급직원과 자원봉사자를 위한 충원 계획의 모든 요소는 같아야 한다. 인력 충원 계획의 요소

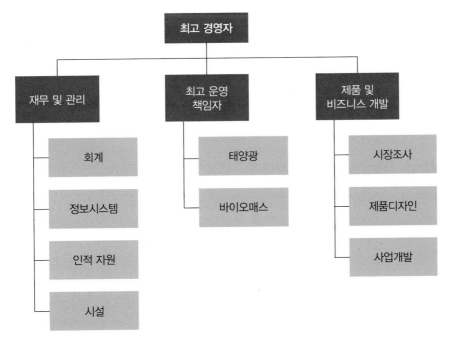

그림 8.3 주요 관리 직원

들은 직무기술(책임, 자격), 보고구조 및 평가기간, 직장 및 시간 기대, 보상(직간접적) 및 경력개발 기회가 있다.

자원봉사자는 종종 사회적 미션 사업에 중요한 인적 자원이다. 이들은 유급직원보다 많을 수 있으며, 벤처기업의 성과와 영향에 중요하다. 이들이 기여한 시간을 통하여 제품과 서비스를 더 저렴하게 만들 수 있다. 이들은 또한 빈곤층에 대한 깊은 공감을 갖고, 조직의 사명과 봉사하는 사람들에 동질감을 갖고, 고유한 지식과 기술에 대한 접근을 제공할 수 있다. 밀러 센터(Miller Center for Social Entrepreneurship)는 자원봉사자의 가치에 대한 훌륭한 예이다. 이 책의 저자는 GSBI의 창립과 발전에 중요한 역할을 했지만 원래 밀러 센터의 자원봉사자였다. GSBI의 성공은 입증된 기업가적 통찰력을 지닌 엄선된 자원봉사 멘토들(실리콘 밸리의 풍부한 자원과, 전 세계적으로 사회적 기업 개발을 가속화시킨 국제적으로 인정받는 프로그램의 "비법"으로 GSBI 졸업생들이 생각하는 어떤 사람)에 의해 크게 결정되었다(그림 8.4 참조). 이 그룹은 성장하여 적극적으로 참여한 자원봉사자가 200명이 넘었다.

기업의 사회적 책임(CSR) 프로그램의 모범사례로 기업의 자원봉사자에 대한 유급

그림 8.4 **멘토링 및 GSBI**

이 문서는 GSBI에서 멘토 자원봉사자의 역할을 공식적으로 정의하려는 초기 노력을 나타낸다. 직무 명세서의 중요성과 직원 및 자원봉사자 모두에게 명확한 기대치 설정을 보여준다.

멘토링과 GSBI
밀러 센터

사명과 비전

산타클라라 대학교의 GSBI는 Tech Awards(Technology Benefiting Humanity 및 세계은행 개발 시장(World Bank's Development Marketplace))와 같은 권위 있는 프로그램을 통해 식별된 기술 기반의 사회적 혜택 혁신의 지속 가능성과 확장에 기여한다. 사회적 이익 기업가의 의식적인 노력과 인류의 긴급한 요구에 부응하는 기술 개발의 가속화 및 확산을 통해 더 나은 세상을 구상한다.

실습 학습 실험실

이 기숙사 프로그램은 기업가 정신 및 조직 혁신 분야의 주요 비즈니스 스쿨 교수의 연구와, 사회적기업가에게 경제적으로 지속 가능한 방식으로 더 많은 수혜자에게 봉사하는 데 필요한 지식과 기술을 제공하기 위해 멘토 역할을 하는 실리콘 밸리의 기술자 및 성공적인 기업가 네트워크를 연결시킨다. 참석은 엄격한 심사 과정을 거쳐 엄선된 프로젝트로 제한된다. GSBI 포트폴리오 조직은 이미 경제 개발, 보건, 교육, 평등 및 환경과 같은 분야에서 진전을 이루는 데 영향을 미치는 개념입증 프로젝트를 위한 사업 계획서 개발을 통해 사회 변화를 가속화하기 위한 역동적인 학습 커뮤니티를 형성한다.

멘토 역할

멘토들은 이 혁신적인 학습 경험에서 중요한 역할을 한다. 2주간의 기숙 프로그램 기간 동안, 이들은 6회 이상 산타클라라 대학교의 개별 프로그램 참가자들을 만나 사업 계획서에서 진행 중인 작업을 검토할 것이다. 이들은 마케팅 및 시장 창출, 비즈니스 모델, 조직 개발과 같은 주제와, 규모에 맞는 지속 가능성 달성 전략에 대한 코치 역할을 한다. 예를 들어, 자선 또는 복지 모델에서 수익 창출을 통한 지속 가능성으로의 개념 도약을 연결하기 위해 멘토들은 개발도상국의 사회적기업가와 협력하여, 멘토들이 도착하기 전에 매력적인 가치 제안과 지속 가능성을 달성하기 위한 수입 전략 이해의 중요성에 대한 생각을 자극하도록 설계된 온라인 연습문제를 완수한다. GSBI의 원격 학습 플랫폼을 통해 멘토들은 학교를 떠난 후, 멘토들이 사회적기업가들의 사업 계획서를 수정하고 구현하기 위해 활동하면서 사회적기업가(조언을 받는 사람)들에게 후속 코칭을 제공한다.

지원이 크게 증가하고 있다. 사실 많은 조직은 자원봉사자 프로그램을 직원(특히 더 높은 수준의 의미와 목적을 추구하는 사람들)을 끌어들이고 유지하는 능력으로써 중요하다고 생각한다. 예를 들어, 액센추어(Accenture)는 산타클라라 대학의 GSBI 벤처기업에 대한 기술 전문지식을 제공한 초기 파트너였고, 2006년 유능한 유급 전문인력을 파견하여, 인도에서 세 개의 GSBI 졸업생 벤처기업에 대한 컨설팅 인턴으로 봉사케 하였

다. 많은 다른 회사들도, 그 과정에서 GSBI 지원자가 되었다. 인구 전반에 걸쳐 많은 기업가 자원봉사자를 활용할 수 있다.

조직의 강점, 약점, 기회 및 위협
Organization Strengths, Weaknesses, Opportunities, and Threats

많은 조직은 그림 8.5에 정의된 표를 사용하여 강점, 약점, 기회 및 위협(SWOT)을 분석하는 것이 유용하다는 것을 안다. SWOT는 가치 창출을 위한 핵심 조직의 강점과 기회, 그리고 이러한 가치 창출에 대한 주요 약점과 위협을 찾아낸다. 따라서 SWOT는 충원 결정을 유도하고 주요 직원을 관리하기 위해 경영진이 사용할 수 있다.

사회적 벤처에 대한 짤막한 정보: 그라민 샥티의 조직 및 인적 자원 계획

노벨상 수상자인 무하마드 유누스(Muhammad Yunus)가 의장을 맡고 있는 그라민 샥티 이사회는 특히 재정적인 통찰력이 강하다. 이것은 그라민 은행에 있는 샥티의 뿌리, 고객 금융에 대한 헌신, 빈곤에서 벗어나기 위해 생산적인 자산으로서 에너지 접근성에 대한 잠재력에 대한 믿음으로 나타난다. 샥티는 부서별 조직구조를 지리적 부문별로 조직된 운영단위로 사용하는데, 이 지리적 부문 각각은 "지속 가능성(매출/비용) 비율"을 유지 관리할 책임이 있는 지역이다. 이들 지부를 이끄는 지역 엔지니어는 지역사회의 신뢰를 확립하고 지속 가능한 방식으로 성장할 수 있는 샥티의 역량에 중추적인 역할을 담당한다. 분산된 부서는 인적 자원, IT 및 경영 정보 시스템(MIS), 회계, 조달, 재고관리 및 기술의, 중앙 집중화된 스태프 부처에서 지원한다. 뿐만 아니라 샥티는 부서 전반

그림 8.5 조직과 인적 자원 SWOT 분석

강점	약점
조직의 지속/확장을 돕는 조직/인적 자원 요소(예: 핵심인물의 경험)	조직의 지속/확장을 방해하는 조직/인적 자원 요소(예: 재정담당관 부족)
기회	**위협**
지속 가능성 또는 확장성을 향상시킬 수 있는 조직/인적 자원 요인(예: 하이브리드 조직으로 전환, 마케팅 디렉터 고용, 광고 파트너십 활용)	조직을 실패하게 할 수 있는 조직/인적 자원 요인(예: 핵심인력 손실, 가치 사슬의 핵심 요소에 대한 전문지식 부족)

에 모범사례를 전파하기 위해 독립적인 준법감시 역할과 개발 역할을 수행하는 강력한 내부 감사 기능을 유지한다.

법적인 형태와 구조

그라민 샥티는 스스로를 "시골 에너지(사회적) 기업"이라고 언급하지만, 법적 형태의 조직은 비영리 유한책임회사 Grameen Shakti Ltd.로 인가되었다. 그라민 샥티가 성장함에 따라 Grameen Shakti Ltd.가 소유한 Grameen Shakti Social Business(GSSB)로 조직되었다.

핵심 직원 및 역할

사장(managing director) 외에, 그림 8.6의 조직도에 표시된 각 주요 기능에는 일반 관리자(general manager)가 있다.

초기 이사회 멤버와 역할

무하마드 유누스, 이사회 의장

이사, 그라민 트러스트 대표(금융)

이사, C.M.E.S 대표(금융)

이사, Grameen Shikkha 대표(여성 교육)

이사, 그라민 은행 대표(금융)

이사, 그라민 니트웨어(유사 회사 관리)

이사이며 그라민 샥티의 사장(조직을 대표)

그림 8.7의 SWOT 분석은 그라민 샥티의 조직적 강점과 약점에 대한 요약과 더불어 활용할 수 있는 기회와 그에 대처해야 하는 위협에 대해 설명한다.

사회적 벤처에 대한 짤막한 정보: 산카라의 조직 및 인적 자원 계획

산카라는 조직설계 및 리더십에 대한 결정이 전문 지식과 자원에 대한 접근을 심화시키는 동시에 저비용 전략에 어떻게 기여할 수 있는지 보여준다. 이 경우 비영리 법적형태의 선택으로 산카라는 자본비용의 상당 부분을 충당할 수 있었고, 비용을 낮게 유지하고, 새로운 병원 확장 비율을 높일 수 있었다. 동시에 중앙집중식 기능적 형태는 조직의 효율성에 기여하고, 인적 자원, 회계 및 IT의 관행을 표준화하는 데 도움을 주었고, 여

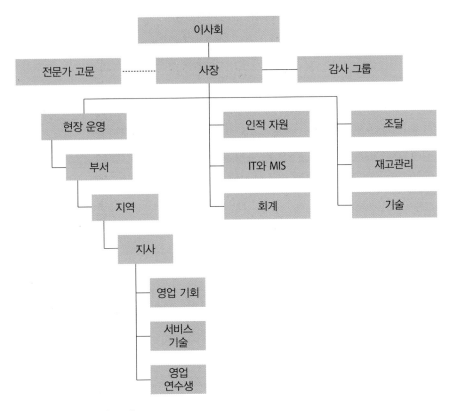

그림 8.6 그라민 샥티의 조직도

그림 8.7 그라민 샥티의 조직 및 인적 자원 SWOT 분석(2008년경)

조직의 강점	조직의 약점
• 강력한 이사회 • 좋은 조직 구조 • 잘 정의된 직무 • 우수한 직원 교육 • 승진 기회 • 여성을 위한 기회 • 적절한 보상 • SMS 기반 판매 정보 시스템 • 종합적인 감사 프로세스	• 일부 직원은 원격지에서, 잠재적으로 위험한 지역에서 일해야 한다 • 주요 직원에 대한 경쟁 • 일부 직원은 신뢰할 수 없을 수도 있다.
조직의 기회	조직의 위협
• 내부에서 승진 • 이익 공유 • 별도의 철저한 감사	• 그라민 조직으로부터의 지원 중단 • 신규진입 경쟁사 • 기술변화 가속화

러 병원의 규모와 학습의 경제를 실현하였다. 이사회 구성 및 고위 경영진의 리더십은 수직적 시장(업계의 니즈에 맞춰 전문적으로 고객 맞춤화가 되어 있는 시장) 및 전문지식의 활용을 강조한다. 산카라의 조직 구조는 시장 침투 목표에서 주요 요인인 파트너십과 효과적인 마케팅을 관리하는 책임성의 중요성을 인정한다.

법적인 형태와 구조

스리 칸치 카마코티 의료 재단(Sri Kanchi Kamakoti Medical Trust)는 산카라 안과 병원을 관리한다. 이 재단은 형식적으로 인도 자선 신탁으로 등록되어 있다. 이것은 "재산의 소유권에 부속된 의무이며, 소유주에게 부여되고 수용되거나, 다른 사람의 이익을 위해 혹은 다른 사람과 소유주의 이익을 위해 소유주가 선언하고 수용한 자신감에서 생기는 의무"이다.

1961년 인도 소득세법(Indian Income Tax Act) 제2조 (15)항에 따르면, "가난한 자의 구제, 교육, 의료 구제, 기념물 및 환경 보전 및 기타 일반 공익사업의 발전"을 포함한 활동은 자선 목적으로 인정된다. 1961년 인도 소득세법 11조와 12조와 함께 2조 (15)항에 따르면, "사회적 대의로 설립되고 국세청이 승인한 재단은 조세 납부 면제뿐만 아니라 재단에 기부자는 과세 소득에서 신탁 기부액을 공제할 수 있다."

산카라의 핵심 전략은 수혜자에게 저렴한(대부분 무료) 접근 가능한 안과 치료를 제공하는 것이기 때문에 공영 자선 신탁과 같은 법적 형택가 적절한 선택이다. 자금을 모으거나 기부를 찾거나, 수입을 비즈니스에 재투자하고, 활동을 확장하는 데 자원을 효율적으로 활용할 수 있도록 하면서 조직이 사명에 전적으로 집중할 수 있게 한 선택이다. 교차보조 비즈니스 모델은 법적인 형태를 더욱 보완하여, 조직이 자급자족하고 기부에 덜 의존하도록 돕는다. 산카라의 법적 형태의 추가적인 장점은 조직과 그 기부자 모두에 대한 세금 면제이다.

조직구조

전체적으로 산카라는 인도에 지리적으로 산재해 있기 때문에 약간의 사업부제 조직구조의 요소를 띤 기능별 조직구조를 하고 있다. 기능별 조직구조는 산카라의 저비용 전략에 가장 이상적인 선택이며, 구조가 간단하고 중앙집중식 의사결정을 가능하게 한다.

이사회는 6개의 리더십팀을 관장한다. 각 리더는 아래와 같이 구체적인 부문을 담당한다:

1. 유료 병원("Vision Sankara"로 브랜드)
2. 무료 병원("Sankara Eye Hospitals"로 브랜드)
3. 인적 자원
4. 의료 행정
5. 재무
6. 특별 프로젝트(예: 자금 조달 이벤트)

병원 단위 수준에서 각 기능별 장은 6개의 리더십팀 리더나 사장에게 보고한다. 각 병원단위 장은 의료행정, 인적 자원 또는 운영과 같은 병원 내 기능별 팀을 관리한다. 대부분 기능별 조직구조를 활용하는 산카라는 아래와 같은 이점을 가진다:

- 팀은 기능적 목표(HR 목표, 운영 목표 등)에 집중하고 성취할 수 있다.
- 단순화된 통제 메커니즘을 허용한다.
- 책임에 대한 명확한 정의가 포함된다.

조직구조가 전반적으로 기능적임에도 불구하고, 여러 기능이 하나의 단위 병원으로 그룹화된 경우 사업부제 성격이 나타난다. 단위 병원은 지리적으로 전국에 분포되어 있으며 각 단위는 특정 도시(목표 시장)에 초점을 맞추고 있다. 각 병원의 성과를 사회적 영향 및 재정적 지속 가능성 측면에서 개별적으로 측정한다. 산카라의 조직 구조는 그림 8.8과 같다.

전략 실행을 위해 중요한 지식 및 인재 요구사항

산카라는 의료 전문지식(안과), 운영 전문지식, 파트너십 개발 및 관리, 마케팅 전문지식 및 인적 자원 전문지식을 포함하여 자사의 사명과 전략을 실행하는 데 필요한 중요한 지식 및 인재 요구사항을 다양하게 갖추고 있다.

의료 전문지식은 확실히 산카라의 가장 중요한 인재 요구사항 중 하나이다. 자사의 핵심 사업은 다양한 니즈를 지닌 환자에게 종합적인 고품질 안과 진료를 제공하는 능력에 중점을 두고 있다. 안과 의사, 검안의, 외과 의사, 의사 및 간호사를 포함한 지식 있고 경험이 풍부한 의료진은 산카라의 평판과 지속적인 성공에 중요하다.

운영의 우수성이 중요한 인재 요구사항이다, 왜냐하면 산카라의 확장성 및 지속 가능성은 간결한 프로세스와 절차를 통해 효율적인 방식으로 환자를 검진하고 치료할 수 있는 능력에 달려 있기 때문이다. 의료진을 위한 효과적인 교육 프로그램을 갖는 것도 각

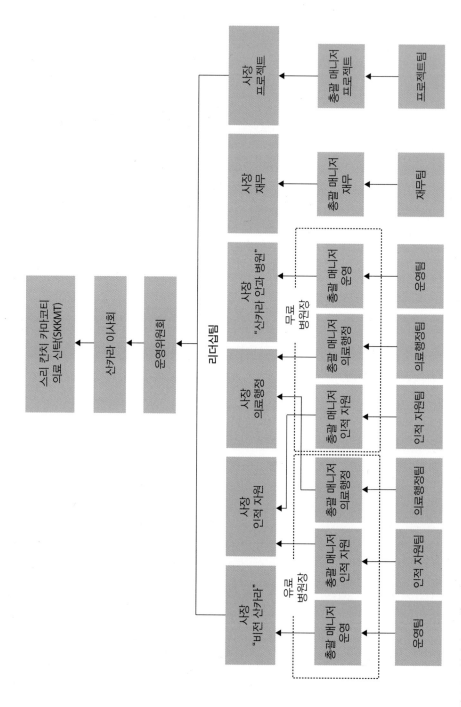

그림 8.8 신가라 조직(보고)도

산카라 병원의 운영의 우수성을 달성하는 데 중요하다.

파트너 관리는 또 다른 핵심 지식 영역이다. 산카라는 기금/보조금 제공, Gift of Vision과 공동 운영되는 안과 캠프(eye camp)와 같은 지역사회 봉사활동 지원, 학교에서의 학생선발 지원(Rainbow 프로그램을 통한), 그리고 의료진 교육(Academy of Vision과 파트너십을 통해) 등 자사의 운영에서 중요한 역할을 하는 여러 기관과 파트너십을 맺고 있다. 산카라의 성공에서 많은 파트너의 중요성을 감안할 때, 파트너 관계에 헌신적인 인재를 배치하는 것은 강한 유대관계와 상호이익 및 동일한 목표에 조율을 보장하는 데 중요하다.

마케팅 전문지식은 산카라의 또 다른 핵심 지식 분야이다. 확장성 및 지속 가능성과 이것들을 달성하는 것 사이에 가장 큰 장애물은 유료 고객 세분 시장을 지속적으로 성장시킬 수 있는 산카라의 능력인데, 이는 무료 고객 세분 시장의 증가를 상쇄할 것이다. 고객 유치(유료 및 무료)를 유도하는 강력한 마케팅 부서가 없으면, 산카라는 계속 확장하고 재정적으로 자급자족하는 데 어려움이 있을 것이다. 유료 고객 세분 시장의 경우, 진료 품질을 효과적으로 강조하는 마케팅이 가장 중요하지만, 무료 고객 세분 시장의 경우 안과 진료에 대한 일반 교육 및 인식의 마케팅이 목표이다.

인적 자원은 마지막으로 산카라의 중요 지식 영역이다. 산카라는 자사의 가장 소중한 자산이 사람이라고 믿으며 귀중한 사람들이 귀중한 조직을 창출한다는 사실을 알고 있다. 직원의 생산성과 성과는 조직으로서 산카라의 성공에 직접적인 영향을 미친다. 따라서 산카라의 사명에 부합하는 재능 있는 팀 구성원을 지속적으로 유치, 개발 및 유지하는 데 인적 자원 기능이 중점을 두는 것이 중요하다.

이러한 인재 요구사항들을 기초로 한, 산카라의 핵심적인 근무처들은 리더십팀(회사의 사회적 사명과 회사에 있는 개인의 기능을 지원하고 추진하기 위해), 병원/의료 직원, 현장 근로자(안과 캠프 및 기타 홍보 활동을 위한), 운영 책임자, 파트너 관계 책임자, 마케팅 책임자 및 인사 책임자이다. 이들의 역할은 산카라의 저렴한 서비스와 새로운 시장으로 침투를 촉진한다. 예를 들어, 운영 우수성과 잘 훈련된 의료진은 산카라가 비용 절감을 구동하는 규모의 경제를 달성함으로써 저렴한 서비스를 증가시킬 수 있다. 마케팅 직원과 현장 직원은 유료 및 무료 고객 세분 시장에서 침투율을 높이기 위해 전통적인 마케팅 채널뿐만 아니라 아웃리치 프로그램을 통해 신규 고객을 확보하려고 노력한다. 또한 인적 자원은 산카라의 사명과 함께 성장할 수 있는 기술과 능력뿐만 아니라 조직의 문화와 장기 유지에 적합한 직원의 고용을 보장하는 데 중요한 역할을 한다.

이사회 구성원 역할 및 전문성

산카라는 발라수브라마니암(S. V. Balasubramaniam) 박사가 의장을 맡은 8명의 이사로 구성되어 있다. 이사회 구성원은 재무 및 회계; 청각 및 복강경 수술, 종양학 및 안과학을 포함한 의학; 병원 관리; 모금 활동; 토지와 자본; 지원 및 지역사회 변호에 전문지식을 가진 사람을 포함한다.

주요 개인이 파트너와의 관계를 담당하는 것은 아니며 이사회는 다소 규모가 클 수 있으며, 운영위원회의 구성에서 다루는 문제인 기술적/의학적 전문지식을 약간 지나치게 강조한다.

이사회 멤버들과 더불어 산카라는 5명의 운영위원회 위원이 있다. 각 운영위원회 멤버는 (1) 재정, (2) 내부 감사, (3) 미디어 및 통신, (4) IT 및 (5) 안과학 등 산카라에 중요한 전문지식을 제공한다. 운영위원회의 구체적인 기술은 이사회의 광범위한 전문성을 보완한다. 또한 운영위원회는 이사회의 실적을 분기별로 검토하여 견제와 균형을 제공한다.

그림 8.9는 산카라의 조직적 강점과 약점은 물론 조직이 활용할 수 있는 기회와 조직에 대한 잠재적 위협에 대한 요약을 제공한다.

사회적 벤처에 대한 짤막한 정보: GSBI 혁신기업 인더스트리 크래프트

인더스트리 크래프트(Industree Crafts)의 사장인 닐람 치버(Neelam Chibber)는 2008년 GSBI에 참여했다. 그녀의 조직은 효율적으로 조직된 소유 기반의 창조적인 제조 생태계를 통해 전체적으로 빈곤의 근본 원인을 해결하려고 한다. 이 조직의 수직 통합 솔루션은 소매 판매 및 생산 회사를 결합하여 현대 시장에 어필할 수 있는 제품을 개발하는 데 필요한 디자인 전문지식과 시장정보를 가진 공예인들을 제공한다. 공식적 경제의 창의 산업 분야에 공예인 기술을 통합함으로써, 조직은 공예인 소득을 3배로 늘리는 데 성공했다.

사명, 기회 및 전략

사명   인도의 가난한 여성들이 만든 공예 제품으로 소매 수요를 창출

그림 8.9 **산카라 조직과 인적 자원 SWOT 분석**

조직의 강점	조직의 약점
• 병원이 건설된 지역사회에서 고용된 직원은 지역경제에 기여 • 임상 및 행정 직원을 위한 우수한 교육 • 소외된 여성을 위한 권리 신장 기회 • 자동화된 성과 관리 시스템 • 직원들에 대한 경쟁적 특전(수당) • 보람 있는 직장 문화	• 차선의 이사회 구성원의 전문성 • 이사회 구성원 수가 짝수 • 혼재된 문화 관리 – 새로운 주마다 모델을 복제하는 것은 독특하고 도전적(고객 인터뷰당) • 기능 간 통합은 기능별 조직구조에서 어려움 • 작업 부하 및 스트레스로 인해 기업 종업원의 불만(고객 인터뷰당)
조직의 기회	조직의 위협
• 유사한 기관과의 협업/지식 공유 기회 • 새로운 시장에서의 추가 침투(여전히 엄청난 충족되지 않은 수요)	• Vasan Eye Care, 다른 안과 및 종합 전문 병원으로부터 유료 환자 및 유능한 직원과 관련된 경쟁 • 승계 계획 – 핵심 역할의 공백(고객 인터뷰당)

주요 측정 기준   공예인 순이익

기회   인도의 수천 명의 여성 공예인을 위한 1일 평균 1달러 수입

전략   (1) 공예인 생산 회사 창립

(2) 제품 테마 및 원활한 수요에 따라 제품 생산

(3) 공예인에게 교육 및 관리 지원 제공

(4) 고품질의 제품 생산

(5) 인도의 도시 소비자들에게 직접 판매

(6) 공예인에게 제품 피드백 제공

외부 환경

농촌 지역의 저소득 잠재력으로 인해 청소년들은 실업률이 높은 도시로 이주하게 된다. 숙련된 농촌 공예인들은 시장 수요, 기술 및 모범 사례를 알지 못하고 조직화되어 있지 않다. 공예인들은 중간 상인들에게 지나치게 의존하여, 시장정보가 비대칭적이다.

시장

직접: 수천의 농촌 공예인

간접: 도시 소비자 225억 루피 시장(2008년), 연간 성장률 9%

관련: 농촌 공예인의 가족 및 지역 경제

인더스트리는 최종사용자(end to end)로 통합되고 제품 설계, 제조 및 유통을 시장

수요에 맞추어 경쟁사와 차별화시킨다.

운영 및 가치 사슬

핵심 프로세스는 (1) 공예인 조직 및 훈련, (2) 제품 정의, (3) 제품 생산, (4) 제품 마케팅 및 판매, (5) 소비자 피드백이다.

자체 상점 외에도 인더스트리는 정부와 협력하여 전문적인 관리 및 인프라를 제공한다. 인더스트리는 또한 마케팅 분야에서 파빈디아(Fabindia)와 파트너 관계를 맺고 있다.

조직 및 인적 자원

인더스트리 크래프트(Industree Crafts)는 그림 8.10과 같이 Industree Retail, Industree Production Aggregator 및 Industree Production(공예인 공동체 소유 기업)의 3개 회사로 구성된다.

세 회사 모두 공통의 이사회와 고위 경영진을 두고 있다.

이사회: Mr. Kishore Biyani, Future Group(India Leading Retailer); Mr. Shankar Datta, IRMA와 BASIX의 중역, 인도에서 가장 권위 있는 소규모 금융 기관(MFI) 및 시골 생활 프로그램 및 Neelam Chibber, 사장

경영진: 사장, Neelam Chibber, 산업 디자이너; RS Rekhi, Operations MBA, 전

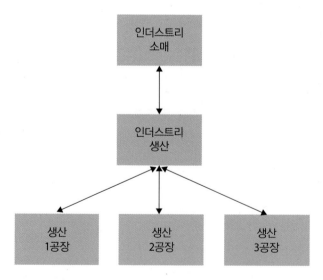

그림 8.10 **인더스트리 크래프트의 조직구조**

IRMA 직원, Gita Ram, 투자자

인더스트리 크래프트의 SWOT 분석은 그림 8.11에 나와 있다.

비즈니스 모델 및 단위 경제

주요 수입 요인: 제품 판매(60%), 기부: 보조금(20%), 기금 모금(20%)

주요 비용 요인: 제품 인프라(16%), 생산직 직원(16%), 운전 자본(24%), 교육 및 역량 구축(24%), 사업 계획(20%)

단위 경제: 단위 = 공예인. 250만 달러의 투자로 10,000명의 공예인들에게 1,800만 달러의 순수익이 발생한다. 공예인당 비용은 250달러이다. 공예인당 순수익은 1,800달러이다.

계량적 분석

(1) 매출, (2) 공예인당 매출, (3) 비용, (4) 순수입/공예인, (5) 공예인 수

운영 계획

2008년 인더스트리는 GSBI 멘토와 협력하여 연간 운영 계획을 수립했다.

자금 조달

인더스트리에 대한 250만 달러의 투자는 부채(40%), 공예인 증권(40%), 보조금(20%)으로부터 나왔다.

그림 8.11 **인더스트리 크래프트의 조직 및 인적 자원 SWOT 분석**

조직의 강점	조직의 약점
• 직원 기술 • 직원 비즈니스 교육 • 소외된 여성을 위한 권리 신장 기회 • 직원의 소유권	• 여러 조직은 더 많은 관리, 인재 및 의사소통이 요구됨
조직의 기회	조직의 위협
• 소매 조직의 추가 확장 • 직원 소유권의 추가 개발	• 창업자 및 주요 직원의 손실

요약 To Recap

올바른 팀이 없거나 훌륭한 사업 계획이 없다면, 기술이나 제품 또는 서비스가 얼마나 좋은지는 그다지 중요하지 않다. 조직 및 인적 자원 측면에서 사회적기업은 특정 상황과 자금 필요성에 맞는 올바른 법적 및 조직 구조를 선택할 때 유리하다. 사회적기업은 사명지향성으로부터 도움을 받을 수도 있다. 설득력 있는 비전이 있으면 조직의 사명에 맞는 유급 인재뿐만 아니라 필요한 모든 도움을 불가피하게 감당할 수 없는 많은 사회적 벤처기업에게 중요한 자원봉사자를 유치할 수 있다. 마지막으로 적절한 관리 및 자문이사회를 운영하면 조직의 전문 지식을 향상시키고 유용한 네트워크 및 핵심 자원에 대한 접근성을 제공할 수 있다. 최소 중요 세목 체크리스트는 비즈니스 계획의 이 요소를 강조하기 위해 박스에 요약한다. 9장에서는 비즈니스 모델을 살펴본다.

연습문제 Exercises

8.1 조직의 형식 정의
기업에 대한 조직의 법적 형태를 구체적으로 명시하라.

8.2 이사회 구조
이사회 구성원의 수와 각 구성원의 역할(각 구성원의 책임)을 구체적으로 명시하라.

각 이사회 직위의 이름과 자격(또는 잠재적인 이름과 원하는 자격)을 구체적으로 명시하라. 자문위원회가 있는 경우, 그 자문위원회가 수행할 기능을 파악하라. 자문위원회 구성원의 이름 및 주요 기술을 구체적으로 명시하라.

8.3 경영인(주요 종업원)
주요 직원, 그들의 역할 및 자격을 보여주

최소 중요 세목 체크리스트

조직 및 인적 자원 계획

- 고위층 리더십의 강점의 확실한 증거를 제공한다.
- 이사회의 전문 지식 및 성공에 기여하는 방법을 구체적으로 명시한다.
- 법적 구조 선택을 위한 전략적 근거를 제공한다.
- 조직의 SWOT 분석을 통해 위험 요소를 구체적으로 명시하고 역량 격차를 파악한다.
- 조직 문화가 평범한 사람들을 통해 특별한 결과를 이끌어낼 수 있는 방법을 명확히 한다.

는 조직도(또는 표)를 만들어라.

8.4 충원 계획

모든 직원 및 자원봉사자, 역할(직무명세), 희망 자격, 보상 및 채용 날짜(기업에 아직 없는 경우)를 나열한 조직도(또는 표)를 만들어라.

주: 7장 "운영 및 가치 사슬"의 끝부분에서 언급한 "필요한 역량을 갖춘 산출물 표(그림 7.8)"는 핵심 직원 및 자원봉사자 직책, 역할, 자격 및 보상 요구사항을 결정하기 위한 근거로 사용할 수 있다.

8.5 조직/인적 자원 SWOT

당신의(실제 또는 제안된) 조직을 위한 SWOT 표를 만들어라.

참고문헌 Background Resources

Dees, J. Gregory, Jed Emerson, and Peter Economy. *Strategic Tools for Social Entrepreneurs: Enhancing the Performance of Your Enterprising Nonprofit.* New York: John Wiley, 2002, chapters 4, 5, and 11.

DeThomas, Arthur, and Stephanie Derammelaere. *How to Write a Convincing Business Plan.* 3rd ed. New York: Barron's Educational Services, 2008, chapter 9.

Income Tax Department. "India Income Tax Act 1961." http://www.incometaxindia.gov.in/pages/acts/income-tax-act.aspx.

Prahalad, C. K. *The Fortune at the Bottom of the Pyramid: Eradicating Poverty through Profits.* Philadelphia: Wharton School Publishing, 2010, part 4.

Sahlman, William Andrews. *How to Write a Great Business Plan.* No. E70 90. Boston: Harvard Business School Press, 2008.

Schonig, M., A. Noble, A. Heinecke, A. Achleiter, and K. Meyer. *The Governance of Social Enterprises: Managing Your Organization for Success.* Schwab Foundation for Social Entrepreneurship, June 2012. http://www3.weforum.org/docs/WEF_Governance_Social_Enterprises_2106_light.pdf.

Young, Dennis R. "Social Enterprise in the United States: Alternate Identities and Forms." Prepared for the EMES Conference, The Social Enterprise: A Comparative Perspective, Trento, Italy, December 13–15, 2001. https://community-wealth.org/sites/clone.community-wealth.org/files/downloads/paper-young.pdf.

9장

사업 모델

가장 기본적으로, 비즈니스 모델은 벤처가 어떤 가치를 창출하는지뿐만 아니라 벤처가 어떻게 돈(수입)을 얻고, 그 가치를 창출하기 위해 돈(지출)을 어떻게 소비하는지를 정의하고, 벤처 생존력과 성장을 유지하기에 충분한 잉여를 포착해야 한다. 본질적으로, 사회적 기업의 비즈니스 모델은 변화 이론의 자금 조달을 설명한다. 비즈니스 모델은 가치 창출에 사용된 주요 프로세스의 효율성에 조직을 집중시키는 데 도움이 된다. 또한 비즈니스 모델은 비즈니스 운영을 유지하는 데 필요한 현금 또는 운영 자본을 관리하는 중요성에 의사결정의 초점을 맞추고 있다. 마지막으로, 비즈니스 모델은 조직을 위한 기금을 모으는 데 매우 중요하다.

기본 지식

조직의 변화 이론 및 전략은 비즈니스 모델에서 자원 요구사항 및 비용 요인으로 변환되어야 한다. 단위 경제(산출 또는 이익 단위와 관련된 수익 및 비용)를 이해하는 것은 비즈니스 모델의 실행 가능성의 기본이다. 재무 모델이, 가치 사슬 이곳저곳에 적절한 마진을 포함한 경우에만, 시장 채널이 수익 동인이 된다. 비용 증가를 초과하는 현금 흐름 및 매출 성장률은 확장성의 지표이다.

프로세스: 비즈니스 모델의 네 요소
Process: The Four Elements of a Business Model

이 장에서는 사회적기업을 위한 비즈니스 모델의 정의를 하머메쉬(R. G. Hamermesh)와 그의 동료들이 하버드 비즈니스 스쿨 보고서에서 처음으로 설명한 비즈니스 모델의 정의에 적용한다.[1]

적용된 정의는 다음 4가지 요소로 구성된다.

1. 가치 제안: 어떤 가치를 창출하는가? 누구를 위해?
2. 소득(가치) 요인: 가치 창출을 위해 어떻게 돈을 벌 수 있는가?
3. 경비(비용) 요인: 가치 창출을 위해 돈을 어떻게 소비하는가?
4. 중요 성공 요인: 가치를 창출하고 재정적으로 지속 가능한(흑자 현금 흐름) 비즈니스 모델에 필요한 주요 가정은 무엇인가?

가치 제안

가치 제안은 조직이 하는 일, 대상, 조직이 제공하는 가치에 대한 간단한 설명이다. 가치 제안은 목표고객/수혜자가 어떤 이유로 다른 대안보다는 조직의 제품이나 서비스를 사거나 사용하려고 선택할 것인지에 대해서 분명히 밝히고 있다. 소비자 교육이 필요한 서비스 부족 시장에서는 "비소비"가 대안이 될 수 있다. 가치 제안은 사명, 기회 및 주요 전략에서 도출되어야 한다(연습문제 4.1~4.3). 가치 제안에서 가치 창출, 수익 및 사명은 모두 상호연계된 것으로 간주된다.

사명 진술은 원하는 변화를 포괄적으로 설명하는 반면(예를 들어, 특정 시장에서 개인의 복지에 대한 예로써 "치료 가능한 실명을 없애라"), 가치 제안은 조직이 실제로 무엇을 누구에게 하는지, 그리고 왜 그것이 최선의 선택인지를 설명한다. 예를 들면 다음과 같다. "인도에서 훨씬 저렴한 비용(환자의 60%는 무료)으로 대안보다 부작용이 적은 저렴하고 안전한 백내장 수술을 제공한다." 유용한 가치 제안의 특징은 다음과 같다:

- 대상 수혜자와 공감: 수혜자는 이 메시지가 자신을 위한 메시지임을 인정한다(액면 타당성)
- 수혜자뿐만 아니라 직원, 투자자 및 기부자도 이해할 수 있다.
- 중요: 수혜자의 사회 문화 및 경제적 현실과 관련

- 믿을 만하다: 증거에 의해 뒷받침될 수 있음(개념 및 혜택 증명)
- 반복 가능한 프로세스와 수혜자의 효과적인 사용을 통해 조직에서 제공
- 차별화: "경쟁 업체"는 쉽게 같은 주장을 할 수 없다.
- 대안(비소비 포함)보다 나은 이유를 분명히 한다.
- 지속 가능한 이점: "경쟁사"는 빨리 따라잡을 수 없다.
- 25단어 미만

소득(수익) 요인

소득(수익) 요인은 가치 제안으로 수익을 창출한다. 이들 소득 요인은 제품, 라이선스 또는 서비스(근로 소득) 판매 또는 역량강화 보조금, 기부자 또는 보조금(기부 소득) 소득을 근거로 할 수 있다. 근로 소득은 벤처 운영과 직접 관련이 없는 기부금(보조금, 기부금 또는 제3자 "후원자")에 대한 벤처의 의존도를 감소시키기 때문에, 운영 또는 확장에 필요한, 적어도 자금의 일부가 근로 소득으로부터 나온다면 수익을 지속하기가 더 쉽다. BOP 문헌에서 빈곤을 완화하기 위해 시장 기반 해결책을 강조하는 것은 사회적 사명 기업이 근로 소득을 통해 경제적으로 생존할 수 있다고 가정하는 것이다.[2]

분명히, 당신의 벤처 근로 소득은 수혜자를 위한 제품 또는 서비스 생산의 부산물이어야 한다. 근로 소득이 벤처의 주요 목적에서 벗어나는 활동, 즉 추가적인 초점이탈 시작이 되어서는 안 된다. 어떤 경우에는 근로 소득이 직접 수혜자에게서 나오지 않을 수도 있다. 제3의 수혜자(예: 정부, NGO, 기업 또는 광고주)는, 효과적인 배송을 기준으로 제품 또는 서비스에 대해 비용을 지불하거나, 소외 계층에 도달하기 위해 새로운 시장 또는 채널을 개설함으로써 이익을 얻을 수 있기 때문에 비용을 지불할 수 있다. 예를 들어, 케냐 벤처 사파리콤(Safaricom)은 M-Pesa(모바일 뱅킹)의 경이적인 성장을 지원하는 데 필요한 셀 타워 인프라와 에이전트 기반 키오스크의 광범위한 네트워크에 자금을 지원했다, 왜냐하면 그렇게 함으로써, 더 많은 사람들이 네트워크에 가입하여 매년 사파리콤의 수익이 2억 달러 이상이 되었기 때문이다.[3] 마찬가지로, Esoko의 중개 비즈니스 모델에서, 수입은 공급업체 광고 및 유료 프로그램을 통해 창출되며, 이를 통해, Esoko는 소규모 소농가들에게 고품질 농업 투입물에 접근성, 시장 접근성 확대 및 농작물 가격 향상을 제공하는 가치 제안을 이행할 수 있다.

그림 9.1은 잠재적 소득 요인 목록을 보여준다. 사회적기업이 기부 소득과 근로 소득

그림 9.1 수입 요인(원천)의 예

기부 수입 요인

- 기부자는 제품/서비스 제공에 기금을 정기적으로 기부한다(예: 연례 기금 모금 또는 웹 기반 기부 요청).
- 제3자(일반적으로 대기업)가 판매, 이익 또는 마케팅 비용으로 기부하는 대의명분(cause-related) 기부
- 보조금은 일반적으로 기부금 수입으로 간주되거나 조직 역량을 구축하기 위한 일회성 "투자"로 간주되지만, 특정 산출물 및 오랜 파트너십과 연계된 경우, 보조금은 계약 제품 또는 서비스 수입으로 지속 가능한 수입원이 될 수 있다.
- 킥스타터(Kickstarter) 또는 기타 크라우드 펀딩 캠페인과 같은 소셜 미디어를 통한 수입

제품 또는 서비스 판매

- 제품 또는 서비스를 위한 직간접 또는 전자 판매 채널
- 직접 판매 채널은 추가 제품/서비스(예: 다중 제품 채널)를 통해 수입을 촉진할 수 있다.

제3자 수입 요인

- 간접 수혜자(시장 창출 또는 제품 또는 서비스의 영향으로 이익을 얻는 사람)는 수입을 제공한다(예: 지진 후 주택 재건을 위해 정부 기관 또는 NGO가 지불).
- 직접 수혜자에게 제공되는 콘텐츠 및 서비스에 대한 광고 플랫폼을 통해 시장 접근에 관심이 있는 제3자가 지불한다.

수수료 기반/라이선스 수입 요인

- 사용 또는 거래당 요금
- 지적 재산을 사용하기 위한 라이선스

가입 수입 동인

- 서비스 가입 비용
- 서비스 요금

수입 요인 지불 능력

- 지불 능력이 있는 사람들은 지불 능력이 없는 사람들을 위해 서비스 제공 지원
- 세분 시장에 따라 가격(또는 제품 및 서비스) 차별

프랜차이즈

- 다른 조직이 다른 시장이나 지역에서 당신의 서비스를 제공할 수 있도록 한다.
- 프랜차이징은 당신의 제품/서비스와 해당 마케팅 및 공급망을 사용하거나 복제하는 대가로 돈을 받는 것이다.

광고

- 기업 스폰서는 당신의 수혜자에게 자사의 제품 또는 서비스 광고에 대해 당신에게 비용을 지불한다.

네트워크 모델

- 공통의 목적으로 연합된 가치 공유 관련 그룹 또는 사회 운동 단체와의 동맹을 통해 이용 가능한 "현물" 및/또는 재정 자원

을 갖는 것은 매우 일반적이다. 이것은 "혼합형 소득 모델"이며, 이는 법적 의미에서 혼합형 조직과 다르다. 모든 형태의 사회적 사명 조직은 혼합형 소득 모델(근로 소득과 기부 소득)을 가질 수 있다. 예를 들어, 그라민 샥티는 근로 소득과 기부 소득이 모두 있는 영리 조직이다. 일반적으로 말해서, 운영 루틴과 프로세스가 공식화됨에 따라, 근로 소득 증가는 좀 더 예측 가능해질 수 있다. 조직의 성장과 함께 조직의 역량을 향상시키면 효율성이 향상된다.

비즈니스 모델의 각 소득 요인에 대해 소득원과 금액 추정 근거를 명시해야 한다. 기준단위는 기간(예를 들어, 매년-기부금)당, 혜택 단위(예: 제공되는 각 제품 또는 서비스에 대한)당, 사용(예: 라이선스)당 또는 거래당일 수 있다. 예를 들어, 백내장 수술로 인한 수입은 유료 수혜자(수입원)의 수와 교정 수술(기본)과 같은 혜택 단위에 대해 지불한 금액에 의해 결정된다.

마지막으로, 벤처는 정해진 기간 내에 특정 목표 수입을 달성하기 위해 소득 요인을 관리해야 하며(11장에서 논의할 예산으로부터), 추가 또는 제외 가능성에 대해 적어도 매년 소득 요인을 검토해야 한다.

비용(원가) 요인

주요 소득 요인과 더불어, 수입흐름 창출에 필요한 자금 조달비용, 판매비용 및 관리비용을 포함하여 주요한 비용(원가) 요인(가치 제안에 설명된 혜택을 창출하는 데 필요한 자금 사용)을 파악하는 것도 중요하다. 비용 요인은 주요 프로그램(예: 연습문제 4.3에서 찾아낸 전략) 또는 품목별 예산(예: 급여 및 복리후생, 임차료 및 공공요금)과 같은 유형 또는 둘 다의 형태로 분류할 수 있다. 예를 들어, 제품 개발, 마케팅, 영업 또는 수혜자 모집, 유통, 서비스 및 간접비와 같은 품목별 비용 요인들은 프로그램별로 분류할 수 있다.

소득 요인과 같이, 비용 요인은 원인(범주 또는 품목)과 기준(기간별, 단위당, 거래당 또는 사용당)을 가지고 있다. 비용 요인이 고정되어 있는지(생산량이나 시간에 따라 변하지 않음), 변동하는지(생산량이나 시간에 따라 변함), 반가변적인지(고정요소+변동요소) 또는 일회성(반복되지 않음)인지를 아는 것은 유용하다. 각 비용 요인에 대해 비용의 흐름(품목별 유형)(예: 직원의 급여)과 기준(각 직원급여의 합계)을 확인해야 한다.

비용 요인은 예산에서 지정된 목표 금액과 정해진 날짜로 관리해야 한다(11장 참조). 연간 1회 이상 절약할 수 있는 비용 계획을 검토하는 것이 유용하다.

핵심 성공 요인

핵심 성공 요인(CSF)은, 가치 제안을 안정적으로 제공하고, 재무 계획을 충족하며 수혜자 수의 특정 성장 목표를 달성하기 위해 필요한 가정, 역량 또는 운영역량이다. 예를 들어 수혜자들이 가정용 태양광 조명 시스템을 구입하려면 소액 금융을 사용할 수 있다는 확신이 필요할 수 있다. 목표 시장에 대한 가치 제안을 지원하는 비즈니스 모델의 성공은 변함없이 믿을 만한 핵심 성공 요인에 달려 있다. 핵심 성공 요인은 최고 경영진의 주요 관심사이며, 핵심 성공 요인을 변경하려면 비즈니스 모델의 요소를 조정하거나 수정할 필요가 있다.

단위 경제 Unit Economics

단위 경제는 특정 기간(예: 1년) 동안 단위당 소득–비용 비율을 포착한다. 재정적으로 지속 가능한 조직이 되려면 단위 경제는 1보다 커야 한다. 즉, 단위당 소득이 단위당 비용보다 커야 한다. "단위" 자체는 사명 진술에서 확인된 영향의 단위, 즉 성공의 기본 척도이어야 한다. 이 단위는 판매된 제품(예: 태양열 조명 시스템) 또는 고객/수혜자(예: 가구) 또는 사건(예: 수술)일 수 있다.

　단위 경제의 간단한 계산은 총수입에서 총비용을 빼서 총 단위수로 나누면 단위당 평균 이익(평균 단위 경제)이 도출된다. 또한 증분 단위당 한계수입에서 증분 단위당 한계비용을 뺀 값을 계산할 수도 있다(한계 단위 경제). 벤처는 공급망의 각 링크에서 유사한 계산을 수행하여 인센티브가 공급망의 각 조직의 성과를 거두어들이기에 충분한지 평가할 수 있다. 경제 이론에서 효과적으로 공급업체에게 인센티브를 제공하거나 유통 채널들 단계에 개입하면 벤처의 위험이 줄어든다. 아래에는 그라민 샥티로 시작하는 3가지 모범적인 비즈니스 모델 사례가 있다.

사회적 벤처에 대한 짤막한 정보: 그라민 샥티의 비즈니스 모델

가치 제안 및 주요 차별화 요소

그라민 샥티는 태양열 가정용 조명 시스템을 제공한다. 이 시스템은 등유나 양초보다 밝고 건강한 조명을 제공한다. 또한 등유보다 싸고 활동시간을 증가시킴으로써 가구소득을 증가시킨다. 다른 태양광 조명 공급업체와 달리 그라민 샥티는 개별 요구에 맞춘 다양한 제품과 초기비용을 위한 소액금융 서비스 및 애프터서비스를 제공한다.

주요 소득 요인 카테고리

1. 제품 판매
2. 소액 대출에 대한 이자(초기)
3. 서비스 계약

주요 비용 요인 카테고리

1. 판매된 제품 비용(제품 구매, 재고, 배송)
2. 영업 및 마케팅
3. 소액 대출
4. 서비스 비용
5. 감사
6. 교육

현금 흐름 계산

회사는 2000년 기준으로 현금 흐름 손익분기점을 보고했다. 2007년 현재 모든 지점의 현금 흐름이 플러스이지만, 지점의 플러스는 모든 회사 간접비용을 충당하지는 않았다. 2010년에 판매량 증가 및 서비스 계약 매출로 인해 태양광 조명 사업은 모든 간접비용을 포함하여 현금 흐름이 플러스였다.

핵심 성공 요인

1. 직원을 찾고 훈련하고 유지하는 능력
2. 지부 직원은 지역사회 일원으로 파견되고 받아들여진다.
3. 좋은 품질의 제품 지속
4. 보증 기간이 만료된 후(대출 상환 후) 서비스 계약 판매
5. 천재지변(비, 홍수)에 적응하는 능력

단위 경제

단위 = 지점의 수

계산: 운영 지속 가능성 비율 = 소득/지출 × 100*

*회사 간접비를 커버하려면 비율이 약 115%가 되어야 한다. 2007년 지점의 비율범위는 103.57~118.50%이며 평균 109%이다.

사회적 벤처에 대한 짤막한 정보: 산카라의 비즈니스 모델

Sankara Eye Care 비즈니스 모델에 대한 다음 분석은, Sankara Eye Care의 지원을 받은 산타클라라 대학 MBA 학생들 팀인 Danielle Medeiros, Cathryn Meyer, Visswapriya Prabakar의 연구를 근거로 한다. 2014 회계 연도의 산카라 170,690건의 수술 중 82%가 무료로 수행되었으며, 산카라는 0.91의 "지속 가능성 비율"을 달성했다(즉, 총비용의 91%가 근로 소득으로 충당되었다). 근로 소득과 기부금의 결합을 통해, 산카라의 혼합용 비즈니스 모델은 수술당 321.64루피의 잉여를 생성했다.

가치 제안 및 주요 차별화 요소

산카라는 인도에서 무료 안과 수술을 제공하는 선두 업체로, 구별되는 두 개의 시장에서 종합적인 안과 치료 서비스를 제공하는 전문 안과 치료 병원을 운영하고 있다: 농촌 빈민을 위한 무료 서비스와 도시 중산층을 위한 저렴한 고품질 안과 치료; 인도의 국영 병원과 달리 산카라는 고품질의 저렴한 안과 치료를 제공하여 환자의 존엄성을 염두에 두고 고객의 전반적인 복지를 향상시킨다.

주요 차별화 요소

1. 20/80 교차 보조금의 재무 모델: 산카라의 유료 고객 20%가 나머지 80%의 무료 고객에 대해 "지불"한다(참고: Aravind Eye Care Systems도 유사한 교차 보조금 모델을 운영하여 유료 고객 대 무료 고객의 비율이 40/60이다).
2. 치료의 질: 산카라는 무료 고객의 존엄성을 진심으로 소중히 생각하고 믿는다. 따라서 무료 고객에게 제공되는 서비스는 다른 업체에서 제공되는 서비스보다 품질이 좋다(예: 산카라는 바닥에 매트 대신 침대를 제공한다).
3. 신뢰할 수 있는 브랜드 가치: 산카라는 인도에서 선도적인 무료 안과 수술 공급 업체이다(140,804 대 Aravind의 85,935, 2013~2014 회계 연도 동안).

주요 소득 요인

"2014년 3월 31일 마감 연도의 연결 수입 및 지출 계정"을 근거로, 산카라의 주요 소득

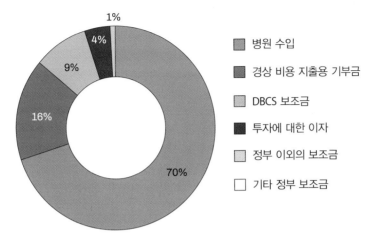

1%

- 병원 수입
- 경상 비용 지출용 기부금
- DBCS 보조금
- 투자에 대한 이자
- 정부 이외의 보조금
- 기타 정부 보조금

4%

9%

16%

70%

Source: Income statement and budget vs. actuals statement, Annual Report 2014.

그림 9.2 산카라의 주요 수입 동인

요인(그림 9.2)은 다음과 같다:

- 병원 수입:

  (의존율* = 69.3%)

  원천: 수입원 – 상담 및 치료비용
- 기부금:

  (의존율* = 15.6%)

  원천: 기부 원 — 개별 기부(기증자 수에 평균 기부 크기를 곱한 값)
- 지구 실명 관리 협회 보조금(District Blindness Control Society Grant):

  (의존율* = 9.5%)

  원천: 기부 원 — 경상 보조금

*의존율 = 단일 최대 소득/총소득의 유형. 산카라의 경우 근로 소득은 총수입의 69.3%이다.

산카라의 수입 요인은 그림 9.2에 요약되어 있다.

지역 실명 관리 협회(DBCS)의 경상 보조금은 총수입의 거의 10%를 차지한다. 그러나 고객 인터뷰에서 이 보조금과 관련하여 상당한 위험이 존재함을 알게 되었다. 본질적으로, 인도 정부의 환불 형태(검증되고 성공적인 모든 안과 수술을 위해 1,000루피를 제공함)인데, 산카라 측은 이를 위해 힘든 보고서 작성과 청구 노력을 해야 한다. 정부가 종종 다른 프로그램에 자금을 무작위로 재할당함으로써 산카라가 사용할 수 있는 보조금이 변동되어, 이것이 산카라 조직의 소득과 재정적 지속 가능성에 직접적인 영향을 미친다는 것 때문에 위험이 존재한다.

주요한 비용 요인

"2014년 3월 31일 마감 연도의 연결 수입 및 지출 계정"을 기준으로 산카라의 주요 비용 요인(그림 9.3)은 다음과 같다:

- 병원시설 비용(47.6%) — 직원 급여/임금 및 복지수당 포함
- 의약품 및 렌즈(20.5%)
- 병동 유지, 수리 및 유지 관리(9.8%)
  - ∞ 병동 유지(5.94%)
    - 수리 및 유지 보수(3.86%)
- 무료 환자를 위한 식사, 이송 및 캠프 비용(8.8%)
  - ∞ 식당 비용(3.11%)
    - 이송 비용(4.53%)
    - 캠프 비용(1.19%)
- 관리 비용 — 총지출의 5% 미만

산카라의 지속 가능성을 개선하고 기부금/보조금에 대한 의존도를 낮추는 데 도움이 될 수 있는 잠재적인 비용 절감은 안구 내 렌즈의 제조이다. 그러나 산카라는 주로 양질의 안과 치료, 교육 및 역량 강화에 중점을 두는 것을 선호하여, 렌즈 제조(고객 인터뷰 근거)를 피하기로 결정했다. 게다가 자체 제조에 의존하면 산카라가 인도의 여러 주로 확장할 유연성을 제약하게 된다. 대신 산카라는 공급업체와의 매우 경쟁력 있는 대금 계약을 유지하는데, 이는 대량 수요로 가능해졌다.

핵심 성공 요인

- 안과 치료 시스템, 재료 및 용품에 대한 저비용 절차
- 모든 의료진의 성공적인 훈련
- 80/20 모델 유지(무료 대 유료 고객)
- 캠프는 수혜자를 찾는 효과적인 방법이다(무료 진료를 위해)

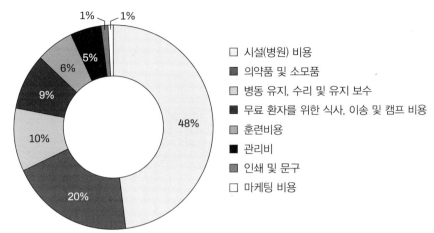

Source: Income statement and budget vs. actuals statement, Annual Report 2014.

그림 9.3 **산카라의 주요 지출 동인**

- 직원 교육, 프로세스 개선 및 새로운 기술에 잉여금 재투자
- 업무 환경/문화 및 경쟁력 있는 보상/혜택을 통해 직원 동기부여
- 자금 창출, 현장 검진 및 인식 제고를 위한 파트너십 활용

현금 흐름 분석

산카라의 현금 원천과 금액은 현재 사용량보다 많기 때문에 2013~2014 회계 연도 말에 165,490,601루피의 플러스 현금 흐름이 발생하였다. 주요 현금 유입원에는 운영, 기부금 및 대출금이며, 현금의 가장 큰 사용에는 급여, 복리 후생 및 기타 운영비용, 고정 자산(병원 및 기계), 유동 자산(의료 용품, 의약품 등), 그리고 투자가 있다. 산카라는 2020년까지 6개의 병원을 추가로 개설하려고 하므로(중요한 현금 유출원), 이러한 지출을 충당할 수 있는 속도로 수입원이 지속적으로 증가하도록 해야 한다. 각 병원을 오픈하는 데 드는 비용은 지리적 위치, 시설 규모 및 시장 조건에 따라 달라질 수 있지만, 모든 새로운 병원에 필요한 2가지 유형의 자금이 있다: (1) 토지, 인프라, 장비 및 교육을 포괄하는 자본 자금, (2) 각 시설의 지속적인 운영 및 유지 보수를 충당하는 경상 (recurring) 자금. 새로운 병원의 자금 조달원은 주로 Sankara Eye Foundation(미국 및 유럽)과 Mission for Vision Trust를 위시한 파트너를 통해 기부된다. 경상 자금은 주로 유료 환자를 통한 병원 수입에 의해 충당된다. 목표는 외부 기증자에 대한 의존도를 줄

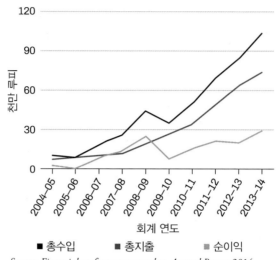

Source: Financial performance snapshot, Annual Report 2014.

그림 9.4 산카라의 수입과 지출의 10년 추세

이고 각 병원이 5년 안에 완전히 자급자족할 수 있도록 병원 수입을 늘리는 것이다.

산카라는 지난 10년간 수익성 있는 사업을 보고했다. 이에 대한 데이터를 우리는 가지고 있다(그림 9.4). 자선 신탁으로서의 법적 형태를 고려할 때, 이러한 이익은 사업 확장 및 성장을 위해 사업에 재투자된다.

- 환자로부터 근로 소득, 기부금 및 보조금으로 주로 구성되는 총수입은 지난 10년 동안 33.67%의 플러스 평균 성장률을 보였으며, 이들 연도들의 하나만(2005~2006 회계 연도)이 전년 대비 마이너스 수입 증가를 나타내었다.
- 주로 시설(병원) 요금과 의료 제품/의약품/렌즈로 구성되는 총비용은 같은 기간 동안 29.34%의 플러스 평균 성장률을 보였으며, 2011~2012 회계 연도 이후 비용 증가율이 꾸준히 감소했다.
- 산카라의 수입 증가율은 비용 증가율을 초과하여 수익성 있는 운영으로 이어진다. 이 재무구조를 최적화하는 것은 산카라의 확장 능력에 매우 중요하다. 수입 대비 지출의 평균 성장률에서 상대적으로 작은 차이를 감안할 때(33.67% 대 29.34%), 산카라는 성장 열망이 있는 상황에서 수익성 있는 운영을 유지하기 위해 수입을 늘리고 비용을 절감할 수 있는 방법을 계속 모색해야 할 것이다.

또한 산카라는 현재 플러스로 운영되고 있지만, 궁극적 목표는 (기부금에 의존하지 않고) 근로 소득에만 의존하여 완전히 지속 가능하게 하는 것이다. 산카라의 시설 전체는 현재 91%의 지속 가능성을 지니고 있다. 즉, 유료 환자를 통한 병원 수입 증가로 100%의 지속 가능성에 도달하기 위한 추가 작업이 필요하다. 지난 10년 동안 병원 수입의 연평균 성장률은 34.9%이었지만, 이 비율은 2011년 이후 감소하고 있다. 이것은 우려스러운 것이다; 병원을 통한 수입이 비례적으로 증가하지 않으면, 산카라는 2020년까지 운영을 유지하고 20개 병원으로 확장할 희망이 없을 것이다.

비율 분석

운전 자본 = 유동 자산 − 유동 부채:

286,937,220 = Rs 513,704,942 − 226,767,722

유동 비율 = 유동 자산/유동 부채: 2.26 = Rs 513,704,942/226,767,722

이 비율은 단기(1년) 재무 건전성이 우수함을 나타낸다.

단위 경제

수술에서의 수입이 주요 수입원이 되기 때문에 "눈 수술"을 기본 단위로 사용한다(총수입의 70%). 산카라는 80/20 모델로 인해 독특한 단위 경제를 지니고 있다: 무료 고객 (전체 수술량의 80%)에 대한 치료는 유료 고객(총수술량의 20%)이 지불한다. 산카라는 이 모델(유료 고객은 무료 고객의 비용을 충당해야 한다)로 인해 단위당 높은 한계수입을 가져야 한다.

아래의 모든 데이터는 2013~2014년의 데이터이다.

단위 = 1 안과 수술:

- 수행된 무료 수술 수: 140,804
- 수행한 유료 수술 수: 29,886
- 총 수술 횟수: 170,690 단위

단위당 평균 수입, 비용, 흑자(적자):

- 수입(병원): 6억 6,770만 루피(Rs)

  단위당 수입 = 667.7백만 Rs/170,690 = 3911.77 Rs

- 비용: 736.6백만 Rs

  단위당 비용 = 736.6/170,690 = 4315.42 Rs

- 단위당 적자 = 3911.77 − 4315.42 = (403.65) Rs

- 단위 경제 = 수입/지출 = 3911.77/4315.42 = .91

현재 산카라는 병원수입으로 91% 지속 가능하다. 산카라는 100% 지속 가능해지는 데 중점을 두고 있기 때문에, 우리는 이 분석에 기부금을 포함시키지 않기로 했다. 반면 에 이 분석에 운영 기부금을 포함시키면, 산카라는 단위당 흑자로 운영되고 있다.

- 기부금(운영만 해당): 123.8백만 Rs

  단위당 기부 수익 = 123.8백만 Rs/170,690 = 725.29 Rs

  단위당 흑자 = (403.65) + 725.29 Rs = 321.64 Rs

사회적 벤처에 대한 짤막한 정보: GSBI 혁신자 키바(Kiva)

키바는 국제 비영리 단체인데, 공동설립자 매트 플래너리(Matt Flannery)가 GSBI에 참 석하기 1년 전인 2005년에 설립되었다. 스와힐리어로 키바는 "통일"을 의미한다. 이 플 랫폼은 대출자의 자금 조달을 통해 자신과 가족 및 지역사회를 위해 더 나은 삶을 만 들고자 하는 저소득층 사람들을 연결한다. 키바의 플랫폼 기술과 MFI(소액금융기관) 파트너 인프라를 활용할 수 있는 능력을 통해 규모의 경제를 달성할 수 있다. 키바는 GSBI에 참석한 후 170만 명의 대출자로부터 11억 2,000만 달러의 대출금을 96.9%의 상환율로 280만 명의 차용인에게 제공하고 있다.

키바는 GSBI의 (아마도 세계에서) 최초의 온라인 "크라우드 대여(crowd-lending)" 플랫폼이자 대출자의 기여금을 주요 수입원으로 사용한 최초의 GSBI 벤처였다.

사명, 기회 및 전략

사명	빈곤 퇴치에 도움이 되도록 개발도상국의 소규모 기업가와 대출자(미 국)를 연결
주요 측정 기준	대출 수($ 값)
기회	MFI 시장의 80%가 서비스를 제공받지 못하고 있다. 5억 명이 넘는 사람들이 MFI 대출이 필요하지만 단지 1억 명만 서비스를 받고 있다.
전략	(1) 소규모 기업가가 대출자에 자금을 요청할 수 있는 온라인 플랫폼

개발(미국에서)

(2) 기업가에게 대출을 제공하고 대출자에게 상환하는 개발도상국의 MFI 파트너 네트워크 개발

(3) 온라인 플랫폼을 사용하여 대출자에게 결과 보고

(4) 대출 기관의 상환금 사용을 통한 신규 대출

(5) 키바를 유지하기 위해 대출기관에게 수수료를 지불하도록 요청

외부 환경

미국의 많은 잠재적 대출기관은 개발도상국 기업가들에게 소액 대출($25~$100)을 기꺼이 한다. 현재 MFI가 제공할 수 있는 것보다 더 많은 기업가들이 대출을 원한다. 현재 MFI는 돈을 모으고 자격을 갖춘 수령인을 찾는 능력이 제한적이다. 인터넷은 미국 가정에서 널리 이용 가능하고 개발도상국에서(센터를 통해) 광범위하게 접근 가능하다.

시장

직접 수혜자: 소액 대출이 필요한 개발도상국의 5억 명; 간접 수혜자: 소액 대출을 할 의사가 있는 인터넷에 접속할 수 있는 수백만 명의 미국 시민; 대출금에 접근할 필요가 있는 수천 개의 MFI; 관련 수혜자: 기업가 및 대출자(기관)의 가족, 개발도상국의 경제; 경쟁: 2006년에는 없음; 미래의 경쟁 우위: 선도진입자, 낮은 대출비용; 시장계획은 미디어 보도(Businessweek, BBC, Wall Street Journal, Oprah Winfrey Show)로부터 주요 홍보 지원을 받았다.

운영 및 가치 사슬

주요 프로세스는 (1) 사용하기 쉬운 온라인 대출 플랫폼 개발 및 유지 관리, (2) 개발도상국의 기업가 모집, (3) 미국의 대출자 모집, (4) 개발도상국의 MFI 파트너 네트워크 개발, (5) 대출자에게 피드백과 상환 제공이다.

파트너: 개발도상국의 MFI; 미국의 백오피스 서비스; 대출 및 상환을 위한 PayPal; 스타벅스; 대출자를 모집하기 위해 처음에는 MySpace, 나중에는 Google.

조직 및 인적 자원

키바는 미국 비영리 단체(501(c)(3)) 회사이다.

이사회: 4

4개의 자문위원회: 소액금융, 웹사이트, 법률, 재무

미국 본사의 CEO 및 7명의 직원

아웃소싱: 법률, 재무, 현장 감사. 2006년 30개의 MFI 파트너.

사업 모델 및 단위 경제

주요 수입원: 2%의 대출 수수료 요청(수입의 50%), 1~2%의 MFI 파트너 수수료(수입의 30%) 및 부동증권에 대한 2% 이자(수입의 20%).

주요 비용 요인: 직원(80%), 운영(20%).

핵심 성공 요인: (1) 대출자(기관)가 자발적으로 수수료를 지불할 의사가 있다, (2) 지역 MFI 파트너 조직은 대출 분배에 정직하다, (3) 지역 차용자들이 대출금을 상환하고, (4) 대출자(기관)의 열정(대출금액, 재대출률), (5) 유리한 규제 상태.

단위 경제학: 단위 = 대출된 달러; 대출 1달러당 비용 = $0.05.

계량적 분석

(1) 대출 금액, (2) 대출 상환율, (3) 대출 고객 유지율, (4) 수익 및 수익성, (5) 대출 전환 및 반복 대출 비율.

운영 계획

키바의 첫해 운영 계획은 모든 MFI 파트너를 방문/감사해야 하기 때문에 계획보다 훨씬 많은 비용이 발생했다.

자금 조달

보조금.

요약 To Recap

사명이 사회적 벤처의 포부정신이라면, 사업 계획은 여러 가지 면에서 사명을 실현하는 데 필요한 실질적인 단계를 요약한다. 즉 사업 계획은 사명, 가치 제안, 가치 창출 및 수익이 모두 조화를 이루는 곳이다. 4가지 주요 질문에 대한 답변은 사업 계획에 크게 영향을 준다. 누구를 위해 어떤 가치를 창출하는가? 가치를 창출하기 위해 돈을 어떻게 얻는가? 가치를 창출하기 위해 어떻게 돈을 지출하는가? 그리고 비즈니스 모델이 가치를 창출하고 재정적으로 지속 가능하도록 어떤 주요 가정을 검증해야 하는가? 최소 중요 세목 체크리스트에는 이 요소에 포함할 가장 중요한 항목이 요약되어 있다. 다음 장에서는 계량적 분석과 책임에 대해 살펴본다.

연습문제 Exercises

9.1 가치 제안을 작성하고 가치 제안에 대한 검증 증거를 제공하라(특히 조직이 이 가치 제안을 제공한 경험에 근거한 증거).

가치 제안을 작성하는 가장 쉬운 방법은 아래 두 문장 형식을 따르는 것이다.

[조직 이름]은 [핵심 차별화 요소 설명]의 [제품/서비스]를 [대상 수혜자]에게 제공하여, [경쟁사]와 달리 [사회적 가치/영향 설명]을 창출한다. 지난 [xx]년 동안, 우리는 [xxxx] 수혜자들을 도와, [대안]과 비교하여 각각의 이익의 [목록]을 생성한다.

그러나 가치 제안과 증거진술이 간결하고(100단어 내외의 조합), 창출하는 가치와 제공 대상 및 대안보다 어떻게 나은지를 설명하는 정보를 담고 있는 한, 원하는 문장 구조를 사용할 수 있다.

최소 중요 세목 체크리스트

사업 모델

- 강력한 차별화 요소와 지불 이유를 갖춘 신뢰할 수 있는 가치 제안을 정의한다.
- 확장성을 강화하기 위해 수입 동인과 잠재적인 미래 수익흐름을 구체적으로 명시한다.
- 미래의 비용 절감 수단 가능성이 있는 것으로 비용 요인을 구체적으로 명시한다.
- 비용 증가율보다 더 큰 수입 증가율과 플러스 현금 흐름으로 가는 경로를 나타내는 믿을 만한 재무 데이터를 제공한다.
- 단위 경제(가능한 경우, 공급망의 각 링크에 대한 단위 경제)를 명확히 한다.

9.2 조직의 주요 수입원을 확인하라.

계획된 각 수입 요인에 대한 주요 원천 및 기준(예: 수술당 _____평균 수입으로 _____ 유료 수술)을 나열하라. 이들로부터 총수입(달러 또는 기타 통화)과 각 수입 요인의 총수입 비율 및/또는 금액을 보여주는 "인과관계도표(fishbone diagram)"를 작성하라.

9.3 이 수입을 얻기 위해 필요한 주요 지출(비용) 요인을 파악하라.

주요 비용 요인에 대한 카테고리 및 기준(예: 수술당 _____ 비용 × _____ 수술)을 나열하라. 이 목록을 사용하여 총비용(달러 또는 기타 통화)과 각 카테고리의 비율 또는 금액을 보여주는 "인과관계도표"를 작성하라.

9.4 수입 및 지출 요인에 영향을 미칠 중요한 성공 요인(또는 주요 가정)을 나열하라.

3~7개의 성공 요인을 나열하고, 각각에 대해서, 수입 요인 및 지출 요인, 그에 따른 현금 흐름에 대한 잠재적 영향 때문에 모니터링해야 할 외부 환경의 결과, 조치, 내부 계획 또는 조건을 파악하라. 이들은 관리하거나 최소한 지속적으로 추적해야 할 성공 요인 조건들이다.

9.5 단위 경제 분석을 하라.

단위를 선택한 다음 단위당 평균 또는 한계 수입과 비용을 계산하라.

참고문헌 Background Resources

Dees, J. Gregory, Jed Emerson, and Peter Economy. *Strategic Tools for Social Entrepreneurs: Enhancing the Performance of Your Enterprising Nonprofit*. New York: John Wiley, 2002, chapters 6 and 9.

DeThomas, Arthur, and Stephanie Derammelaere. *How to Write a Convincing Business Plan*. 3rd ed. New York: Barron's Educational Services, 2008, chapters 3, 10, and 11.

Hamermesh, Richard G., Paul W. Marshall, and Taz Pirohamed. "Note on Business Model Analysis for the Entrepreneur." Harvard Business School Report 9-802-048, January 22, 2002.

London, Ted, and Stuart L. Hart. *Next Generation Business Strategies for the Base of the Pyramid—New Approaches for Building Mutual Value*. Upper Saddle River, NJ: FT Press, 2011.

MacMillan, Ian C., and James D. Thompson. *The Social Entrepreneur's Playbook—Pressure Test, Plan, Launch, and Scale Your Enterprise*. Philadelphia: Wharton Digital Press, 2013.

10장

계량적 분석 및 책임

사회적기업가에게는 기업에 대한 계량적 분석을 유지해야 하는 2가지 주요 이유가 있다. 첫 번째는 비즈니스 관리를 돕는 것이다: 사명 달성의 진척도를 측정하고 운영(가치 사슬) 및 조직의 효율성과 효과를 평가하고 비즈니스 모델이 계획대로 작동하는지 검증한다. 두 번째 이유는 자금 조달과 관련이 있다. 귀사에 자금을 제공하는 개인 또는 조직은 자금이 어떤 수익/영향을 제공하는지 알고 싶어 할 것이다. 일부 국가에서는 사회적기업에도 감사 및 규제 요구사항을 준수하기 위한 계량적 분석이 필요할 것이다.

이 장에서는 그림 10.1에 표시된 틀(선형 모델)을 기반으로 4가지 범주의 계량적 분석을 사용하여 계량적 분석 대시보드를 만든다.

- 재무 및 조직 자원을 포착하는 자원/입력 계량적 분석
- 원하는 결과를 이끌어내는 활동 또는 주요 프로세스를 포착하는 변환 계량적 분석
- 활동 또는 주요 프로세스의 결과를 포착하는 결과 계량적 분석
- 성과로 인한 의도된 사회적 변화를 포착하는 영향 계량적 분석

대시보드를 개발하는 데 벤처의 관리팀과 직원을 참여시키면, 진행 중인 운영의 진척도, 효율성 및 효과를 평가하는 계량적 분석 사용에 더 열중하게 되어 책임에 기여할 수 있다. 자금원 자체가 계량적 분석을 만드는 데 관여하는 경우, 결과 또는 영향 계량적 분석은 "사회적 투자 수익률"을 측정하는 데 합의될 수도 있다.

프로세스 Process

그림 10.1의 계량적 분석에 대한 선형 묘사는 성과 또는 결과의 운영 측정과 변화이론, 즉 촉진하려는 **사회 변화** 간의 관계를 보여준다. 직원의 경우, 이러한 변화는 지속적인 학습을 촉진하고 공유 목적으로 개인의 정체성을 키울 수 있는 운영의 우수성 측정으로 확장된다. 지속적인 개선을 위한 유용한 계량적 분석과 기업가 적응능력은 일련의 공통된 특징을 공유한다. 이러한 종류의 계량적 분석은

- 당신의 사명, 전략 및 주요 프로세스에 직접 연결될 수 있다.
- 정량하기 쉽다(또는 사실상 질적인 경우 명시).
- 수집하기 쉽고 관리 부담이 크지 않다.
- 벤치마킹을 위해 특정 기간과 관련될 수 있다.
- (직원 및 기타 이해관계자에 의해) 합의된다.

대시보드를 위해 계량적 분석을 선택할 때는 그림 10.1에 표시된 각 요소를 고려해야 한다.

> **기본 지식**
>
> 사회적 벤처는 전통적인 비즈니스처럼 운영되는 학습조직이어야 한다. 사회적 비즈니스를 위한 균형성과표는 아래에 대한 계량적 분석을 포함한다.
>
> - 재정 자원
> - 조직 자원
> - 주요 프로세스 또는 활동
> - 결과 또는 영향
>
> 효과적인 운영 루틴은 이러한 계량적 분석을 사용하여 제한적이고 우발적인 환경에서 지속적인 개선 및 적응력을 제공한다.

그림 10.1 **계량적 분석 대시보드 생성**

재무 자원 계량적 분석

재무 자원은 투자 자본과 지속적인 운영으로 생성된 재무 자원이 포함된다. 후자는 손익계산서 및 대차대조표에서 얻는다. 여기에는 일반적으로 수입, 운영 및 자본 비용 및 현금 잔고가 포함되지만, 자산(재고, 외상매출금 또는 외상매입금), 매출 총이익 및 부채를 포함한다. 때때로 비율(예: 유동비율 – 유동자산 대 유동부채 비율)이 사용되지만 이는 사회적기업보다 이익 극대화 기업에서 더 일반적이다.

조직 자원 계량적 분석

조직 자원 계량적 분석은 조직의 사명 수행과 관련된 인적 자원을 측정하려는 것이다. 직원 및 자원봉사자의 수 및 자격, 채워지지 않은 직책 수(특히 리더십팀 또는 기타 핵심적인 직책) 및 직원 및 자원봉사 이직률은 일반적인 조직 자원 계량적 분석이다. 파트너가 조직의 목표를 달성하는 데 중요한 경우, 계량적 분석에는 종종 파트너의 수와 성과 측정 또는 파트너의 우수성 측정이 포함된다. 조직 계량적 분석은 일반적으로 경영진(또는 큰 조직의 인사부서)이 수집하고 모니터링한다.

변환(활동/프로세스) 계량적 분석

변환 계량적 분석을 사용하여 가치 사슬 전체의 운영 루틴 효율성 및 효과를 평가할 수 있다. 활동 계량적 분석은 수혜자 수 또는 제공된 서비스 시간, 특정 목표를 달성하기 위한 목표 날짜와 같은 이정표, 생산성(단위 시간이나 비용당 산출물), 그리고 품질이 포함된다. 계량적 분석이 실제 결과와 목표 또는 벤치마크(예: 기준선, 이전 기간 또는 대안)를 비교할 수 있도록 하는 것이 유용하다. 이상적으로, 운영 계량적 분석의 수집 및 사용은 진행 중인 운영에 통합되어야 하며, 핵심 프로세스를 개선하기 위한 기초가 되어야 한다.

결과 계량적 분석

결과 계량적 분석은 가장 기본적으로 결과를 측정한다. 보다 구체적으로, 특정 활동이나 프로세스가 특정 자원을 특정 산출물 및 목표고객에게 이익이 되는 결과로 변환되는 정도를 측정한다. 시스템 용어로, 작업을 구성하는 각 활동 또는 프로세스를 품질 또는 생산성에 대한 표준 또는 특정 목표를 가진 "단위 작업(unit operations)"으로 생각할 수 있다. 아울러 이러한 "단위 작업"은 목표 시장에 서비스를 제공하는 사람들에게 이익을 주는(그림 10.1 참조) 산출물을 생산하도록 의도적으로 설계된 더 큰 변환 프로세스를 형성한다.

산출물의 수와 품질은 일반적인 결과 계량적 분석이다. 어떤 경우에, 이러한 계량적 분석은 사회적 이익 결과(예를 들어, 설치된 태양열 주택 시스템의 수, 성공적인 시력 회복 수술의 수)를 대신 나타낼 수 있다. 특정 프로세스에 대한 변환 계량적 분석(예: 마케팅, 판매 또는 서비스와 관련된 시간 또는 비용, 적격 판매율)도 사용할 수 있다. 이러한 계량적 분석 중 일부는 운영 결과로 나타날 수 있지만, 다른 계량적 분석은 수혜자 설문조사를 통해 수집해야 할 수도 있다. 설문조사 질문은 수혜자나 고객에게 강요되지 않고, 질문이 답변을 편향시키지 않도록 신중하게 설계되어야 한다(예: "1~5 점 등급으로, 우리의 서비스는 어떻습니까?" 대 "당신은 아는 사람에게 우리의 서비스를 추천할 가능성이 얼마나 있습니까?"). 사용자 설문조사에서는 쉽게 해석할 수 있는 5점 등급과 같은 작은 범위를 선택하는 것이 가장 좋다. Acumen의 Lean Data Impact Measurement는 결과 계량적 분석을 수집하는 데 잠재적으로 유용한 접근법이기도 하다.[1] 다양한 설문조사 방법론을 사용할 수 있는 Lean Data 접근 방식은 고객 중심 계량적 분석에 대한 효율적인 데이터 수집이 가능하도록 설계되었다.

영향(및 투자 수익) 계량적 분석

영향 계량적 분석은 기업의 성과로 인한 경제적 또는 사회적 복지의 변화를 측정한다. 이들 계량적 분석은 시간을 두고 수집해야 하기 때문에 수집하기가 가장 어렵다(예: 건강 또는 소득의 변화). "시스템 변화"가 사회적기업 사명의 가장 중요한 목표일 수 있지만, 기업의 성과가 어떤 특정한 영향을 미쳤는지 판단하기가 어려운 경우가 많다(예: 저렴한 컴퓨터 보조 수업을 사용하면 학습이 향상되는가?). 영향 계량적 분석은 "전후" 비교 또는 통제그룹과 비교가 필요할 수도 있다. 새로운 질병 치료의 영향을 평가할 때 식품의약국(Food and Drug Administration)이 사용하는 것과 유사한 방식을 따르는 무작위 대조 시험은 영향을 평가하기 위한 최적 표준으로 간주된다. 그러나 이러한 시험은 적절한 대조그룹을 찾기가 어렵기 때문에 종종 비용이 많이 들거나 비현실적이다. 따라서 이 장에서 만든 대시보드의 경우, 가장 좋은 영향 계량은 정말로 성공적인 결과일 수도 있다(예: 교육받은 실직자가 구직). "성공적인 결과"는 4장에서 사명을 위해 만든 단일 계량일 가능성이 큼을 주목하라.

사회적 투자 수익률(SROI: Social Return on Investment) 측정은, 일반적으로 투자와 직접적으로 연결될 수 있는 방식으로 영향을 측정해야 하기 때문에, 복잡하다(SROI 방법론에 대한 자세한 설명은 Scholten 등의 논문을 참조하라).[2] 따라서 SROI 계량적 분석은, 지속적인 운영의 일환으로서 쉽게 수집할 수 있는 측정과 달리, 특별하고 종종 비용이 많이 드는 연구가 필요한 경향이 있다. 대시보드의 경우, 성공적인 결과당 비용은 사용할 수 있는 간단한 투자 수익률이다. 주어진 기간 동안 계산하려면, 성공적인 결과를 얻는 데 필요한 총자본 및 운영비용을 성공적인 결과 수로 나눈다. 다음의 사회적 벤처에 대한 짤막한 정보에서는 이를 SROI Lite라고 한다.

SROI Lite = 총투자/성공한 결과 수 = 성공한 결과당 비용

사회적 벤처에 대한 짤막한 정보 Social Venture Snapshots

조직이 성장 또는 변화하면 계량적 분석도 변경될 수 있다. 다음 짤막한 정보는 이 장의 계량적 분석 지침이 세 조직에 적용되는 방법을 보여준다. 각 사례는 서로 다른 척도 집합을 사용하지만, 그림 10.1에 정의된 균형성과표 범주를 사용하여 계량적 분석을 분류하여 계량적 분석 성과 기록표를 만들 수 있다.

사회적 벤처에 대한 짤막한 정보: 그라민 샥티의 계량적 분석 대시보드

재무 자원

1. 수입
2. 지출
3. 지사 운영 지속성 비율
4. 자본 투자(총 및 지점당)
5. 손익분기 매출액

조직 자원

6. 지사 수
7. 직원 수(전체, 직종별, 사무실 및 본사별, 성별)

8. 훈련된 기술자 수

9. 보유(유지)

프로세스/활동

10. 서비스 마을 수

11. 고객 수 및 훈련된 고객 수

12. 시스템 소유자 수

13. 유지 보수 계약 수

14. 녹색 일자리 창출

결과/영향

15. 태양광 설치 수

16. 영향을 받은 사람들의 수

17. 하루당 설치된 전력 용량 및 에너지 생성

18. 고객 수입 증가

19. 이산화탄소 감소

대안 1 영향: SROI Lite(설치된 태양광 시스템 수를 기반으로 함)

- 성공적인 결과: 태양광 시스템 설치 수(2005년까지 539,000개)
- 투자 측정: 총자본 투자, 약 500만 달러(2005년까지 추정, 그림 12.3 참조)
- 설치된 시스템당 투자 = 500만 달러/539,000 = 시스템당 9.27달러

총투자 자본(500만 달러)을 설치한 539,000개 시스템으로 나누면 설치된 시스템당 투자 수익을 얻을 수 있다(대체 SROI Lite는 설치된 단위당 비용과 수익의 차이(단위당 수익 및/또는 보조금 측정)이다).

대안 2 영향: SROI Lite(2010년 수혜자 수 기준)

- 성공적인 결과: 태양광 조명을 사용하는 수혜자
- 투자 측정: 총투자 자본 = 약 500만 달러(추정)
- SROI Lite = 500만 달러/3.5백만 명 = 수혜자당 1.43달러 투자

사회적 벤처에 대한 짤막한 정보: 산카라의 계량적 분석 대시보드

그라민 샥티와 마찬가지로 산카라의 계량적 분석 대시보드는 중요한 재무 및 인적 투입을 모니터링하고, 이러한 투입을 원하는 결과로 변환하는 내부 프로세스의 효율성을 모니터링하기 위한, 일련의 운영 조치를 나타낸다. 대시보드는 성과 관리 및 개선을 위한 실용적인 도구로 볼 수 있다. 지속 가능성 퍼센트 또는 비율은 산카라가 근로 소득에 의해 지속 가능한 정도의 척도이며, 산카라 비즈니스 모델의 성공은 대량 수술을 유지하기 위한 프로세스에 따라 크게 좌우된다(아래의 5가지 프로세스 계량적 분석 참조).

재무 자원 계량적 분석

1. 연간 근로 소득(병원 수입을 통한) 및 연간 성장률

   회사 전체 및 병원당

2. 연간 기부 소득

   Sankara Eye Foundation

   회사 전체 및 병원당 District Blindness Control Society 및 인도 정부로부터 경상 보조금

3. 연간 비용 및 전년 대비 증가율

   기능, 관련 프로그램(Gift of Vision, Rainbow, Eye Bank)

   회사 전체 및 병원당

4. 지속 가능성 %(비용 대비 수입 비율)

5. 월 예산과 실제 비용의 비교; 전년 대비 비교

조직 자원(물리적 및 인적 자산)

6. 병원 수(도시 및 농촌)

7. 직원 수급계획에 대한 직원 수(의사, 검안사, 현장 직원)

8. 직원 대 환자 비율(치료 품질과 직접 연계)

9. 직원 만족도 조사(감독에게 주기적인 피드백, 산카라를 떠날 경우 퇴사 인터뷰)

10. Academy of Vision의 졸업률

11. 직원의 남녀 비율(남성 41%, 여성 59%)

12. 직원 이직률

변환(프로세스) 계량적 분석

13. 80/20을 유지하기 위한 연간 수술 횟수(유료 대 무료)

14. 캠프 수 및 캠프당 생산성(즉, 특정 지역/월/년에 선별된 환자)

15. 캠프당 생산량(지원 수술 사례)

16. 의료절차당 시간

17. 환자 대기 시간

결과 계량적 분석

18. 성공적인 시력 회복 수술의 수

19. 전반적인 고객 경험(설문조사를 통해)

20. 수술당 비용(한 번의 유료 수술로 인한 잉여금은 4번의 무료 수술이 가능함)

21. 인도 전역에서 접근한 마을/주 수

22. 검안받은 학교 수

23. 수술 후 회복 시간

24. 수술 후 만족도(내부 및 제3자 평가)

    a. 유료 환자 – 수술 후 1개월 동안 상태를 관찰해야 하는 환자의 책임(이유: 도시 인구, 높은 인식)

    b. 무료 환자 – 산카라는 수술 후 1개월 동안 환자를 추적해야 할 책임이 있다(이유: 농촌 인구, 낮은 인식, 제한된 자원).

    c. 수술 후 6개월 — 미션 비전(Mission for Vision)은 수술 결과를 확인하기 위해 수술을 받은 환자 목록에서 무작위로 환자를 선택한다. 삶의 질 지표로 구성된 설문지를 이 목적으로 사용한다.[3]

영향 계량적 분석

25. 가구 소득의 향상

26. 직장에서의 생산성 향상(작업 시간이 줄어듦)

27. 농촌 여성의 권한 강화(준의료 활동 종사자의 74%가 여성)

사회적 벤처에 대한 짤막한 정보: GSBI 혁신자 Vision Spring (이전의 Scojo)

2006년 GSBI에 참석했을 때 Vision Spring은 스코조(Scojo)로 알려졌으며 인도와 남 아메리카에서 저렴한 독서용(돋보기) 안경 및 기타 안과용 제품을 제공하는 사명을 이 행한 지 5년째였다. 저비용, 마지막 접점 유통을 위한 혁신적인 접근 방식 외에도, 스코 조는 GSBI 커리큘럼에 계량적 분석을 포함시키는 초기 지지자였다. 스코조는 GSBI의 사회적 벤처에 대해 균형성과표 계량적 분석 사용의 선구자였으며, 직원 및 파트너 이 직률 계량적 분석을 처음으로 사용했다. 이러한 각 계량적 분석을 통해 스코조는 2가지 주요 비즈니스 모델 성공 요인, 즉 직접 판매 채널을 위해 채용하고 훈련한 소기업가를 유지하는 능력과 도매 유통업체 수를 유지 및 증가시키는 능력을 면밀히 모니터링할 수 있었다. 2017년에, 이 비즈니스 모델은 Vision Entrepreneurs의 '대도시 거점 방식' 직 판 네트워크에서 B2B 모델로 발전하여, 판매량의 95% 이상이 파트너 조직 또는 도매 유통과 400개 이상의 유통업체 파트너를 통해 발생한다. 파트너 중 BRAC는 독서용 안 경 판매를 위해 3만 3,000명의 지역 사회 보건 요원을 교육했다. 다음 데이터는 2006년 데이터이며 추정 또는 예측 재무를 포함한다.

사명, 기회 및 전략

사명	Vision Spring의 원래 사명 진술은 가난한 사람들이 저렴한 독서용 안 경과 인도(및 결국 철수한 남미 지역)의 안과 진료 제품을 이용할 수 있도록 하는 것이었다.
기회	시력이 좋지 않아(예: 노안) 인도에 있는 수백만의 사람들이 일할 수 없다. 해결해야 할 주요 문제는 저렴한 독서용 안경을 이용할 수 있도록 하는 것이었다.
전략	(1) 저가의 독서용 안경 제조업체와 파트너십 만들기 (2) 인도에 있는 마을에 독서용 안경을 제공하기 위한 소액 판매점 유통채널 개발 (3) "표준화된" 솔루션 키트로 채널이 성공할 수 있도록 역량 강화

외부 환경

개발도상국의 농촌 지역에서 시력이 좋지 않은 사람들은 원인을 알지 못하며(노안), 시력을 향상시킬 수 있는 저렴한 독서용 안경을 이용할 수 없다. 저가의 독서용 안경 제조 업체가 있으며, 예비 고객은 최대 3달러를 지불할 수 있지만, 농촌 지역에는 유통 경로가 없다.

시장

직접 수혜자: 농촌 지역에서 10억 명 이상(인도에서 2억 명 이상)이 일할 수 있으려면 독서용 안경을 이용해야 한다.

간접 수혜자: 가족 및 지역 고용주

관련 수혜자: 농촌 경제

경쟁사: 자선 단체가 아닌 소매점

경쟁 우위: 저렴한 제품, 유통 채널

운영 및 가치 사슬

주요 프로세스는 (1) 제조 파트너 선택 및 관리, (2) 유통을 위한 소액 판매점 파트너, (3) 채널 파트너에게 "표준화된 비즈니스 모델" 제공, (4) 파트너와의 "대도시 거점 방식" 유통 시스템 설정이다.

조직 및 인적 자원

Vision Spring은 전 세계적으로 운영되는 미국의 비영리 단체이다.

이사회

대표이사

프로그램 책임자

파트너 프랜차이즈   현지 자회사

사업 모델 및 단위 경제

주요 수입원: 운영(80%); 기부금(20%)

주요 비용 요인: 인력(35%); 제품/프랜차이즈 키트 비용(30%); 마케팅(20%), 일반 및 관리(15%)

단위 경제: 단위 = 독서용 안경 수

2008년: 갯수: 862,980

총수입: $2,402,983(단위당 = $2.78)

COGS(매출 원가) = $2,345,187(단위당 = $2.71)

단위당 총 마진 = $.07

시간이 지남에 따라 Vision Spring은 확장된 파트너 및 도매 유통 업체 네트워크에 서비스를 제공하기 위해 회사 인프라의 개발을 통해 유통에 보조금을 제공해야 하기 때문에 PIPP(Philanthropic Investment Per Pair)라는 측정의 기준을 개발했다. Vision Spring의 PIPP 사용은 기부 소득과 근로 소득 간의 건설적인 긴장을 반영한다. PIPP 가치가 낮을수록 자선 달러를 보다 효율적으로 사용한다. Global Innovation Exchange 의 2007 온라인 사례 연구는 Scojo/Vision Spring 비즈니스 모델의 발전과 학습 조직으로서의 개발을 촉진하기 위한 계량적 분석 사용을 입증한다.[4]

재무 계량적 분석:

1. 총 마진
2. 경비지출 속도(비용)

판매된 단위:

3. 수(연간 누적)

이직률:

4. 직원
5. 파트너

경제적 영향:

6. 독서용 안경 고객으로 얻은 임금

단위 경제:

7. PIPP(쌍당 자선적 투자)

운영 계획

GSBI에는 운영 계획이 없지만 다음 해에 운영 계획이 개발되었다.

자금 조달

초기 자금 조달: GSBI 이전에 150만 달러의 보조금

후속 자금 조달: 5년 동안 주로 보조금이나 대출을 통해 유통 확대에 사용하기 위해 연간 $400,000를 모색하였다.

요약 To Recap

사회적기업의 경우, 계량적 분석은 비즈니스를 보다 효과적으로 운영하고 자금을 유치하는 데 유용하다. 자신만의 계량적 분석 대시보드를 구축할 때는 재무 자원, 조직 자원, 주요 프로세스 또는 활동, 그리고 이상적인 결과 또는 영향에 중점을 둔 계량적 분석을 포함하는 것이 중요하다. 최소 중요 세목 체크리스트는 계량적 분석 대시보드에 포함해야 하는 가장 중요한 요소가 강조되어 있다. 다음 장은 3부로 시작하며, 지속 가능한 사회적 비즈니스 관리에서 실행의 2가지 주요 측면인 운영 계획과 자금 조달로 중점을 전환한다.

연습문제 Exercise

10.1 아래 5가지 항목으로 나누어진 (모두 합쳐) 15개 이하의 계량적 분석이 있는 계량적 분석 대시보드를 만들어라.

1. 재무 자원
2. 조직 자원
3. 변환(프로세스/활동)
4. 결과
5. 영향(투자 수익)

참고문헌 Background Resources

Acumen Foundation. *The Lean Data Field*

최소 중요 세목 체크리스트

계량적 분석 및 책임

- 계량적 분석 대시보드에는 재무, 조직 및 변환 또는 프로세스 계량적 분석, 결과 및 이상적으로는 영향 계량적 분석을 포함해야 한다.

- 성과당 비용은, 특히 공공재의 경우나 사용 가능한 최고의 자선 선택이 기준점인 경우, 자본 효율성 또는 사회적 투자 수익률의 대용으로 쓸 수 있다.

- 오직 하나의 기준(사회적기업으로서 기업을 관리하는 데 기여도)에 따라 계량적 분석이 추가되거나 제거된다.

Guide. November 2015.

Dees, J. Gregory, Jed Emerson, and Peter Economy. *Strategic Tools for Social Entrepreneurs: Enhancing the Performance of Your Enterprising Nonprofit.* New York: John Wiley, 2002, chapter 8.

Ebrahim, A., and V. Rangan. "What Impact: A Framework for Measuring the Scale and Scope of Social Performance." *California Management Review* 56, no. 3 (2014): 118−141.

Kaplan, Robert. "Strategic Performance Measurement and Management in Nonprofit Organizations." *Nonprofit Management and Leadership* 11, no. 3 (Spring 2001): 353−370.

Sawhill, J., and D. Williamson. "Mission Impossible? Measuring Success in Nonprofit Organizations." *Nonprofit Management and Leadership* 11, no. 3 (2001): 371−386.

Scholten, Peter, Jeremy Nichols, Sara Olsen, and Bert Galimidi. *Social Return on Investment (A Guide to SROI Analysis).* FM State of the Art Series, 2006.

3부

실행

대부분의 사업 계획 수립이 뒷받침되면서, 3부에서는 실행의 핵심 요소를 살펴본다. 자금 조달 계획 및 기금모금 목표 개발, 예산 책정 및 운영 계획 수립은 사업 계획을 세우는 가장 중요한 2가지 이유이다. 다음 두 장에서 우리는 사회적기업, 즉 성공적인 동시에 잘하는 것으로 세상을 이롭게 하려는 목표를 가진 기업의 특유한 도전에 주의를 기울일 것이다.

11장

운영 계획

운영 계획은 사업 계획을 구체적인 이정표들로 변환한다. 즉, 프로그램 또는 프로젝트 세목을 달성하기 위해 필요한 일, 필요한 자원, 달성해야 할 시기(마감일), 가장 중요하게는 누가 이 이정표들을 "소유"하는지에 대한 이정표들이다. 운영 계획에는 예산(수입 및 지출 목표)과 계획의 재정적 가능성을 보여주는 현금 흐름 표도 포함된다. 이 3가지 요소(수입 목표, 비용 목표, 현금 흐름)는 특정 기간 동안 이루어진다. 이 장에서는 1년(4분기) 동안 분기별로 사용하지만, 계획 상태에 대한 짧은 간격 동안 통찰력을 원할 경우 더 자주(예: 월간) 사용할 수 있다.

　운영 계획은 기업을 집중시키고, 특정 계획과 자원을 일치시키고, 진행 상황을 추적하고, 필요한 경우 "경로 수정"을 수행하고, 개인의 성과에 대한 책임을 지도록 하는 데 사용되는 필수 관리 도구이다. 운영 계획은 사회적 벤처를 확장하는 데 필수적인 요소로 보인다. 반대로, 훌륭한 운영 계획이 없으면 사회적 벤처를 확장/성장시키는 데 큰 어려움이 있다.

운영 계획 개발 단계
Steps in Developing an Operating Plan

그림 11.1은 이 책의 2부에서 작성한 사

기본 지식

운영 계획은 개념적 사업 계획을 일상적인 운영과 이정표 및 특정 책임을 지닌 전략적 계획을 위한 예산으로 변환한다. 통합 운영 계획은 예산 책정 및 효율적인 자원 활용, 현금 흐름 관리 및 우선 목표 달성에 중요하다.

업 계획에서 운영 계획을 개발하는 데 사용할 수 있는 프로세스에서의 주요 단계를 보여준다. 이 과정은 반복되는 과정임을 명심하라. 운영 계획은 계획 이정표 및 운영 환경의 변화하는 조건과 관련된 실제 결과를 근거로 수정되어야 한다. 일반적으로 운영 계획은 적어도 매년, 때로는 더 자주 변경된다.

전략적 계획 및 측정 가능한 결과

운영 계획을 작성하는 프로세스는 관리팀과 전략적 계획을 검토하는 것으로 시작한다. 각 전략적 계획에 대해 측정 가능한 결과를 만들어라. 관리팀은 적어도 매년 제안된 결과의 상태를 검토하여, 사명 달성의 진행 상황을 평가해야 한다. 측정 가능한 각 결과에 대해, 목표 완료 날짜와 "소유자(특정 결과를 책임지는 팀의 사람)"를 작성하라. 예를 들어, 안과 치료를 다루는 조직은 전략적 계획으로서, 백내장 실명을 지닌 농촌 환자를 모집하기 위한 새로운 프로세스를 실행하도록 선택할 수 있다. 측정 가능한 결과 및 소유권 측면에서 조직은 NGO와의 협력 파트너십을 만들고, 20개의 안과 캠프(분기당 5개)를 설치하도록 모집 관리자(소유자)에게 일을 맡길 수 있다.

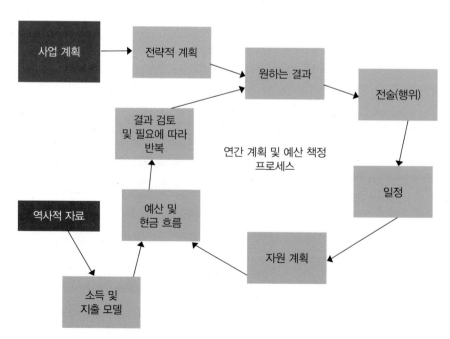

그림 11.1 운영 계획 및 예산 책정 프로세스

전술

각 전략적 계획 및 관련 결과에 대해, 소유자는 결과를 달성하기 위해 하나 이상의 전술을 작성해야 한다. 각 전술에는 해당 연도의 자원 소요량(직원 및 기타 비용)이 있어야 한다. 우리의 안과 치료 사례를 참고로, 모집 관리자는 전술적으로 가능한 파트너로서 주당 1개의 NGO에 연락하고, 적어도 분기당 5개 이상 NGO에 서명할 것을 제안할 수 있다. 관리자는 급여, 사무실 공간, 휴대폰 및 여행 예산을 포함하여 직원 한 명을 추가로 채용할 것을 제안할 수도 있다.

타임라인 및 자원 소요량

타임라인은 완료 날짜순으로 각 전술을 나열한 차트 또는 표이다.

전술에 완료 날짜가 여러 개인 경우 각 완료 날짜가 나열된다. 한 전술이 완료 중인 또 다른 전술에 의존한다면, 이 의존성을 보여주어야 한다. 각 전술/이정표에는 관련 계획 기간 동안 해당 전술에 대한 자원 소요량이 표시되어야 한다. 자원 소요량에는 주요 비용 요인뿐만 아니라 특정 전술 또는 이정표와 관련된 기타 비용이 포함되어야 한다.

타임라인 및 자원 소요량 표를 작성하는 데 사용할 수 있는 몇 가지 기술(예: 간트 차트)과 몇 가지 인터넷 기반 도구(예: BaseCamp)가 있다. 그림 11.2는 단순화된 타임라인 테이블을 보여준다. 타임라인 표를 사용하여, 그림 11.3에 설명된 대로, 모든 전술에 대해 유형별로 필요한 모든 자원을 보여주는 자원 소요량 표를 구축할 수 있다.

예산

전략적 계획에 대한 자원 소요량, 진행 중인 운영과 관련된 비용 및 수입, 기금 모금에 의한 현금유입 계획을 근거해서 예산을 세울 수 있다(그림 11.4). 소규모 기업을 위한 몇 가지 유용한 예산 도구(예: Mint, Quicken 또는 QuickBooks)가 있으며, 이 중 일부는 재무 보고서(현물 대 예산 및 현금 흐름 포함)를 만드는 데 사용될 수도 있다. 최소

그림 11.2 타임라인 표

전술	소유자	Q1 마감일	Q2 마감일	Q3 마감일	Q4 마감일
NGO와 연락	Ms. X	주당 2개(NGO)	주당 2개	주당 2개	주당 2개
베이스캠프 계약에 NGO와 서명	Ms. X	분기 말까지 5개	분기 말까지 10개(5개 신규)	분기 말까지 15개(신규 5개)	분기 말까지 20개(5개 신규)

그림 11.3 자원 소요량 표

전술	소유자	직원	급여 $	여행 $	사무실 및 기타 비용 $
전술당 한 줄 +관리를 위한 한 줄 FTE 및 기타 간접비					

한 간단한 표나 스프레드시트만 있으면 된다. 모든 수입원의 수입과, 가치 사슬의 각 단계 또는 프로세스에 대한 카테고리 또는 유형별 비용, 전략적 계획을 위한 자원 소요량과 관련된 비용을 포함시켜야 한다. GSBI는 또한 운영 계획 요약 표(그림 11.5)를 사용하여 전략적 계획, 원하는 결과, 전술, 타임라인, 자원 소요량 및 예산 정보를 하나의 표로 결합하는 것이 유용하다는 것을 알았다.

현금 흐름

예산에서 기간별(보통 월, 분기 또는 1년)로 시작 현금 포지션, 수입 요인(원천 시간축), 비용 요인(범주 시간축), 최종 현금(다음 기간의 시작 현금이 됨)을 보여주는 현금 흐름 표를 작성할 수 있다. 현금 흐름 표는 기업에 자금을 제공할 수 있는 적절한 현금이 있는지 확인하는 데 유용하다.

그림 11.4 4분기 운영 예산

	1분기	2분기	3분기	4분기
전기 이월	$10,000	$51,100	$42,800	$699,400
친구와 가족	$100,000	$25,000	0	0
투자자	0	0	$800,000	0
대출	0	$100,000	0	0
제품 수익	0	0	$10,000	$500,000
총수입	$100,000	$125,000	$810,000	$500,000
인원 수	3	4	4	6
인원 수 $	$56,000	$76,000	$76,000	$84,000
일반관리비	$500	$2,500	$5,000	$5,000
판매 및 마케팅 비용	$2,400	$4,800	$2,400	$4,800
프로그램 비용	0	$50,000	$50,000	$175,000
총비용	$58,900	$133,300	$133,400	$268,800
순이익	$51,100	$42,800	$719,400	$500,600

그림 11.5 2014년 운영 계획 요약

기업 이름:

날짜:

전략적 계획	원하는 결과	전략적 계획 소유자	주요 전술/행동	소유자	자원	예산	계획된 시작 날짜	실제 시작 날짜	예정된 종료일	실제 종료일	비고

그림 11.6 현금 흐름 표 본보기

	1분기	2분기	3분기	4분기
기초 현금				
+ 현금 유입 (영업 수입과 자금 조달)				
−현금 유출 (운영비와 모금 비용)				
= 기말 현금				

그림 11.7 현금 흐름 관리 예(4년)

	2007	2008	2009	2010
연초 현금	$40,000	$37,533	$25,408	$17,938
현금 유입	$107,213	$332,500	$516,500	$744,000
매출액	$19,000	$232,500	$466,500	$744,000
기부금	$88,213	$100,000	$50,000	
현금 유출	$109,660	$344,645	$523,970	$655,895
운영비	$60,700	$206,045	$278,270	$307,895
매출 원가	$48,960	$138,600	$245,700	$348,000
연말 현금	$37,553	$25,408	$17,938	$106,043

이 표를 만들려면, 각 기간별에 대한(예: 1년 동안 분기별로 또는 4년 동안 매년) 열과, 시작 현금유동성, 현금 유입(수입 요인으로부터), 현금 유출(비용 요인으로부터), 그리고 최종 현금유동성을 행으로 하여 표 안을 채워라. 그림 11.6은 현금 흐름 표 본보기를 보여주고, 그림 11.7은 현금 흐름 관리 예를 보여준다.

사회적 벤처에 대한 짤막한 정보 Social Venture Snapshots

우리가 가진 자료에는 그라민 샥티의 운영 계획이 없지만, 회사 문서에는 운영 계획이 분명히 포함되어 있을 것이라고 확신한다. 이런 이유로, 이 장에는 산카라 및 GSBI 혁신자 Video Volunteers(비디오 자원봉사자) 두 개의 사회적 벤처에 대한 짤막한 정보만 다룬다.

사회적 벤처에 대한 짤막한 정보: 산카라의 운영 계획

산카라의 전략적 계획은 유료 고객 수를 늘리는 것이다. 그림 11.8은 이 전략의 바람직한 결과와 이를 구현하는 데 필요한 전술을 요약한 것이다. 결과와 관련 전술의 우선순위가 정해졌으며 우선순위 범례는 다음과 같다:

(1) 최우선

(2) 중간 우선순위

(3) 가장 낮은 우선순위

그림 11.8 산카라의 운영 계획

우선순위	결과	전술	소유자	완료 날짜
1	유료 환자에게 금융 제공(신용)	제휴할 금융 기관을 조사하고 선택	재무 책임자	2015년 6월 1일
		다양한 금융 옵션 결정	재무 및 청구 부서장	2015년 7월 1일
		청구 시스템에서 자금 조달 계획 설정	청구 코디네이터/시스템 관리자	2015년 8월 1일
		자금 조달 역학에 대한 청구 직원 교육	청구 부서장	2015년 9월 1일
3	계층적 가격 책정 전략 구현	각 도시 병원의 절차에 대한 새로운 가격 계층 결정	마케팅 및 재무 책임자	2015년 7월 1일
		청구 시스템에서 새로운 가격 구조 설정	청구 진행자/시스템 관리자	2015년 8월 1일
		새로운 가격 계층에 대한 청구 직원 교육	청구 부서장	2015년 9월 1일
2	학생들을 위한 비전 건강	학교: 산카라가 보유한 병원이 있는 도시에서 접근할 수 있는 학교를 최종 선정하기 위해 School Health Annual Report Program (SHARP)과 제휴 구축 고등 교육기관: 산카라가 보유한 병원이 있는 도시에 접근할 수 있는 교육기관 목록 작성	사업 개발 및 파트너십 책임자	2015년 6월 1일
		각 지역에 접근하여 현장 검진 캠프에 대한 관심을 평가하라; 관심이 있는 경우, 참여 학교/기관에 대한 검진 캠프 및 지불 조건에 대한 계약을 작성한다(첫 번째 한 묶음—5).	사업 개발 파트너십 관리자	2015년 7월 1일

그림 11.8 산카라의 운영 계획(계속)

우선순위	결과	전술	소유자	완료 날짜
		학생들을 검진하고 병원에서 진료가 필요한 사람을 식별(1 캠프)	캠프 진행자, 의사 및 검안사 봉사팀	2015년 8월 1일
		병원 데이터베이스에 새 환자 추가 및 연간 후속 조치를 통해 관계 유지	시스템 관리 및 홍보 팀	2015년 9월 1일
		학교 캠프당 프로그램의 수율을 평가하고 다음 해를 위해 목표를 업데이트/가격 수정	봉사활동 책임자 및 "Vision Sankara" 사장	2015년 12월 1일
3	노인을 위한 비전 건강	산카라가 보유한 병원이 있는 도시에서 접근할 수 있는 퇴직 홈 커뮤니티 목록 작성	사업 개발/파트너십 책임자	2015년 6월 1일
		각 커뮤니티에 접근하여 거주자의 니즈를 평가; 지불 능력, 보험 가용성 등을 설정; 편리한 현장 검진 캠프 개최 여부 결정	사업 개발/파트너십 관리자	2015년 7월 1일
		환자를 검진하고 병원에서 진료가 필요한 사람을 식별	캠프 진행자, 의사 및 검안사 팀	2015년 8월 1일
		병원 데이터베이스에 새 환자 추가 및 연간 후속 조치를 통해 관계 유지	시스템 관리 및 홍보 팀	2015년 9월 1일
2	의사 추천 프로그램	산카라가 보유한 병원이 있는 도시에서 전급할 수 있는 의사 목록 작성	사업 개발/파트너십 관리자	2015년 6월 1일
		병원과의 거리에 따라 세분화(반경 5km, 반경 10km 등)	마케팅/판매	2015년 7월 1일
		전화, 방문 및 이메일 캠페인을 통해 의사에 접근(다접촉 마케팅)	사업 개발/파트너십 책임자	2015년 8월 1일
		신뢰할 수 있는 관계를 형성하기 위해 커뮤니케이션 연락 지점 제공	사업 개발/파트너십 관리자	2015년 9월 1일
		내부 참조 의사 데이터베이스를 설정하고 뉴스레터 등을 보내 마케팅 커뮤니케이션을 유지	시스템 관리자/마케팅 관리자	진행 중
		피드백을 받고 관계를 유지하기 위해 정기적인 연락 유지	사업 개발/파트너십 관리자	진행 중
2	환자 추천 프로그램	추천 유지를 위한 프로세스/데이터베이스 개발; 고객을 위한 쿠폰 및 전단지 개발	마케팅 책임자	2015년 5월
		추천 프로세스에 대한 직원 교육	인적 자원/관리팀	2015년 6월
		추천 프로그램 구현	인적 자원/관리팀	2015년 7월
1	교육 도구	웹 기반 도구/강의 자료 개발	홍보 책임자/의료진/고객 관계	2015년 5월

그림 11.8 산카라의 운영 계획(계속)

우선순위	결과	전술	소유자	완료 날짜
		강의 운영/온라인 자료 유지 관리에 필요한 직원 교육	홍보/의료진	2015년 6월
		웹 기반 도구 시작/강의 일정/쿠폰 개발	홍보 책임자/의료진/고객 관계	2015년 7월
1	광고 캠페인 개선	사회적 이익을 강조한 새로운 광고 캠페인 개발	홍보팀/마케팅 팀	2015년 5월
		새 광고 캠페인 출시	마케팅/판매	2015년 6월
		SEO	홍보팀/마케팅 팀	2015년 7월

사회적 벤처에 대한 짤막한 정보: GSBI 혁신자 Video Volunteers

Video Volunteers(비디오 자원봉사자들)는 인도의 농촌 빈민들에게 목소리를 제공하기 위해 지역사회 비디오 제작자들을 훈련시키고 준비시킨다. 그렇게 함으로써, 하루하루 어려움 속에 살고 있는 사람들의 눈을 통해 인도를 보여주려고 노력한다. 학습 조직으로서의, Video Volunteers의 목소리 제공 모델은 디지털 미디어의 잠재력을 활용했으며, 이 목소리 제공 모델은 계속 진화하여, 지역사회 미디어 제작자의 지적, 창조적, 리더십 역량을 구축하는 데 중점을 둠으로써 빈곤층의 사회적 자본을 강화했고, 콘텐츠 및 솔루션 중심 스토리의 소유권을 강화했고, 운영 계획 작성을 위해서 콘텐츠의 지역사회 토론을 강화했다. 2011년부터 Video Volunteers는 계속 성장하여 시골 비디오 작가들이 만든 비디오를 통해 인도의 사회 정의에 영향을 미쳤다. Video Volunteers 2018 웹사이트는 현재 프로그램인 India Unherd를 "인도의 소외된 지역사회를 위한 뉴스 대행사"라고 설명한다. 2011년, GSBI를 수료한 후 비디오 자원봉사자는 4명의 멘토의 도움을 받아 운영 계획 작성을 위해 이 장에서 설명하는 프로세스를 구현한 최초의 GSBI 벤처기업이 되었다. 다음의 운영 계획에 대한 설명은 에릭 칼슨(Eric Carlson)과 Video Volunteers의 CEO인 제시카 메이베리(Jessica Mayberry)가 GSBI 2012를 위해 만든 이 직장의 짤막한 정보를 근거로 한다.

사명, 기회 및 전략

사명　　　　　지역사회 비디오 제작자가 인도의 가난한 사람들을 위해 목소리를 낼 수 있도록 지원

주요 측정 기준   전국 미디어의 동영상 수

기회   인도 농촌의 6억 6,500만 명이 전국 언론에 보도되지 않는다

전략   (1) 빈곤 지역의 지역 주민들이 비디오 제작자가 되도록 모집, 훈련

             (2) 지역 비디오 제작자를 관리하여 지역 문제에 대한 이야기를 제작

             (3) TV 및 인터넷 뉴스에 사용할 원본 자료영상 편집

             (4) 파트너를 활용하여 케이블 TV 및 인터넷 뉴스 사이트에 기사를 게재

             (5) 비디오 스토리를 사용하여 문제(예: 여성에 대한 폭력)를 해결하기 위한 지역사회 캠페인 제작

             (6) 캠페인 영향에 대한 추가 동영상을 만들고 배포

외부 환경

인도 대부분에서 지역 문제는 전국 언론의 보도를 받지 않기 때문에 6억 6,500만 명이 목소리를 내지 못한다. 인도의 전국 케이블 TV 및 인터넷 방송 범위는 광범위하다. 지역사회의 젊은이들은 비디오를 사용하여 지역 문제를 기록하는 방법을 배우고 싶어 한다. 전국 뉴스 미디어는 콘텐츠가 필요하며, 전국 미디어가 농촌 지역을 다루기에는 비용이 너무 많이 들어간다.

시장

직접 수혜자: 전국 언론에서 훈련을 받고(수백 명) 목소리를 내는(수백만) 인도의 농촌 지역 사람들

간접 수혜자: 콘텐츠를 얻고 농촌 지역사회에 관심을 갖는 뉴스 매체

관련 수혜자: 현지 이야기로 혜택을 받는 지역사회

경쟁: 전국 언론의 현지 비상근 통신원(경쟁 우위: 비용 및 현지 지식)

제품: 농촌 지역의 현지 비디오 뉴스 기사

가격: 자체 비디오 제작비용보다 저렴하게 전국 미디어에 판매

유통: 파트너

홍보: 파트너 및 인터넷을 활용

운영 및 가치 사슬

주요 프로세스는 (1) 현지 비디오 제작자를 모집하고 교육, (2) 현지 뉴스 기사를 위

한 원본 자료영상과 원고 제작, (3) 스토리와 원고 편집, (4) 편집된 기사를 전국 언론에 배포하기 위해 파트너를 활용, (5) 스토리가 있는 지역사회 캠페인을 만들고, (6) 배포할 추가 비디오로 영향을 기록한다.

주요 파트너는 (1) 저가 장비의 비디오 공급업체 및 (2) 지역 스토리를 위한 NGO, 케이블 TV 회사 및 인터넷 뉴스 사이트.

조직 및 인적 자원

Video Volunteers는 미국의 비영리 단체(기금 모금을 위한)이며 인도의 미디어 회사이다.

최고 경영자

교육 및 생산 책임자

지역 비디오 트레이너 및 관리자

현지 비디오 제작자

사업 모델 및 단위 경제

주요 수입원: 기부금: 보조금(50% → 20%); 수입: NGO(50% → 30%), TV(0% → 50%)

주요 비용 요인: 교육(33%), 비디오 제작(33%), 판매, 일반 및 관리(33%)

단위 경제: 단위 = 배포된 비디오. 2011년에 단위 경제(배포 비디오당 비용)는 $479였다.

계량적 분석

주요 계량적 분석은 (1) 지역사회 비디오 제작자 수, (2) 비디오 수, (3) 수백만 명의 비디오 시청자, (4) 비디오의 결과로 취해진 현지 정책이 기록된 사례 수, (5) 수입, (6) 경비.

운영 계획

앞서 설명한 바와 같이, VV(Video Volunteers)는 운영 계획을 수립하기 위해 9단계 프로세스를 완료했다.

1단계: 미션 및 주요 전략 확인:

- GSBI에서 돌아와서 어려운 상황(낮은 사기)에 처했다. 자극과 소유권을 만들기

위해 파워포인트 프레젠테이션을 사용했다.
- 누군가의 집으로 갔다. 전략을 세우는 데 3일이 걸렸다.

2단계: 전략적 계획 개발:

- 주류 미디어에 콘텐츠 배포
- 교육 및 생산
- 유지, 모집 및 영향
- 모금 및 근로 소득
- 문서화, 의사소통 및 캠페인

3단계: 각 전략적 계획에 대해 원하는 결과 정의(책임자가 있는 날짜)

전략적 계획 1: 콘텐츠를 주류 미디어에 배포

선도자: 제시카(Jessica)

팀: 사라(VVFS 책임자)

　　타라(디자인)

　　인턴(TV 견본 프로그램 및 배포를 위한 AIF 인턴)

　　스탈린(MM 회의, MM에 대해서 프레젠테이션을 마무리함)

측정 가능한 결과 1: EQ1에 의해 방송국과 $100,000 상당의 계약

측정 가능한 결과 2: EQ1을 통해 VVFS를 구독하는 신문 10개. 분기당 최소 10개의 미디어에 콘텐츠를 배포

전략적 계획 2: 기금 조성 및 근로수입

측정 가능한 결과 1: 분기당 $30,000의 기부 소득 올리기

측정 가능한 결과 2: 분기당 근로 소득 $20,000 올리기

선도자: 제시카

팀: 나오미(근로 소득 하부그룹 책임자)

　　스탈린(기금공여자 및 파트너와 미팅)

　　연구 및 의사소통 인턴(풀타임, 채용 예정)

　　시드니(기부자/파트너 의사소통에 사용될 콘텐츠 제공)

4단계: 각 전략 계획을 위한 전술 개발:

- 각 전략 계획에 대한 스프레드시트를 설정

5단계: 각 전술에 대한 타임라인 개발:

- 각 전술에 대한 워드 문서를 설정하고, 분기마다 진행 상황을 업데이트한다.

6단계: 자원 계획 수립:

- 시작할 때 전략/전술 개발에 필요한 자원을 제한하지 않았다.
- 전략 리더는 자원 소요량을 제출하여 예산 스프레드시트에 통합시켰다.
- 자원 소요량을 즉시 충족할 수 없었으므로 팀은 사용 가능한 자원으로 일을 해야 했다.
- 직무를 설명하고 전략적 영역에 직원을 배치해야 한다. "전략적 영역"이 실제 직무 설명이어야 하는가?

7단계: 수입 및 지출 모델 개발:

- 월별 목표 및 현물을 기록하는 데 사용되는 예산 스프레드시트를 설정한다.

8단계: 예산 도구에 수입 및 지출 모델 넣기:

- 7단계에서 설정한 스프레드시트 사용

9단계: 필요한 경우 검토 및 반복: 뭐, 운영 계획의 모든 측면이 잘 작동되는 것은 아니었다.

작동했던 것:

전략(수입 제외)

비용 모델(비용 통제유지)

근로 소득에 대해 이야기하는 방법을 배우고 첫해에는 여전히 기부 소득이 필요할 것임을 배웠다(따라서 근로 소득에 주로 관심이 있는 투자자와 시간을 낭비하지 않아도 됨)

시장과 시장의 비즈니스 원칙을 이해하는 방법을 배웠다

작동하지 않았던 것:

수입 전략(큰 구매자를 확보할 수 없음)

하나의 TV 방송국, 하나의 웹사이트, 하나의 잡지에 "캠페인

당"으로 콘텐츠를 제공하기로 결정했다(모든 콘텐츠를 제공하는 우선순위를 설정하지 않았음)

다른 미디어 매체로부터 많은 관심을 끌었다

대규모 기부자로부터 수입을 얻었다(장기 수입 문제를 해결하지 못했음. 여전히 결국 콘텐츠에 대해서 비용을 청구할 것으로 예상했다)

자금 조달

보조금 및 대규모 기부.

요약 To Recap

사회적 벤처의 경우, 운영 계획은 타이어가 노면을 만나는 곳이다(계획이나 의도가 구현되고 성취되고 있는 상황). 이곳에서 사업 계획은 마감일 및 예산 명세와 같은 어려운 숫자로 실현되고, 무엇보다 누가 무엇을 책임지는가에 따라 실현된다. 최소 중요 세목 체크리스트에는 운영 계획에 포함되어야 하는 최소한의 기본적인 세목이 나와 있다. 12 장에서는 자금 조달에 대해 살펴본다.

연습문제 Exercises

11.1 이정표(타임라인 및 자원 소요량)

각 전략 및 관련 결과에 대한 구체적인 전술을 위해 타임라인(스케줄)을 작성하고 자원 소요량(사람 및 돈)을 나열하라.

11.2 예산

각 전술에 대한 타임라인 및 자원 소요량을 사용하여, 다음과 같은 예산을 작성하라. 먼저, 모든 수입 창출 전술에 대해 예상 수입(분기당)을 추정하라. 유용한 경우

최소 중요 세목 체크리스트

운영 계획

- 전략적 계획은 결과, 이정표, 자원 소요량 및 책임을 구체적으로 명시한다.
- 예산은 지속적인 수입/비용 목표와 프로젝트별 비용 추정을 결합한다.
- 운영 계획에는 예산 및 현금 흐름 표가 포함된다.

범주별로 수입을 적어라(기부, 판매, 모금). 둘째, 모든 전술에 대해 분기당 비용을 결합하여 분기당 비용 예산을 작성하라. 유용한 경우, 기능 또는 전술(프로그램 예산)별로 비용을 항목별로 적어라. 그런 다음 예산을 그림 11.4에 표시된 예제 4분기 운영예산과 같은 표에 요약할 수 있어야 한다.

11.3 현금 흐름

예산을 사용하여 분기마다 4개의 항목으로 구성된 4/4 현금 흐름 표를 작성하라.

> 시작 현금 유동성(= 이전 분기의 최종 현금 유동성)
>
> + 수입
>
> −지출
>
> = 최종 현금 유동성

단순화된 현금 흐름 요약은 위의 현금 관리 예와 비슷해야 한다.

참고문헌 Background Resources

Dees, J. Gregory, Jed Emerson, and Peter Economy. *Enterprising Non-Profits: A Toolkit for Social Entrepreneurs*. New York: John Wiley, 2001, chapter 9.

DeThomas, Arthur, and Stephanie Derammelaere. *How to Write a Convincing Business Plan*. 3rd ed. New York: Barron's Educational Services, 2008, chapters 3, 10, and 11.

12장

자금 조달

사회적 벤처를 성장시키고 그 영향을 확대하기 위해 종종 여러 성장단계에서 자금 조달이 필요하다. 최근에 사회적 벤처에 투자하는 자본의 양이 증가하고 있으며, 영향 투자자는 영향과 재무 수익에서 좋은 성적을 거두고 있다. 그러나 영향 투자자들 사이의 이해와 투자 지식의 증가에도 불구하고, "자산군(asset classes)"이라고 하는 다양한 영향 투자 대안에 대한 시기와 사용에 대한 명확한 설명이 아직 없다.[1]

12장은 사회적 벤처를 위한 주요 자금 조달 원천을 검토하고, 자금 조달 원천에 관계없이, 자금을 조달하는 데 도움이 되는 4가지 문서를 설명한다. 마지막으로 자산 실사와 투자 준비를 다룬다.

자금 원천 및 금액
Funding Sources and Amounts

대부분의 사회적 벤처는 10가지 원천 또는 "유형" 중 하나 이상에서 자금을 조달할 것이다. 다음 목록은 다음과 같은 순

기본 지식

법적 구조의 선택(예를 들어, 영리 목적 또는 비영리 목적)은 이용 가능한 자금 출처의 범위와 투자자 기대의 유형을 결정할 트레이드오프(어느 것을 얻으려면 반드시 다른 것을 희생하여야 하는 경제 관계)를 가진 전략적 결정이다. 자금 출처와 금액은 벤처 조직의 수명주기의 단계마다 다르다. 수명주기 단계에서 자본 투입 성공은 벤처 개발 이정표를 달성하는 능력과 대체 자금 공급원의 "투자 준비" 기준에 달려 있다.

서대로 잠재적 자금 조달 원천을 보여 준다: (1) 조달의 어려움, (2) 조달할 수 있는 금액 및 (3) 공식 재무보고 책임. 일부 벤처기업은 동시에 여러 원천에서 자금 조달을 모색함을 주목하라. 이러한 경우, 각 유형의 자금 조달 시점, 각 유형의 자금의 의도된 사용처, 그리고 상환 우선순위를 지정하는 것이 큰 도움이 된다.

1. **개인의 친구, 가족과 개인들**: 자금(대개 현금)은 기업가, 가족 및 친구 및/또는 벤처를 지원하고자 하는 각 지인이 제공한다. 종종 돈은 선물 또는 기부금이다. 때때로 돈은 대출로 취급되며, 이 경우 필요하다면 돈을 상환 조건과 함께 문서화해야 한다. 때때로 개인은 (엔젤 투자자처럼) 주식을 받고, 이 경우 부여된 주식의 공정한 가치 평가를 위해서 벤처에 대한 전문적인 평가가 있어야 한다. 특히 다양한 가치 평가로 주식을 부여하는 것은 다른 원천으로부터의 자금 조달을 크게 복잡하게 하기 때문에 권장하지 않는다. 이 유형의 자금에는 킥 스타터(Kickstarter)와 같은 온라인 자금도 포함된다.

2. **보조금**: 재단, 정부 기관, NGO, 법인 또는 부유한 개인과 같은 조직에서 기금을 제공한다. 보조금은 일반적으로 보조금 양식을 작성하거나 제안 요청에 대한 응답을 요구한다.

3. **소프트 론**: 자금은 다음과 같은 조직에서 제공한다. 상환에 대한 "soft" 또는 할인 조건을 적용하는 은행 또는 온라인 대출기관(예: Kiva.org)뿐만 아니라 보조금을 받기 위해 등재된 기관이다.

4. **전통적인 대출**: 전통적인 대출은 은행 또는 기타 규제대상 금융기관에서 제공한다. 이 대출에는 상환에 대한 특정 조건이 있다(일반적으로 예측 가능한 현금 흐름과 연결됨). 전통적인 대출은 단계적 또는 구조화된 exit(상환) 조건일 수 있다.

5. **프로그램 관련 투자**: 프로그램 관련 투자는 일반적으로 대출의 형태를 취하지만 때로는 사회적 벤처의 특정 프로그램(예: 새 제품이나 서비스 추가)에 대한 보조금으로 제공된다. 이러한 유형의 자금 원천은 일반적으로 재단, 정부 기관 또는 기타 이해 당사자(예: 엔젤 투자자 또는 법인)이다.

6. **수요 배당**: 수요 배당 투자는 투자자가 자금을 제공한다는 점에서 대출과 비슷하지만, 조직이 플러스 현금 흐름이 있으면(자금 조달 시점의 합의에 따라), "요구될" 수 있는 배당금을 투자자가 받는다는 점에서 자본과 같기도 하다. 때로는 배당금이 수익이정표에 묶여 있기 때문에, 때때로 이러한 유형의 자금을 "수익 기반

대출 또는 부채"라고 한다.

7. **전환사채**: 부채나 대출에서 주식 전환에 대한 특정 조건을 지닌 보조금 지급기관, 은행, 벤처캐피탈 회사 또는 큰손이 자금을 제공한다(예: 5년 동안 이자율이 6%인 대출은 벤처 가치 평가를 25% 할인하여 주식으로 전환할 수 있다).

8. **엔젤 자본**(Angel Equity): 자금은 회사의 주식에 대한 대가로(보통 지배 지분보다 적게) 부유한 개인 또는 부유한 개인 그룹이 자체 투자 자금으로 제공한다.

9. **영향 우선 주식**(Impact-First Equity): 보조금 등록기관 또는 개인의 "영향 우선" 투자를 모은 사회적 벤처캐피탈 회사(투자자는 주로 벤처의 재무수익보다는 벤처의 영향에 관심)가 자금을 제공한다. 투자에 대한 대가로 투자자는 포트폴리오 회사의 지분을 받는다(일반적으로 지배 지분보다 적음).

10. **재무 우선 주식**(Financial-First Equity): 벤처회사의 주식(일반적으로 지배 지분)에 연계된(개인이나 기관투자자로부터 모은) 자금으로 벤처캐피탈 회사나 기업은 자금을 제공한다. 여러 라운드의 주식 자금 조달이 있는 경우, 가치 평가가 다른 하나 이상 종류의 주식이 필요할 수 있다(예: 각 파이낸싱 라운드마다 하나씩).

하나 이상의 대체 자금 조달 원천을 비교/선택할 때, 사회적 벤처는 다음과 같은 여러 변수를 고려해야 한다.

1. 수명주기 단계(창업, 초기 결과 또는 개념 증명, 성장 초기, 빠른 확장, 성숙)는 무엇인가?

2. 주요거래조건(자금 조달 계약조건의 개요)를 얻기 위해 얼마나 많은 자산 실사(노력)가 필요한가? 그리고 자금 조달 원천과의 보고 관계를 관리하는 비용은 얼마인가?

3. 자금 원천의 기대 수익은 얼마인가?

4. 자금 조달 원천과의 계약 기간은 얼마이며, "출구 전략"은 무엇인가(즉, 계약 종료 시점)?

5. 자금 조달 원천은 기업에게 얼마나 많은 규제/참여를 요구하는가?

6. 조직은 "투자 준비"가 되어 있는가? — 조직의 가치를 계산할 수 있고, 조직은 투자자의 기대 수익을 지원할 현금 흐름이 있는가?

7. 어떤 조직 구조를 기대하고 있는가(예: 미국에서 주식 자금 조달에는 영리 조직이

필요하다)?

자금 조달을 모색하는 사회적 벤처는 가능한 자금 조달 원천이 가질 수 있는 자금 선호도도 알고 있어야 한다. 일부 원천은 특정 시장(예: 에너지), 특정 지역 또는 소비자(예: 저소득 또는 중간 소득), 자산 구매에 필요한 자금의 양, 특정 시기 및 수익률에 초점을 둔다.[2]

자금 조달 전략을 계획할 때, 다양한 성장 단계에 하나 이상의 자금원을 사용하는 "혼합 자금 조달" 계획을 세우는 것이 유용할 수 있다. 그림 12.1은 자금 조달 유형의 바람직한 상황을 평가하는 데 도움이 될 수 있다.

가능성 있는 자금 유형의 대안이 선택되면, 몇몇 조사가 도움이 된다. 조사결과로부터, 샘플 "주요거래조건"(각 원천에 필요한 정보 및 조건에 대한 세부정보가 포함된 양식)을 얻을 수 있는 가능한 원천의 목록을 작성하라. 자금 원천과 수령인이 동의한 주요거래조건은 지불 시점, 지불 조건, 금액 및 교환된 주식(있는 경우) 및 회수 시기를 포함하여 자금 조달의 모든 세부 사항을 명시한다(아래 예 3에 예시된 바와 같이).

필요한 자금 조달 금액을 결정하려면, 11장의 예산 및 현금 흐름 표를 사용하라. 매년 필요한 자금 조달 금액은 다음을 추가하여 결정된다:

+ 예산에 포함된 모든 보조금 기금 수입, 즉 판매로부터 발생되지 않거나
　 기부자가 기부한 수입
+ 모든 현금 흐름 부족분(수입 초과 비용)
+ 예기치 않은 상황에 대한 "비상용"(보통 전체 비용의 약 10%)
= 특정 연도에 필요한 총 자금 조달 금액

자금 조달을 모색할 때는, 일반적으로 1년 이상의 자금 조달이 필요하다.

가치 평가

주식 자금 조달 및 때로는 대출 자금 조달에서 기업가치 평가(즉, 기업의 가치가 얼마인가)를 할 필요가 있다. 가치 평가에 관한 많은 책과 논문이 있으며, 많은 투자자는 가치 평가를 계산하기 위한 자체 알고리즘을 가지고 있다.[3] 일반적으로 가치 평가는 다음 중 한 가지나 조합을 기반으로 할 수 있다:

- 자산 교체비용(예: 제품 및/또는 프로세스 생성 비용)

그림 12.1 **사회적 벤처 자금 조달 소스의 비교**

소스/유형	적절한 단계	실사와 관리 노력	기대 수익	기간 및 출구	예상 개입 정도
개인, 친구 및 가족	스타트업 및 초기 결과, 때때로 성장 초기	낮음	영향 우선, 재무적 수익도 가능	유연함(인내 자본), 유연한 출구	낮아야 하며 때때로 높음
보조금	초기 결과, 성장 초기	처음에는 높고 그 후 중간	영향, 자본의 일부 상환을 기대할 수 있음	일반적으로 단기(보조금은 특정 기간 동안), 출구는 시간 기반	낮아야 하며 때때로 중간 정도
"소프트 론"	초기 결과, 성장 초기, 빠른 확장, 성숙	처음에는 높고 그 후 낮음	영향, 원금의 회수(때에 따라) 및 시장 금리 이하로	유연함(인내 자본), 출구는 전부 또는 일부 상환	낮음
전통적인 대출	성장 초기, 빠른 확장, 성숙	처음에는 높고 그 후 낮음, 담보 및 재무 검증과 같은 자산이 필요함	원금 및 시장 이자율 회수	고정 기간, 회수 시 종료	낮음
프로그램 지향 투자	성장, 빠른 확장	보통, 프로그램 진행 상황에 대한 상태 보고서 필요	상환을 요구하지 않거나 원금의 상환만 요구할 수 있음	고정 기간, 종료 시 프로그램 완료	낮음
배당 수요	성장 초기, 빠른 확장	처음에는 높음, 수요 조건 및 금액이 합의되면 낮음	파이낸싱 시 합의된 금액과 시기에 따라 배당	회수되는 배당액과 합의된 조건	낮음/보통
전환 사채	성장 초기, 빠른 확장, 성숙	처음에는 높고 그 후 보통, 조직이 가치평가와 제안된 자본구조를 가질 것을 요구함	원금과 시장 금리 이하의 이자 상환 및/또는 주식 전환을 통한 가치 상승	유연함(인내 자본), 출구는 투자 회수 또는 주식 전환	보통
엔젤 자본	스타트업, 초기 결과, 성장 초기	보통에서 높음, 가치평가 및 자본 구조 필요	경영권 매입 또는 주식 공모를 통한 가치 상승	유연함(인내 자본), 출구는 투자 회수, 경영권 매입, 회사 매각, 또는 주식 공모	낮음 또는 보통, 이사회 자리를 원하거나 조언을 제공할 수 있음
영향 우선 주식	어떤 단계에서도 가능	보통에서 높음, 가치평가 및 자본 구조 필요	영향, 시장 회수율보다 낮을 가능성, 경영권 매입 또는 회사의 매각을 통한 출구	유연함(인내 자본), 출구는 투자 회수, 경영권 매입, 회사 매각, 또는 주식 공모	보통 또는 높음 – 회사의 소유자
재무 우선 주식	성장 초기, 빠른 확장	높음, 가치 평가, 자본 구조 및 완전한 검증(예: 재무 이상) 필요	시장 가치 상승률, 회사 매각 또는 상장을 통한 출구	단기에서 중기, 출구는 회사의 매각 또는 주식 공모를 통해	높음 — 소유자이며 재무 수익을 기대함

- 수입(몇 년 동안의 현재 가치 — 수입흐름을 창출하기 위해 현재 시장이자율로 투자해야 하는 금액)
- 수익(몇 년 동안의 현재 가치 — 수익흐름을 창출하기 위해 현재 시장이자율로 투자해야 하는 금액)
- 기회비용(비즈니스의 수입흐름과 동일한 수입흐름을 창출하는 데 드는 비용)

따라서 초기 가치 평가는 벤처 제품/서비스 개발의 (예상)비용으로 설정될 수 있다. 이후 가치 평가는, '초기 가치 평가 + 예상 연간 수입 또는 수익의 배수'를 기반으로 설정될 수 있다.

자금 조달에 사용되는 문서 Documents Used in Fund-Raising

GSBI에서 수백 개의 벤처기업과 협력한 경험을 바탕으로, 자금 조달에 사용할 문서를 4개 만드는 것이 좋다.

1. **가능한 원천**: 연락할 사람의 이름, 이 조직이 적절한 자금공급원인 이유, 자금 조직이 과거에 자금을 조달한 다른 벤처 등 자금 조달을 위해 접촉한 조직의 목록을 작성하라.

2. **엘리베이터 피치**: 잠재적인 자금 조달원, 파트너, 그리고 돕는 데 관심이 있는 다른 사람들과 접촉할 때, 엘리베이터 피치를 갖는 것이 중요하다. "엘리베이터 피치"는 아래와 같은 문제에 대한 2~3분의 구두 요약이다:

   ∞ 왜 이 조직이 일을 함에 있어 최고인가(왜 당신이 대안보다 더 나은 선택지인가?)

   ∞ 조직이 조직의 성과를 어떻게 측정하는가(성공 여부를 판단하기 위해 어떤 계량적 분석을 사용하는가?)

엘리베이터 피치의 의도된 청중은 잠재적으로 조직을 돕는 데 관심이 있고(재정적으로), 조직이 하는 일에 관심이 있지만, 일반적으로 조직과 목표 수혜자에게 익숙하지 않은 사람이다.

3. **사업 계획 요약 발표**: 일단 자금 조달자가 관심을 보이기 시작하면, 다음 단계는 사회적 벤처를 보여주고 자금 조달의 필요성을 정당화하는 것이다. 이러한 회의에서는 일반적으로 공식 프레젠테이션 형식(예: 파워포인트)으로 사업 계획을 요약하는 것이 유용하다. 사업 계획에는 여러 가지 개요가 있다. 사회적 벤처는 자금 조달원에 따라 요구사항이 달라지기 때문에, 각 잠재적 자금 조달자의 특정 요구사항에 맞는 프레젠테이션이 필요하다. 따라서 프레젠테이션을 하기 전에 자금 조달자가 제시받고 싶은 정보의 개요를 가지고 있는지를 물어보고, 해당 원천을 위해 특별히 설계된 프레젠테이션을 작성하라.

일부 자금 조달자는 사업 계획서 및/또는 재무제표 및 계획서 제출을 요구할 수도 있다. 4~10장의 연습문제는 이 문서의 시작점으로 사용할 수 있다.

4. **투자 개요**: 엘리베이터 피치 또는 사업 계획 요약 프레젠테이션과 함께 진행하는 "유인물"로, 조직에 대한 투자 개요를 제시하는 것이 유용하다. 투자 개요는 사업 계획 요약 프레젠테이션 후 사용하기 위해 "남겨진" 참조 문서이다. 또한 사업 계획 요약 프레젠테이션을 하기 전에, 잠재적인 자금원에게 보낼 서류 역할을 할 수도 있다. 연습문제 12.4는 투자 개요를 만드는 데 사용할 수 있는 일련의 질문을 제시한다.

자산 실사 Due Diligence

일단 자금 원천을 파악하고 잠정적으로 자금을 제공하기로 합의하면, 자금 조달이 실제로 승인되기 전에, 보통 자산 실사 단계가 필요하다. 자산 실사 동안에, 자금 조달원(들)은 사업 계획에서 제기한 주장이 정확한지 여부를 확인하고, 제품 승인 및 재무 결과에 대한 주장도 조사할 수 있다. GSBI를 위해 최근에 작성된 그림 12.2는 3가지 기본 투자 유형(주식, 대출 및 보조금)에 대해 자산 실사 동안에 사용할 수 있는 문서에 대한 우선순위(중요도별) 체크리스트를 제공한다. 그러나 각 자금 원천에는 자체 자산 실사 체크리스트가 있을 수 있다.

그림 12.2   실사 점검표

| 1주일 이내 | 2~4주일 이내 | 기타 |

문서	투자 유형			메모
	주식	대출	그랜트	

A. 조직 정보
(회사 및 자회사)

문서	주식	대출	그랜트	메모
주 정부 기관 신고서(법인/조직/설립 조항, 합자회사 인증서를 포함) 및 모든 수정 사항.	×	×	×	
내부 규율 문서(조례, 운영 계약, 파트너십 계약 등) 및 모든 수정 사항.	×	×	×	
이사회, 자문위원회, 이사회위원회 및 주주 회의록 및 회의 없이 모든 조치에 대한 동의	×			
회사가 사업을 할 자격이 있거나, 사무실이 있거나, 재산을 보유하거나(재고 포함) 사업을 수행하는 관할권 일정(주, 국가).	×	×		
가장 최근에 획득한 회사가 사업을 수행할 자격이 있는 관할 구역(주, 국가)에 대한 설립 증명서.	×	×		
연방 및 주 세금 면제 자격(해당하는 경우).	×	×	×	

B. 증권 발행

문서	주식	대출	그랜트	메모
유가증권 인증서(주식, 지분, 기타), 신주인수권부사채 및 옵션 계약의 샘플 사본.	×			
유가증권 보유자 일정, 연락처 정보, 유가증권 수(보통주 및 우선주, 멤버십 지분, 파트너십 지분 또는 이에 상응하는 것 포함), 발행 날짜, 지불 대가 및 소유권 백분율(캡 테이블).	×	×		
전환사채 상품(캡 테이블)을 포함한 모든 미결제 옵션, 신주인수권부사채 또는 전환 유가증권.	×	×		
모든 의결권 계약, 구매/판매 계약, 주주 계약, 신주인수권부사채 계약, 위임장 또는 우선매수권.	×	×		
회사의 임원, 이사 또는 유가증권 소유자 간의 채무 조정, 보증 또는 면책.	×	×		
회사 유가증권과 관련된 기타 계약, 약정 또는 공적/사적 문서 또는 약속.	×			

그림 12.2 **실사 점검표(계속)**

문서	투자 유형			메모
	주식	대출	그랜트	
C. 재무 정보				
설립 이래 감사받은 재무제표(감사받은 자료가 없는 경우 감사되지 않는 것으로 간주).	×	×	×	
지난 2년간 그리고 현재 연도(현재까지) 분기별 손익계산서, 재무 상태표, 현금 흐름표.	×	×		
지난 3년간의 변경 사항을 포함하여 회계 방법 및 관행에 대한 설명.	×	×		
3년간의 운영 예산 및 재무 계획.	×	×		
회사가 준비한 재료 마케팅 또는 컨설팅 연구 또는 보고서를 포함한 완전한 현재의 사업 계획서.	×	×		
지난해의 외상매출금과 외상매입금 체류기간 분석표.	×	×		
제품 또는 서비스 가격 계획 및 정책.	×	×		
제품 또는 서비스별 매출, 총 마진 및 평균 판매 가격.	×	×		
특별한 수입 또는 지출 내역.	×	×		
재료 감가상각 또는 삭제에 대한 설명.	×	×		
모든 악성 부채에 대한 요약.	×	×		
미불 우발 채무의 세부 사항.	×	×		
회사의 재무 상태에 대한 회계사 보고서.	×	×		
D. 세금 정보				
지난 3년간 연방, 주, 지방 및 외국 세금 신고.	×			
세금 감사에 대한 세부 사항.	×			
현재 부가가치세, 실업, 사회 보장, 소비세 및 기타 세금 납부에 대한 증거.	×			
E. 계약 및 합의				
관련 계약의 사본과 함께 모든 자회사, 파트너십, 합작 투자 또는 전략적 제휴 관계 및 의무의 일정.	×	×		
라이선스 계약(인바운드 및 아웃바운드).	×			
구매 계약.	×			

그림 12.2 실사 점검표(계속)

문서	투자 유형			메모
	주식	대출	그랜트	
지난 2년 동안 회사의 빚을 지게 된 모든 은행 및 비은행 대출 기관의 일정 신용 계약, 채무 상품, 담보 계약, 담보 대출, 할부 판매 계약 및 기타 유치권, 장비 임대 또는 재무성과 보증을 포함하여 관련 계약의 중요한 조건 및 관련 계약 사본에 대한 설명.	×	×		
제조물 책임을 포함한 재산, 부채 및 운영에 관한 보험 계약 일정(및 관련 계약 사본) 및 특별 준비금 및 계정을 포함한 회사의 책임 노출과 관련된 기타 모든 계약에 대한 설명.	×	×		
주요 공급 업체, 대리점 및 고객의 일정과 각각의 계약서 사본.	×	×		
추가 주요 계약.	×			
F. 정부 규제				
모든 허가 및 라이선스 사본.	×	×		
정부 기관에 제출된 보고서 사본.	×			
지역, 주 또는 연방 기관이 문의한 세부 사항.	×			
G. 소송				
잠재적 손해를 포함하여 현재 알려진 잠재적 소송에 대한 설명.	×	×		
문서화.	×			
공급 업체, 경쟁 업체 또는 고객과의 분쟁 요약.	×			
H. 제품 및 서비스				
모든 기존 제품 또는 서비스와 개발 중인 제품 또는 서비스의 일정. 가능한 경우 시장 점유율을 포함하여 제품 또는 서비스 라인별로 오퍼링을 표시.	×			
회전율, 폐기 및 가치평가 정책을 포함한 재고 분석.	×	×		
계절별 문제 분석을 포함하여 제품군별 백 수주잔량 분석	×			
연간 계약 금액과 관련 계약 사본을 포함한 주요 공급 업체 일정.	×			

그림 12.2 **실사 점검표(계속)**

문서	투자 유형			메모
	주식	대출	그랜트	
I. 마케팅				
시장 점유율별 경쟁업체 목록	×	×		
지난 2년 동안 판매 정보 및 미완료 주문을 포함하여 회사의 주요 12대 고객 목록.	×	×		
가격 전략 분석.	×	×		
현재 광고 프로그램, 마케팅 계획, 예산 및 인쇄 브로슈어 및 마케팅 자료.	×			
판매 수수료 구조.	×			
제품 라인별 판매 예측.	×	×		
외부인이 수행한 모든 관련 마케팅 연구.	×	×		
J. 관리 및 인사				
경영진 조직도 및 고위 임원의 이력서가 포함된 회사 이사 목록.	×	×	×	
임원, 이사 및 주요 직원에게 지급되는 보상 일정. 관련 계약서 사본과 함께 급여, 보너스 및 비현금 보상(예: 자동차, 재산 등)을 공개.	×			
고용 및 컨설팅 계약, 기밀 유지 계약, 비공개 및 비경쟁 계약, 대출 계약 및 임원, 이사 및 주요 직원과의 거래와 관련된 문서.	×	×		
K. 재산 및 장비				
지역권 또는 기타 저당권 제한 사항에 대한 세부 정보, 소유권, 모기지 및 신탁 증서 사본을 포함하여 회사가 소유한 모든 부동산 일정.	×	×		
회사 계약서 사본과 함께 회사 공간 확장 계획에 대한 설명을 포함하여 회사 임대 및 전대(sublease) 일정.	×	×		
특허, 저작권, 상표, 영업 비밀, 회사와의 라이선스, 회사가 개발/소유/라이선스를 부여한 기타 무형 자산.	×	×		
L. 영향과 사명				
관련 프로그램, 사명, 영향 또는 지속 가능성 정책 및 지침 사본(해당하는 경우)을 사용하여 사회적, 경제적, 환경적 또는 기타 영향 목표 일정	×	×	×	

그림 12.2   실사 점검표(계속)

문서	투자 유형			메모
	주식	대출	그랜트	
로비 또는 정치적 목적으로(직접 또는 간접적으로) 사용되는지 여부를 포함하여 자금의 의도된 사용을 설명.	×			
관련 문서 사본을 포함하여 설립자 및 주요 투자자가 기여한 개인 금융 자본 일정.	×	×	×	
예상 영향의 성격 및 규모(예: 1년, 3년 및 장기) 일정 및 영향 평가/보고에 사용되는 지표, 보고 간격 및 필요한 문서를 포함.	×	×	×	
투자 일자, 중요한 계약 조건 및 투자자의 사명/프로그램 목표를 포함한 기존 영향 투자 일정.	×	×	×	
"기타" – 위에서 언급하지 않은 기업 고유의 영향 지표를 제공하라.	×	×	×	
M. 기타				
상업적 분석 및 문서화 정책을 포함하여 진행 중인 연구 및 개발 노력의 세부 사항.	×			
과거 및 현재 보도 자료, 회사 및 업계 관련 기사, 회사 뉴스레터 및 투자자 관계 자료 사본.	×			

투자 준비 Investment Readiness

최근에 GSBI는 사회적 벤처기업들이 성장단계별로 다른 능력을 의미하는 "투자 준비"를 보여줄 수 있는 역량을 개발하도록 돕기 위해 노력해 왔다. 보조금, 친구 및 가족, 소프트 론과 가능성 있는 엔젤 투자자가 적절한 자금 조달원인 초기 단계 벤처의 경우, 투자 준비는 일반적으로 사회적 벤처의 제품 또는 서비스가 성공할 수 있는 것으로 입증되고, 잠재적인 시장을 계량화할 수 있으며, 그리고 시장 수용의 증거가 몇 가지 있음을 의미한다. 초기 성장 벤처의 경우, 투자 준비(대출, 프로그램 관련 투자 또는 지분 투자자)는 제품 또는 서비스를 복제할 수 있으며, 벤처 제품 또는 서비스의 성공적인 시장 시험이 현재까지 있음을 의미한다. 그리고 빠른 성장을 위해 자금을 찾는 벤처기업의 경우, 투자 준비는 벤처 프로세스의 규모를 확장할 수 있고, 플러스 현금 흐름 시장에 제품과 서비스를 제공할 수 있는 뚜렷한 시장의 증거가 있음을 나타낸다.

사회적 벤처에 대한 짤막한 정보: 그라민 샥티

다음은 그라민 샥티의 자금 원천 및 엘리베이터 피치의 예이다. 그림 12.3에서 알 수 있듯이, 1996년부터 2001년까지 샥티는 여러 출처에서 돈을 모았다. 이 기간 초반에 자금은 보조금, 대출 및 현물 투자로 이루어졌다. 그다음, 2001년에 USAID는 400만 달러 규모의 회전 기금 형태로 고객금융을 제공하고, 지사, 직원 및 재고 분야에서 성장을 지원했다. 1996~2001년 동안 샥티가 모금한 총 500만 달러의 자금은 투자자들에게 최소한의 재정적 수익을 제공했지만 사회적 영향은 극적으로 증가했다.

엘리베이터 피치(그라민 샥티의 태양열 홈 조명 시스템 비즈니스에 대한 90초 설명)

그라민 샥티는 방글라데시의 4만 개 이상의 시골 마을에 태양열 주택(및 태양열 미니그리드) 조명 시스템의 11개 모델을 제공한다. 이 시스템은

그림 12.3   자금 조달 출처 및 용도 요약

시기	소스	유형	금액	사용	회수
1996~1997년	록펠러 형제	보조금	$75,000	스타트업	없음
1996~1997년	스티칭 질	보조금	$75,000	스타트업	없음
1996~1997년	그라민 기금	대출	600만 타카 (약 $150,000)	스타트업	이자 없음, 무기한 상환
1996~1997년	그라민 트러스트	보조금	250만 타카 (약 $61,000)	풍력 에너지 실험을 위한 보조금	없음
1996~1997년	그라민 회사	현물 제공	사무실 공간 및 기타 무료 서비스	스타트업	없음
1998년	IFC/GEF	2.5%로 대출	$750,000	32,400개의 태양광 시스템 설치	10년, 회사가 세전 양의 현금 흐름을 유지한 해마다 10%씩 감소(첫해는 2000년)
2001년	USAID	회전 기금	400만 달러	성장 — 사무실, 직원 및 재고	수익은 회전 펀드로 반환

- 대안보다 더 밝은 조명을 제공한다(근로 시간이 증가하여 가족 소득이 15~25% 증가하고 어린이가 하루에 2~3시간 더 공부할 수 있게 함).
- 등유 또는 양초보다 더 건강 친화적인 조명을 제공한다.
- 등유 조명보다(수명기간 동안) 비용이 저렴하다.

다른 태양광 조명 공급업체와 달리 그라민 샥티는 여러 제품구성 선택, 소액금융 및 제품 서비스 등 완벽한 제품사양을 제공한다. 1996년 사업초기부터 2010년까지, 그라민 샥티는 350만 명 이상의 사람들에게 혜택을 주는 50만 개 이상의 태양광 조명 시스템을 설치했으며, 이산화탄소 배출량을 매년 120톤 이상 줄였다. 뿐만 아니라 그라민 샥티는 10만 명 이상의 방글라데시 남성과 여성을 고용하면서, 현금 흐름 손익분기점 운영을 달성했다.

사회적 벤처에 대한 짤막한 정보: 산카라 투자 개요

산카라 투자 개요는, 잠재적인 투자자에게 벤처 및 자금 조달 계획에 대한 설득력 있는 내용을 요약하는 데 사용될 수 있는 훌륭한 문서 예를 제공한다. 참조 문서로서, 회사의 현재까지의 중요한 영향, 달성된 이정표를 근거로 한 신뢰할 수 있는 성장 궤적, 필요한 투자에 대한 계획된 용도, 가치 제안의 차별적인 요소를 강조한다(그림 12.4 및 12.5 참조).

사회적 벤처에 대한 짤막한 정보: GSBI 혁신자 Ziqitza Health Care Limited

지퀴차 건강관리 유한책임회사(Ziqitza Health Care Limited: ZHL)는 인도에서 100만 명이 넘는 도시에서 구급차 서비스를 제공한다. 2005년에 시작했을 때, 그러한 37개의 도시들 중 35개는 구급차 서비스가 없었다. ZHL은 2007 GSBI 이후 상당한 자금을 지원받았으며, 이로 인해 이 벤처는 빠르게 성장해서 여러 도시에서 구급차 서비스를 제공했다. 자세한 내용은 Ziqitza의 Acumen 기금에 대한 William Davidson Institute 사례 연구(2009년 5월 1-428-788 case)를 참조하라.

Ziqitza 이전에는 병원으로의 응급 수송은 인력거, 개인용 자동차 또는 장비나 훈련된 기술자가 없는 "밴 구급차"였다. Ziqitza는 연중무휴 콜센터, 기본 및 고급 소생술 교

그림 12.4   산카라 투자 프로파일

Eliminating curable blindness across India

Investment Required

Sankara is looking for $ 1.25 M in soft loans and $ 1.25 M in grants to fund our upcoming hospital in Rajasthan.

Description

Sankara currently operates 13 eye hospitals in India. Our mission is to eliminate curable blindness across India by scaling to 20 Sankara Community Eye Hospitals serving over a million rural poor every year.

Headquarters Coimbatore, India
Established 1977
Impact Areas India
Type Non-Profit
Sector Health
Staff Size 1,184
Annual Budget $ 12.4 M
Major Funders Sankara Eye Foundation, Mission for Vision Trust, Calvert Foundation
Stage Revenue

Management Team

CEO Dr R.V. Ramani

President Community Eye Care
Bharath Balasubramaniam

President Medical Administration and
Training Dr Kaushik Murali

CONTACT US
+91 97 50 98 6645
BHARATH@SANKARAEYE.COM
WWW.SANKARAEYE.COM/
FACEBOOK: /GIFTOFVISION
TWITTER: @SANKARAEYE

Sankara Eye Care Institutions (SECI)

Target Market

India is home to the largest population of 'curable blind' worldwide. According to WHO (2010), an estimated 63 million people in India are visually impaired, and of these, approximately 8 -12 million are blind.

Value Proposition

Sankara operates super specialty eye care hospitals with most modern infrastructure and comprehensive range of eye care services. Sankara serves and provides value to two distinct markets:

Free eye care for the rural poor through outreach: Sankara caters to villages located within 200 km radius of the base hospital. The rural poor are screened by Sankara staff at the villages and those requiring surgery are taken to the hospital for treatment. The entire treatment including surgery, stay, food and transportation (to and from the village) is provided for free.

Affordable premium eye care for the urban middle class (a $ 3 billion market): Sankara's paying section offers highest quality eye care with highly experienced medical staff for the urban middle class – premium services at affordable prices.

Surplus from 1 paid surgery allows for 4 free surgeries for the rural poor, and ensures financial sustainability in its mission to eliminate curable blindness across India.

"Vision is the Gift of God and to be blind is unfair if it can be cured with quality eye care."

BHARATH BALASUBRAMANIAM,
PRESIDENT COMMUNITY EYE CARE

 SANKARA EYE EYE CARE INSTITUTIONS
WWW.SANKARAEYE.COM/ BHARATH@SANKARAEYE.COM

육을 받은 기술자와 구급차, 혼잡한 도시 거리를 탐색하고 응급 수송 서비스를 효율적으로 활용하는 구급차 추적 시스템을 제공한다. 2018년 1월까지, Ziqitza는 3,000개의 구급차가 있는 18개 주에서 운영되었으며, 800만 명 이상의 응급 고객에게 서비스를 제공했다. 이 짤막한 정보는 2007 GSBI에서 발췌한 것이다.

그림 12.5 산카라 투자 프로파일

Impact to Date

1.1 Million + free eye surgeries for the rural poor

3 Million + rural inhabitants screened for eye care

4.5 Million + children screened

100,000 + free eyeglasses to poor children

55% of surgeries on women

74% of the paramedics are women, recruited and trained from economically poor families

Milestones Achieved

2013 Performed one millionth free eye surgery at Coimbatore

2013 Opened two exclusively paid hospitals in Mumbai and Kanpur

2013 Performed 140,800 free eye surgeries and 29,800 paid surgeries.

2013 Received $700,000 in debt funding from Calvert Foundation

Growth Plan

2014 Inauguration of Kanpur Community Eye Hospital for the rural poor in October

2015-2016 Expansion to Rajasthan (Jodhpur), Madhya Pradesh (Indore), and Chattisgarh (Raipur)

Key Awards

2012 S.R. Jindal Award for Rural Development and Poverty Alleviation

2012 Dharamsey Nansey Oman Award for Outstanding High Quality High Volume Eye Care Service Delivery instituted by VISION2020: The Right to Sight – INDIA

2014 IMC Ramkrishna Bajaj National Quality Performance Excellence in Health Care

On March 4, 2013, Sankara doctors successfully removed the cataract from Shanthi's left eye, marking the millionth free surgery for Sankara. Shanti is back at her weaving loom supporting her disabled husband and four young children.

"When it is hard to find care and love amongst family and friends, Sankara has given me all that and much more, in fact a bright future for me and my family."

SHANTHI, *SANKARA PATIENT, AGE 35*

Santa Clara University
Center for Science, Technology, and Society

THIS PROFILE WAS DEVELOPED DURING THE 2014 GSBI® ACCELERATOR AT SANTA CLARA UNIVERSITY.

사명, 기회 및 전략

사명	인구 100만 명이 넘는 도시에서 최고의 응급 의료 서비스(EMS) 제공
주요 측정 기준	이송된 사람 수
기회	인구 100만 명 이상의 37개 도시 중 35개 도시에 조직된 EMS가 없

고, 1억 명 이상에게 영향을 미침

전략   (1) EMS 팀 구성

(2) 최첨단 장비를 갖춘 구급차 확보

(3) EMS 전화 서비스를 갖춘 파트너(예: 1298 긴급 전화번호)

(4) 비즈니스 모델 지불 능력을 사용하여 EMS 제공

외부 환경

외부 환경의 주요 요소는 다음과 같다:

- 인구가 100만 명 이상인 37개 도시 중 35개 도시에 구급차 서비스가 없다.
- 매년 자동차 사고로 8만 명이 사망하고 120만 명이 심각한 부상을 입는다.
- 인도는 심장마비 환자(연간)가 세계에서 가장 빠르게 증가하고 있다.
- 주요 도시의 교통 체증
- EMS에 대한 의료센터 인식 향상
- EMS 직원 교육 부족
- 주요 도시에서 유선 및 휴대전화의 광범위한 사용 및 911 유사 서비스 이용 가능
- 지방 정부 및 일부 병원에서 EMS에 대한 일부 저항
- EMS에 대한 시장 교육 필요

시장

직접 수혜자: 인구 100만 명 이상인 도시에 사는 1억 명 이상; 72%는 지불 능력이 있다; 매년 자동차 사고로 8만 명이 사망하고 120만 명이 심각한 부상을 입음; 인도는 세계에서 가장 빠르게 성장하는 연간 심장 마비 환자 수를 가짐

간접 수혜자: 심각한 자동차 사고 또는 심장마비의 영향을 받는 가족

관련 수혜자: 영향을 받는 도시의 인구 건강 및 경제

제품: EMS 구급차 서비스

가격: 선택한 병원에서 결정한 지불 능력: 풀 서비스 병원으로 이송되는 경우 전액을 지불하고, 국영병원으로 이송하는 경우 보조금을 지불한 가격(전액의 약 50%)을 지불하고, 지불 능력이 없는 사람은 무료이다.

유통: 병원 및 911 유사 서비스를 갖춘 파트너

홍보: 광고(미디어 및 구급차)

경쟁 우위: 응답 시간, 가격, 서비스 품질

운영 및 가치 사슬

주요 프로세스는 (1) 비상 호출을 위한 호출 서비스, (2) 구급차를 위한 파견 서비스, (3) 구급차 운영, (4) 구급차 직원 교육 및 (5) 청구이다.

주요 파트너는 비상 전화 서비스 회사(협력)이다.

조직 및 인적 자원

인도에서 LLC(유한책임회사)로 조직; 5명의 설립자가 보유한 주요 관리 직책; 2007년 25명의 직원

사업 모델 및 단위 경제

수입 요인: 구급차 후원(20%), 운영(80%)

비용 동인: 서비스 비용(25%), 급여(35%), 시설(40%)

단위 경제: 단위 = 이송된 사람. 2007/2008년: 52,195명 수송, 450만 달러 비용 = 1인당 $82.38

계량적 분석

주요 계량적 분석은 (1) 수입, (2) 경비, (3) 이송된 사람 수(응급 비율), (4) 구급차 수 및 (5) 운전자의 감소이다.

운영 계획

ZHL에는 월간 운영 계획이 있으며 2007년 4월 현금 흐름은 플러스였다.

자금 조달

주식: 초기 자금(2005): 4명의 설립자로부터 각각 $120,000: = $480,000

보조금: AAA(Ambulance Access for All) 재단(2005): 구급차 6대, 대당 $45,000 = $270,000

5년 대출: 594만 달러(2006)

주식: Acumen Fund(2006): $600,000

주식: Acumen Fund(2007): $900,000

Acumen Fund의 2가지 지분 투자에 대한 자산 실사 과정은 미시간 대학교(William Davidson Institute)의 사례 연구(2009년 5월 1-428-788 case)에 기록되어 있다. 사업 계획 외에도, 자산 실사의 일환으로, ZHL은 (1) 예상 손익계산서, (2) 대차대조표, (3) 현금 흐름 및 (4) 운영 계량적 분석과 같은 4가지 문서를 제출했다. 사례 연구는 다음과 같이 설명했다:

> 설립자들은 ZHL의 마케팅 캠페인과 양질의 서비스가 구급차 한 대당 하루 운행 횟수의 증가와 심장 응급전화의 비율이 더 높아질 것으로 예상했다. 또한 설립자들은 EMS 운영이 개선되고 시장점유율이 증가함에 따라 총수익에 대한 광고 수익의 비율이 시간이 지남에 따라 감소할 것으로 예상했다. 할인율에 대해 설립자들은 15%의 자기자본 비용을 계산했다. 설립자들은 Acumen Fund의 메모에서, 아래와 같은 사례 연구에서 발췌문을 통해 15%를 정당화했다.
>
> 5년에서 10년 사이의 만기 국채에 대한 연간이자 수익률은 7.9%에서 8.05% 범위이다. 우리는 투자자가 사업에 투자하는 데 따르는 위험에 대한 조정을 위해 무위험에 비해 거의 100%의 위험 프리미엄을 가정했다. 또한 NYSE(미국) 및 BSE Sensex(인도)에 상장된 주식의 장기 수익률 (~10년)은 15% 범위에 있다. 우리가 가정한 수익률은 회사가 일정 기간에 걸쳐 제공할 것으로 확신하는 배당수익률도 배제했다.

또한 사례 연구에서는 다음과 같이 설명한다.[5]

> 투자를 승인 받기 위해, "추천인"은 투자위원회에 회사의 합리적인 가치 평가, 사용된 다양한 가치 평가 방법론 기술, 제안된 주요거래조건 및 투자가 Acumen Fund의 포트폴리오에 적합한 이유에 대한 명확한 근거를 제공해야 했다.

ZHL은 첫해 말에 부채가 없었지만, 두 번째 해에는 더 많은 구급차를 구입하기 위해 자금을 빌리기로 가정했다. 부채가 포함됐을 때, ZHL은 가중 평균자본비용(WACC)을 12%로 계산했다.

다른 회사와 비교하기 위해서 설립자들은 2012년 3월 기준으로 P/E 비율 15를 가정하여 회사를 평가했다. 이 비율은 Bombay Stock Exchange Sensex 지수(30대 기업)의 평균 P/E 비율이 약 19였기 때문에 보수적인 것으로 간주되었다. 불행하게도 인도에서는 이 P/E 비율이 합리적인지 여부를 판단하기 위해서, 직접적으로 비교할 만한 회사가 없었다. 사례 연구에서 취하여 그림 12.6에 표시된 주요거래조건은 양 당사자가 작성하고 서명했다.

ZHL의 비교대상은 NASDAQ에 상장된 미국 소재 EMS 회사인 Rural Metro였다. Rural Metro의 P/E 비율은 2006년 3월 31일 기준 2.3이다. 시가 총액/수익 비율은 0.3이다. 그러나 ZHL에 더 높은 P/E를 사용해야 하는 이유가 있었다. 미국에서는, EMS 시장이 성숙하여 단일 EMS 제공업체가 높은 성장률을 기록하기가 어려웠다. 이에 비해 인도 시장은 초기 수준이며, 매우 세분화되었다. 이는 ZHL과 같은 전문서비스에 대한 큰 성장 잠재력을 제공했다.

Acumen Investment Committee는 자본 지출(2006년 0.39백만 달러, 2007년 0.9백만 달러), 마케팅 비용(2006년 0.16백만 달러) 및 운전자본(2007년 0.05만 달러)을 지원하기 위해 ZHL에 150만 달러의 지분 투자를 결정했다.

그림 12.6 **ZHL 텀시트**

ZHL 텀시트
시리즈 A 우선주 및 보통주 발행 및 공모

문서의 특성
이 텀시트는 구속력이 없으며, 무엇보다도 아래의 "정지 조건" 섹션에 명시된 조건을 충족해야 한다.

발행자
Ziqitza Health Care Limited, 인도 법률("ZHL" 또는 "회사")에 따라 조직된 공개 유한 회사

투자자
미국 뉴욕 법률에 따라 조직된 비영리 법인인 Acumen Fund, Inc. ("Acumen Fund")

발행 금액
공모 가치는 6,900만 INR("Issue Amount")이다.

발행일
본 텀시트("공모")에서 고려한 주식 발행은 2007년 1월 15일 또는 그 이전에 발생할 것으로 예상된다.

그림 12.6 **ZHL 텀시트(계속)**

공모 금액

오퍼링은 [5,982,638] Series A 시니어 누적적, 참가적 전환 가능 우선주("Series A Preference Shares")로 주당 10루피의 액면가 및 주당 10루피의 공모가이며, 주당 917.36루피의 공모가로(액면가는 10루피, 프리미엄은 907.36루피) 10,000 보통주로 구성된다.

기존 주식 보유량

회사의 기존 주식은 다음과 같이 구성된다.
- 주당 10루피 액면가로 발행 및 지불된 50,000 보통주;
- 첨부된 부록 A에서 자세히 설명한 대로 주당 100루피(액면가 10루피와 90루피의 프리미엄)로 발행되고 지불된 보통주

회사의 가치평가

이 계약서에 의해 고려된 투자 이전의 〈TBD〉 100만 루피 및 이 계약서에 의해 고려되는 투자의 변환 후 〈TBD〉 100만 루피

발행 금액 사용

발행 금액은 회사가 다음을 위해 사용한다.
- 총 예상 비용 6억 5,500만 루피로 31대의 고급 생명 유지 구급차(조립식 작업 및 의료 장비 포함)와 1개의 콜센터 확보
- 750만 INR의 기금 마케팅 비용

또는 이사회가 Acumen Fund의 사전 서면승인(정당한 이유 없이 지연되어서도 안 됨)에 따라 적절한 것으로 간주하는 방식

정지 조건

본 계약서에 따라 Acumen Fund의 투자는 다음을 포함하되 이에 국한되지 않는 일반적인 조건이 적용될 것이다.
- (a) Acumen Fund의 법적 실사 완료 및 Acumen Fund에 만족스러운 방식으로 발생하는 모든 문제의 해결;
- (b) Acumen Fund의 투자위원회에 의한 투자 승인;
- (c) 회사와 Acumen Fund의 기존 주주에 의한 주주 계약 체결 ("주주 계약");
- (d) 해당하는 경우 인도 정부 규정 및 규범

우선권

모든 보통주를 포함하여(이에 국한되지 않음) 다른 주주에게 배당금을 지불하기 전에 시리즈 A 우선주에 대한 배당을 공표하고 지불하거나, 그러한 지불을 위해 충분한 금액을 설정해야 한다. 시리즈 A 우선주는 주당 청산 가치액의 청산 시 자산의 지불 또는 분배와 관련하여 모든 보통주를 포함하되 이에 국한되지 않는 회사의 다른 모든 주식보다 청산 우선권을 갖는다. 본 계약의 목적상, "청산 가치"는 관련 주식이 발행된 금액 + 미지급 배당금 + 공표되었지만 지급되지 않은 배당금을 의미한다.

그림 12.6 **ZHL 텀시트(계속)**

시리즈 A 우선주 및 정책

매년 10월 15일과 4월 15일(각각 "배당 지불 날짜")에 연체료를 반년 단위로 지불할 수 있는 연간 〈TBD %〉의 배당금은 Series A Preference Shares에 지급된다. 배당금은 그러한 주식이 발행된 날로부터 회사의 주식에 발생한다. 배당금 지급일에 발생했지만 미지급된 배당금은 후속 배당금 지급일에 지급할 배당금과 함께 누적되며 그에 따라 지급된다.

실질적으로 회사의 모든 자산의 합병, 통합 또는 매각

시리즈 A 우선주 보유자가 포기하지 않는 한, 다음 사건은 해당 보유자의 청산 우선권을 결정하기 위해 회사의 청산으로 간주된다.

(i) 회사의 다른 회사 또는 기타 법인과의 통합 또는 합병, 또는 재구성 직전에 회사의 주주가 통합, 합병 또는 재구성 직후 투표권의 50% 미만을 소유한 경우, 또는 회사의 투표권의 50%를 초과하거나 경영통제권이 이전된 거래 또는 일련의 관련 거래

(ii) 회사의 부동산, 자산 및/또는 사업의 전부 또는 실질적으로 모든 부분의 매각, 임대 또는 기타 처분

전환

Acumen Fund는 발행일 4주년 전에 언제든지 시리즈 A 우선주의 전부 또는 일부를 다음과 같은 전환율에 따라 전액 지불 보통주로 전환할 권리는 있지만 의무는 없다. 본 오퍼링에 따라 발행된 모든 시리즈 A 우선주에 적용되는 경우, Acumen Fund는 회사의 모든 보통주의 TBD와 동일한 보통주를 보유하게 된다. 발행일 4주년에 Acumen Fund가 보통주로 전환하지 않은 모든 시리즈 A 우선권 주식은 강제로 보통주로 전환되어, Acumen Fund는 회사의 모든 보통주의 〈TBD%〉와 동일한 보통주를 보유하게 된다.

지배

해당 법률에서 달리 요구하지 않는 한, 회사의 전반적인 관리 및 운영 통제는 이사회 또는 이와 유사한 이사회("이사회")가 독점적으로 행사해야 한다. 이사회의 최대 규모는 7명의 이사이다. 이사회의 이사 수를 늘리려면 Acumen Fund의 사전 서면 승인(정당한 이유 없이 지연되어서도 안 됨)이 필요하다.

주주는 이사회가 Acumen Fund가 임명한 최소 한 명의 이사를 항상 포함해야 하며, 그 이사를 해고하지 말아야 한다는 데 주주는 동의한다.

투표

보통주 보유자는 보통주 한 주당 하나의 투표권을 갖는다. 시리즈 A 우선주 보유자는 시리즈 A 우선주 전환 시 발행되는 각 보통주 한 주에 대해 1표의 투표권이 있다. 시리즈 A 우선주 보유자는 보통주 보유자가 투표권이 있는 모든 사안에 대해 투표할 권리가 있으며, 시리즈 A 우선주 보유자와 보통주 보유자는 단일 등급으로 투표한다.

준거법에 의해 요구되거나 회사의 주주가 합의한 경우를 제외하고, 회사 주주의 모든 결정에는 시리즈 A 우선주의 전환 시 발행할 수 있는 보통주를 포함한 회사의 보통주의 51% 이상을 보유한 주주들의 찬성표가 필요하다.

그림 12.6 **ZHL 텀시트**(계속)

특정 행동에 대한 투표

회사는 다음과 같은 경우 투자자의 찬성표를 요구한다.

(a) 회사의 업무를 청산, 해산 또는 종결

(b) 어떤 방식으로든 시리즈 A 우선주의 권리를 변경;

(c) 승인된 보통주 또는 우선주 수의 증감;

(d) 새로운 종류의 주식을 창출;

(e) 보통주의 상환/환매;

(f) 합병, 기타 기업 개편, 통제권의 매각 또는 회사의 자산 전부 또는 실질적으로 전부가 매각되는 거래;

(g) 회사 양해각서 또는 회사 정관의 조항을 수정 또는 보류;

(h) 법정 또는 내부 감사관 임명;

(i) 시리즈 A 우선주의 권리 또는 의결권에 부정적인 영향을 줄 수 있는 의사결정 또는 조치

적극적 준수사항

회사는:

- 인도 GAAP에 따라 등록된 사무실에서 완전하고 정확한 회사, 재무 및 세금 장부 및 기록을 유지한다. 회사는 재무제표를 작성하거나 규제 당국에 세금 신고를 하기 위해 합리적으로 요청할 수 있는 문서를 Acumen Fund에 제공한다.
- 정상적인 업무 시간 동안 구내, 회계 장부 및 기타 기업, 재무 및 세금 장부 및 기록에 대한 액세스 권한을 각 주주에게 제공한다.
- 이사 및 임원의 면책 보험을 포함하되 이에 제한되지 않는 적절한 보험을 유지한다.
- 해당 법률을 준수한다.
- (i) 회사의 존재, (ii) 권리, 프랜차이즈 및 특권, (iii) 사업의 올바른 수행에 필요하거나 유용한 모든 재산을 보존하기 위한 조치를 취한다.
- 인도 내 이사의 합리적인 회사 관련 모든 비용을 변상한다.

최초 공모(기업공개)

(a) 회사와 프로모터 그룹은 회사 주식의 최초 공모가 이루어지고, 2012년 6월 30일 이전에(또는 Acumen Fund가 자체 재량으로 서면으로 이후 날짜를 승인할 수 있으며, 정당한 이유 없이 지연되어서는 안 됨) 봄베이 증권거래소 또는 전국 증권거래소에 상장되도록 하기 위해 필요한 모든 행위와 조치를 수행할 것이다.

(b) 기업공개(IPO)를 완료함에 있어 회사는 만장일치로 이사회가 승인한 저명한 투자 은행가의 조언을 구하고 활용할 것이다.

(c) IPO에 따라 일반인에게 제공되는 회사의 주식은 Acumen Fund가 서면으로 승인할 수 있는 바와 같이 신규 주식, 기존 주식 또는 상기의 조합일 수 있다(이러한 승인은 정당한 이유 없이 지연되어는 안 됨). Acumen Fund는 단독 재량으로 IPO 희석의 50%의 한도 내에서 IPO의 일부로 보통주의 전부 또는 일부를 최초로 판매할 수 있는 권리(의무는 아님)를 갖는다.

그림 12.6 **ZHL 텀시트(계속)**

전략적 판매:

2012년 6월 30일까지 회사가 IPO를 실행하지 않을 경우, Acumen Fund는 회사의 모든 보통주를 발기인 그룹에 우선매수권을 부여한 후 어느 누구에게나 판매할 권리를 갖는다. 그러나 회사가 2014년 6월 30일까지 IPO를 실행하지 않을 경우, Acumen Fund는 단독 재량에 따라 Acumen Fund 지분 100%를 구매하고자 하는 사람에게 회사의 보통주 100%를 판매하도록 할 권리가 있다.

희석 방지

회사가 주식 분할 또는 주식 배당 및 자본화(각각은 "희석 상품")를 포함하되 이에 국한되지 않는 회사의 보통주를 받을 권리를 부여하는 신주, 권리, 옵션, 워런트 또는 기타 금융상품을 발행하는 경우, Acumen Fund는 모든 신주가 발행되고 모든 희석 상품 및 모든 시리즈 A 우선주가 보통주로 전환된 후에 회사의 지분 비율을 유지할 수 있도록 희석 상품의 수를 취득할 자격이 있다. Acumen Fund는 회사가 다른 사람에게 제공하는 것보다 불리하지 않은 조건으로 그러한 희석 상품을 취득할 권리가 있다.

관리 잠금

프로모터 그룹은 사전 서면 승인(정당한 이유 없이 연기되지 않음)과 Acumen Fund가 명시한 조건을 제외하고 회사의 보통주 또는 기타 유가증권에 대한 유치권 또는 제한부담(encumbrance)을 양도하거나 처분할 수 없다.

오퍼링 날짜의 4주년이 될 때까지 프로모터 그룹은 사전 서면 승인(정당한 이유 없이 연기되지 않음)과 일정 루피 이상의 가치평가를 포함하여 Acumen Fund가 명시한 조건을 제외하고, 회사의 지분 또는 기타 유가 증권에 대한 유치권 또는 제한부담을 양도 또는 처분할 수 없다.

진술 및 보증

주주 간 계약서에는 회사와 발기인이 제공할 진술 및 보증에 대한 자세한 섹션이 포함된다.

외부 감사

회사의 주주들은 독립적이고 상업적인 고려사항에 따라 외부 감사를 선출하여 임명할 것이다. 외부 감사는 이사회가 지시하는 기능을 수행한다.

준거법

주주 간 계약서는 인도 공화국의 법률에 따라 규율되고 해석된다.

분쟁

주주 간 계약서 또는 회사와 관련된 후속 계약으로 인해 분쟁이 발생할 경우, 회사의 주주는 분쟁을 우호적으로 해결하기 위해 성실히 노력할 것이다. 그러한 분쟁이 발생한 날로부터 60일 이내에 해결될 수 없는 분쟁은 (분쟁 당사자의 선택에 따라) 상기 규칙에 따라 임명된 한 명 이상의 중재자에 의해 국제 상공 회의소의 중재 규칙에 따라 최종적으로 해결될 것이다. 중재의 장소는 뭄바이(당사자가 달리 합의하지 않는 한)이며 중재 절차는 영어로만 진행된다.

회사의 주주는 중재가 오퍼링 및 주주 간 계약으로 인해 또는 이와 관련하여 발생하는 당사자 간의 분쟁 해결을 위한 유일한 방법임을 동의한다. 중재인은 잠정적이건 최종적이건 관계없이 금지명령 구

그림 12.6 **ZHL 텀시트(계속)**

제(injunctive relief)를 포함하되 이에 국한되지 않는 정당하고 공정한 것으로 간주되는 해결책 또는 구제를 부여할 권한을 가지며, 중재인이 지시한 모든 임시 조치는 관할 법원에서 시행할 수 있다. 그러한 중재와 관련하여 내려진 판결은 최종적이며 회사의 주주들에게 구속력이 있으며 관할 법원에 제출할 수 있다.

기밀 유지
회사의 각 주주는 본 거래의 협상 또는 결론 또는 회사와 관련된 모든 후속 계약에서 받은 모든 비공개 정보를 관례적인 기밀 유지 규칙에 따라 기밀로 유지한다.

요약 To Recap

사회적 벤처 자금의 출처와 필요한 금액은 벤처의 수명주기에 따라 변화한다. 주요 출처에는 개인 자금 및 보조금, 대출, 전환사채 및 주식 투자에 이르는 모든 것이 포함된다. 자금 조달을 할 때, 잠재적인 출처의 목록, 엘리베이터 피치, 사업 계획 요약 발표(특히 이해 당사자를 대상으로 함) 및 "남겨진" 투자 개요가 모두 유용하다. 다음 장에서는 사명을 수행하는 조직이 앞으로 나아갈 길을 살펴본다.

연습문제 Exercises

12.1 자금 출처 및 금액

11장의 예산 및 현금 흐름 표를 사용하여 필요한 금액과 시기를 계산하라. 자금 조달이 필요할 때마다 접근할 자금원 목록을 작성하라. 일반적으로 각 단계에서 한 가지 유형의 자금원에만 접근하는 것이 좋다. 뿐만 아니라 추가 자금이 필요한 경우, 이전 단계 자금 지원자가, 새로운 자금 출처에 비해 자신들의 투자가 어떻게 처리되는지 이해해야 한다.

최소 중요 세목 체크리스트

자금 조달

- 벤처의 생명주기 단계마다 자금 조달 출처와 금액을 구체적으로 명시한다.
- 운영 계획에서의 자금의 집중적이고 체계적인 사용은 이정표가 달성되도록 만든다.
- 벤처 및 투자자의 성과, 사회적 영향, 재무 수익 목표를 구체적으로 명시하고 나열한다.

12.2 엘리베이터 피치

엘리베이터 피치를 만드는 방법은 여러 가지가 있지만 3단계로 진행하는 것이 좋다. 첫째, 다음을 해결하는 한 페이지짜리 파워포인트 슬라이드를 만들어라:

- 조직이 하는 일(제품 또는 서비스는 무엇인가?)
- 의도한 수혜자는 누구인가(귀하의 제품이나 서비스로부터 누가 혜택을 받는가?)
- 수혜자와 다른 경우, 경제적 구매자는 누구인가(제품이나 서비스에 누가 비용을 지불하는가?)
- 귀사의 제품이나 서비스가 수혜자에게 중요한 이유(구체적으로, 수혜자의 상황은 어떻게 개선되는가?)
- 왜 이 조직이 최고인가(왜 당신이 대안보다 더 나은 선택지인가?)
- 조직이 수행하는 작업을 측정하는 방법(성공 여부를 판단하기 위해 어떤 계량적 분석을 사용하는가?)

둘째, 방금 만든 파워포인트 슬라이드를 조직에 대한 "이야기를 들려주는" 문서로 변환하라. 이것이 엘리베이터 피치이다. 엘리베이터 피치는 파워포인트 슬라이드에서와 동일한 순서로 요소를 사용할 필요가 없다. 예를 들어, 수혜자 한 명 이상의 니즈와 조직이 이 니즈를 충족하는 방법에 대해서 설득력 있는 이야기로 시작한 다음, 그러한 수혜자의 수와 조직이 이를 돕기 위해 어떻게 노력하는지를 설명하기 위해 일반화할 수 있다.

셋째, 엘리베이터 피치를 외우고 3분 이내에 줄 수 있도록 천천히 크게 연습하라. 기업에 어쩌면 시간이나 돈을 투자하는 데 관심이 있는 새로운 사람을 만나면, 엘리베이터 피치를 공유할 수 있는 많은 기회가 있다. 따라서 설득력 있는 엘리베이터 피치를 개발하고, 쉽고 편안하게 전달할 수 있도록 암기하는 데 많은 시간과 노력이 필요하다.

12.3 파워포인트 사업 계획 요약 프레젠테이션 개발

잠재적 자금원들(그리고 기타 이해 당사자들)에게 프레젠테이션을 위한 본보기로, 이 연습문제의 개요를 사용하여, 4~10장 연습문제의 결과를 담고 있는 10~15개의 파워포인트 슬라이드를 만들어라. 개요를 정확하게 따를 필요는 없지만, 제안된 모든 정보가 포함되어 있는지 확인하라. 개요에는 다음이 포함되어야 한다:

- 사명 진술과 함께 제목 슬라이드(1 슬라이드)

- 가치 제안(1 슬라이드)
- 외부 환경(1 슬라이드)
- 시장/수혜자 분석(1~3 슬라이드) ― 수혜자에 대한 이야기 포함
- 주요 전략(1 슬라이드)
- 가치 사슬 및 비즈니스 모델(2~5 슬라이드)
- 계량적 분석 대시보드(1 슬라이드)
- 자금 조달: 니즈와 용도(1 슬라이드)
- 요약(1 슬라이드)

이 개요에서 파워포인트 차트를 수정하거나 추가하여 각 자금 출처에 맞는 프레젠테이션을 만들 수 있어야 한다. 연습문제 12.4의 연습문제지에서 선택한 정보는 사업 계획 발표에 사용하기 위한 "파워포인트 데크"를 만드는 데 유용할 수도 있다.

12.4 "투자 개요" 개발

4~11장의 연습문제 결과를 사용하여 다음 연습문제지(그림 12.7)에 투자 개요를 만드는 데 사용할 정보를 제공하라.

그림 12.7 투자 프로파일 워크시트

1. 조직의 전체 이름(및 원하면 약어)을 제공하라. 조직에서 단일 프로젝트 또는 부서를 대표하는 경우 해당 프로젝트 또는 부서를 밝혀라.

2. 조직을 대표하는 사회적기업가의 이름과 직책을 기재하라. 이 사람이 창립자 또는 최고 경영자가 아닌 경우 이들도 기재하라.

3. 아래의 정보를 제공하라.
   a. 이메일 주소
   b. 웹사이트 URL(있는 경우)
   c. 전화번호
   d. 트위터, 페이스북, 유튜브 또는 기타 URL(있는 경우)

4. 이 조직은 몇 년도에 설립되었는가?

5. 귀하의 사업조직의 법적 형태는 무엇인가?
   _____ 비영리/NGO
   _____ 영리
   _____ 하이브리드(영리 및 비영리 조직이 모두 있음)
   _____ 정부
   _____ 기타(구체적으로):_____

6. 연습문제 4.1에서 10단어로 구성된 미션 스테이트먼트를 복사하라.

7. 귀하가 "사업을 할" 도시 및 국가를 기재하라. 이 중 하나가 본사인 경우, 그것을 명기하라. 도시가 없는 경우, 국가 및 지역만 기재하라.

8. 어느 부문에서 영향을 미치는가? (최대 2개 선택)

_____ 농어업	평등과 사회적 정의
_____ 청정 기술 및 에너지	주택
_____ 경제개발	정보통신기술(ICT)
_____ 교육	소액 금융
_____ 환경	운송
_____ 공정 거래	식수 및 위생
_____ 건강	기타 : _____

9. 몇 명의 직원(풀타임 직원)이 있는가? 한 번에 몇 명의 자원봉사자(풀타임 또는 파트타임)가 있는가?

10. 올해의 연간 예산(모든 비용 동인의 총계)은 얼마인가?

11. 주요 수입원(펀딩)(올해의 기여 및/또는 근로 소득원)은 무엇이며, 총수입은 얼마인가?

12. 초기 자금의 주요 출처는 무엇인가? 투자자가 있는 경우, 투자자 및 투자 비율을 기재하라. 대출이 있는 경우, 대출기관과 대출 보유 비율을 기재하라.

13. 귀하가 받은 주요 상을 나열하고 상을 받은 연도를 제공하라.

14. 당신의 가치제안은 무엇인가? (연습문제 9.1을 복사하거나 수정할 수 있다)

15. 조직의 목표시장을 설명하라(연습문제 6.2 및 6.3을 복사하거나 수정할 수 있다). 수혜자의 청사진이 있으면 포함시켜라. 총 가용 시장의 크기도 포함시켜라.

16. 제품 또는 서비스를 보여주는 간단한 설명을 제공하라. 기술혁신이 있는 경우 기술혁신도 설명하라.

17. 하나의 정량적 척도로 귀하 조직의 영향을 계량화하는 한 문장으로 진술하라(예: "우리는 1,000명의 젊은이들에게 일자리를 제공했다" 또는 "우리는 10만 명 이상의 여성들에게 건강관리 제품을 제공했다" 또는 "우리는 6만 명 이상을 수용하는 1만 개의 내진 주택을 지었다").

18. 달성한 가장 중요한 성장 이정표 중 3~5개(자금, 수입, 영향 또는 수혜자의 성장)를 열거하라. 각 이정표에 대한 날짜와 값(예: 금액, 숫자)을 제공하라(예: 2008년: 25만 달러의 자금 조달; 2009년: 3개의 지역 교육 센터 개설; 2010년: 500명의 젊은이 교육).

19. 향후 3년간 가장 중요한 양적 성장목표 중 3~5개를 나열하라(예: 2012년, 12개의 마을 전원 시스템 구축; 2013년, 18개의 마을 전원 시스템 구축; 2014년, 24개의 마을 전원 시스템 구축).

20. 조직/프로젝트가 시작된 이후 영향(즉, 총 영향)을 1~3개의 정량적 척도로 제공하라. 이 척도 중 하나는 조직/프로젝트의 혜택을 누리는 사람의 수여야 한다. 그 수를 계산하는 방법에 대한 설명을 포함하라.

21. 조직이 수혜자의 삶에 미치는 영향을 설명하는 수혜자 중 한 명의 인용문을 제시하라.

22. 조직이 추구하는 투자 유형(보조금, 민관 파트너십 보조금, 부채, 전환사채 및 주식), 필요한 금액 및 투자 기간을 간략하게 설명하라. 현재 금전적 투자를 원하지 않을 경우 파트너십 및 기술지원과 같은 다른 유형의 지원에 대해 설명하라.

23. 다음과 같은 이미지를 가능한 한 많이 제공하라. .jpg, .jpeg, gif 또는 .png 형식으로 URL을 나열하거나 파일을 첨부하라.

  a. 로고

  b. 당신의 얼굴 사진

  c. 가치제안을 설명하는 사진 또는 다이어그램

  d. 수혜자 몇 명의 사진

  e. 제품 또는 서비스 및 해당하는 경우 기술혁신을 설명하는 다이어그램 또는 그림

  f. 조직의 작업과 지역 상황을 설명하는 최대 5개의 추가 사진 또는 다이어그램

참고문헌 Background Resources

Bannick, Matt, Paula Goldman, and Michael Kubzansky. *Frontier Capital: Early Stage Investing for Financial Returns and Social Impact in Emerging Markets*. Omidyar Network Research Report, October, 2015.

Dees, J. Gregory, Jed Emerson, and Peter Economy. *Strategic Tools for Social Entrepreneurs: Enhancing the Performance of Your Enterprising Nonprofit*. New York: John Wiley, 2002, chapter 6.

DeThomas, Arthur, and Stephanie Derammelaere. *How to Write a Convincing Business Plan*. 3rd ed. New York: Barron's Educational Services, 2008, chapters 1, 2, 3, and 11.

Faiz, Lala, Charly Kleissner, John Kohler, and Nancy Y. Lin. *Total Portfolio Activation for Impact: A Strategy to Move beyond ESG*, Report from Miller Center for Entrepreneurship, September 2016.

Global Impact Investing Network (GIIN). "Impact Investing Trends," December 2015.

McKinsey and Company and Time Koller. *Valuation: Measuring and Managing the Value of a Company*. New York: Wiley Finance, 2015.

O'Leary, Chris. *Elevator Pitch Essentials*. Limb Press, 2008. http://www.elevatorpitchessentials.com.

SOCAP11: Impact Investing Special Edition. Cambridge, MA: MIT Press, 2011, especially Ann-Kristin Achleitner et al., "Unlocking the Mystery: An Introduction to Social Investment," pp. 41–50.

William Davidson Institute at the University of Michigan. "Acumen Fund Valuing a Social Venture," Case 1-48-428-788, May 2009.

13장

앞으로 나아갈 길

3장에서, 다양한 기존의 사업 계획 패러다임을 설명하고, 성공적인 사회적 벤처를 구축하는 독특한 도전에 더 잘 맞는 것으로 생각되는 대안을 제시했다. 우리의 체계는 특정 사회 경제적 발전 모델을 공들여 만드는 데 점진적으로 기여하고자 한다. 이 모델은 기존의 경제 성장에 대한 접근 방식보다 사회적 문제를 해결하기에 더 적합한 상향식 시장 기반 접근 방식이다.

4~12장에서는 사업 계획 체계를 9개의 모듈로 분해했다. 각 모듈은 벤처 계획의 강점을 평가하기 위한 체크리스트 기준들을 가진다. 이 모듈들은 산타클라라 대학교의 사회적기업가 정신 Miller 센터를 통해, 800개가 넘는 사회적 벤처기업 창업자들과 일하면서 계속 개선되었다. 뿐만 아니라 우리의 전반적인 모델은 MBA 학생과 대학생(우리는 이들 중 많은 사람들이 차세대 사회적기업가가 되기를 바란다)에게, 성공적인 사회적 벤처 창출의 기본 구성단위를 가르치기 위한 패러다임으로, 테스트되고 개선되었다. 우리는 적응 프로세스로 사회적기업가 정신의 확산을 촉진하기 위해 노력한다. 이 적응 프로세스는 특히 안전한 물에 대한 접근, 양질의 교육, 저렴한 의료, 주택, 청정에너지 이용과 같은 필수적인 제품 및 서비스 제공뿐만 아니라 생계기회, 식량 안보, 그리고 궁극적으로 번성하는 커뮤니티 제공 면에서, 시장 및 정부 실패 사례를 극복하는 데 도움이 될 수 있다.

사회적기업가의 독창성은 사회적 진전을 위해 완전히 새로운 길들을 열어가고 있다. 이는 시장창출을 위해 조직적이고 혁신적인 전략을 네트워크화하고 공동의 것으로 만든 모델들을 중심으로 구축된 매우 적응적인 현상이다. 이 현상에는 다양한 법적 형태와 새로운 관리 접근 방식이 포함된다. 또한 조직 수명주기 단계에 따라, 다양한 자금 조달 대안에 접근할 수 있다.

이 신흥 분야의 개념적 토대에 맞게, 우리의 접근 방식은 조직의 사명(사회적 가치 제안)을 사업 계획 프로세스의 중심에 둔다.[1] 또한 사회적기업가 정신 프로세스를 체계적으로 다루고, 사회적기업가가 자신의 조직을 **실제 비즈니스**로 생각하도록 장려한다. 여기서 실제 비즈니스는 산업계 연구 및 자문회사인 가트너(Gartner)가 평가한 기업들과, 사회적기업가들의 계획 및 경쟁적 위치의 견고성에 대해 동일한 정밀 조사를 받는 비즈니스를 말한다. 가트너는 **비전의 완전성과 실행 능력**을 바탕으로 조직의 등급을 매긴다. 2 × 2 행렬에는 "마법 사분면" 칸이 있는데, 이 행렬에서 이들 두 특성 모두 높다.[2]

우리는 이러한 광범위한 범주를 모델의 요소를 요약하고, 사회적 벤처와 영리 목적 벤처 사업의 논리들 사이의 중요한 차이점을 식별하기 위한 프레임 워크로 사용한다.

비전의 완전성 Completeness of Vision

우리의 패러다임에는 다음과 같은 3가지 요소가 결합되어, 사회적 벤처 비전의 완성도와 변화 이론에 대한 논리모델을 평가하는 데 사용할 수 있다:

- 사명, 기회 및 전략
- 환경 분석
- 목표 시장

사명, 기회 및 전략(변화 이론)

사회적 벤처는 복잡한 문제를 해결하고, 자원이 부족하고 때로는 외부 환경을 예측할 수 없는 상황에서 결과에 대해 책임을 진다. 이와 같은 환경에서 우리는 10단어 사명 진술과 긴밀한 **자원-활동-산출물-결과-영향** 논리모델이 공유 비전을 중심으로 자원을 배치하는 데 매우 유용하다고 주장한다. 실제로 우리가 수없이 보았듯이, 명확한 초점과 구체적인 결과 측정이 없으면 자원을 희석시키고 조직의 효과를 약화시킬 수 있다.

자원 조정에 대한 체계적인 접근 방식을 통한 명확한 변화 이론은 영리목적 사업 계획과 사회적 벤처 사업 계획을 구별 짓는 필수불가결한 사항이다. 이익 또는 주주 가치와 같은 재정적 측정과 관련하여, 상업적 벤처 전략이 정의되는 경우, 사회적 사업은,

개인의 복지 또는 사회적 진전과 **이해 관계자** 가치의 측정 가능한 변화를 달성하면서, 동시에 재정적으로 실행 가능하고, 충족되지 않는 니즈의 크기와 관련하여 시장 침투력을 높이기 위해 존재한다. 더욱이 카스텔스(Castells)와 코흐(Koch)는 "사회적기업 활동의 결과는 단지 제품일 뿐만 아니라 사회적기업과 관련된 사람들의 경제적 권한 강화 프로세스 및 심리적 자존심 프로세스와 같은 프로세스"라고 덧붙였다.[3]

외부 환경

사회적기업가가 균형 변화를 일으키려는 희망을 품고 개입하기 전에, 부당하거나 바람직하지 않은 상황이 고착화되는 환경 조건을 이해해야 한다.[4]

마틴(Martin)과 오스버그(Osberg)는 이것이 "현재 상태"에 대한 **혐오**와 **공감**의 역설에 근거한 겸손을 필요로 한다고 제안한다.[5] 즉, 그것은 부당한 시스템에 기반을 두고 있는 것에 대한 분별력을 필요로 한다. 긴급한 문제가 있는 곳에 효과적으로 개입하기 위한 전략은 깊은 사고, 생태계에 대한 이해, 원하는 결과에 영향을 미치는 사람들의 니즈에 대한 이해가 필요하다. 자원을 배치하려는 사회적기업가들의 경우, 이런 영향을 미치는 사람들은 저항의 원천이 되거나 긍정적인 변화의 원동력이 될 수 있다. 이런 영향을 미치는 사람들은 현지 지식의 저장소이며 잠재적인 자원으로 가는 관문이다. 동맹 및 파트너로서 이런 영향을 미치는 사람들은 시장마찰을 줄이고, 이전에 소외된 사람들을 지원하기 위한 가치 사슬 혁신을 촉진하며, 비용을 절감할 수 있다. 우리의 사업 계획 체계는 이상적인 파트너를 타당성이나 자원 활용의 원천으로, 그리고 지속적인 사회 변화를 촉진하는 수단으로 식별하는 데 중점을 둔다. **자본**이 일반적으로 재무적 고려사항으로 나타나는 영리목적 기업가 정신과는 대조적으로, 사회적기업에서 **사회적 자본** (신뢰 네트워크, 호혜성 및 공유 목적)은 현지 상황에서 지속적인 변화를 일으키는 데 필수적이다. 금융 자본은 중요하지만 사회적 자본이 없으면 사회적 벤처는 어떤 중요한 영향은 고사하고 지속 가능한 기업을 달성하지도 못하고 돈을 매우 빨리 소진할 수 있다. 반대로 강력한 사회적 자본을 가진 사회적기업가는 제한된 재정 자원으로 상당한 영향을 미치고, 재정 자원을 유치하고 효과적으로 활용하기 위한 제휴 네트워크를 만들 수 있다.

수혜자(시장) 분석

극심한 빈곤 상황에서 시장의 니즈 규모는 종종 수백만, 수억 또는 심지어 수십억으로 측정되지만, 이러한 시장의 구성은 일반적으로 외부인에게 불투명하다. 우리의 체계에서 성공적인 사회적 벤처를 위한 청사진을 만들고 비즈니스 모델을 검증하는 과정은 현지 시장 현실에 대한 깊은 공감과 이해로 시작된다. 예를 들어, 마을에서 깨끗한 요리용 스토브를 판매하는 방법은 가족 역학(누가 돈을 관리하는가), 연료의 가용성, 요리 습관, 사회적 역학과 같은 변수에 따라 매우 다르다. 한 지역에서 일하기 위한 성공적인 모델을 개발하는 사회적기업가들은 그 모델이 같은 필요성을 가진 다른 지역으로 확장될 수도 있고 그렇지 않을 수도 있음을 거의 확실하게 알 것이다. 종종 완전히 다른 마케팅 접근법을 통해, 여러 현지 현실에 놓인 개인들에게 접근해야 하는 경우가 있다.

영리 목적 벤처를 위한 사업 계획과 마찬가지로, 잠재적 얼리 어답터(남들보다 먼저 신제품을 사서 써 보는 사람)들의 인구통계학적 및 심리적 특성을 파악하는 것은 목표 시장 세분화에서 필수적인 결과이다. 그 외에도, 우리의 체계는 직접 및 간접 "고객"과 관련 수혜자를 구별하고, "경제적 구매자" 또는 "유료" 고객의 동기를 구별하는 것을 추가적으로 강조한다. 직접 고객으로서 빈곤층에 대한 기본 선택은 단순히 소비하지 않는 것(즉, 비소비)이다. 빈곤이 심한 곳에서의 경제적 교환은 위태로운 제안일 수 있다. 이는 글 이해력 수준이 낮고, 정부 또는 외부인에 대한 신뢰 수준이 낮은, 금융기관 서비스를 받지 못하는 사람들 사이에서, 신뢰를 기초로 한 개인적 관계의 상황에서 종종 발생한다. 이를 위해서는 마케팅 계획(제품, 가격, 유통, 판촉)의 공통 요소를 시장 실패를 극복하려는 과제로 재구성해야 한다.

우리의 사업 계획 패러다임은, 지속 가능한 기업을 창출하고 변혁적인 변화를 일으키기 위한 유익한 접근 방식은 현지 관습, 사회 정치적 구조, 경제적 교환의 주민 시스템의 토대를 공통적으로 형성하는 규범에 대한 깊은 이해를 바탕으로 솔루션을 개발하는 것이다. 이는 시장 개발에 좀 더 "하향식" 및 참여적 접근 방식을 통합하는 것의 중요성을 강조한다. 이는 대기업과 정부 프로그램의 시장 진입 사고방식에 주류를 이루었던, 빈곤층을 지원하는 하향식 방법과 대조되는 입장이다.

실행 능력 Ability to Execute

우리의 패러다임에는 전략을 **실행**하고 조직의 목표를 달성하는 **능력**과 직접 관련된 사회적 벤처 사업 계획에서 다음과 같은 3가지 요소를 개발하기 위한 특정 프로세스가 포

함된다:

- 운영 및 가치 사슬 혁신
- 조직과 인재
- 비즈니스 모델

운영 및 가치 사슬 혁신

GSBI를 이끌었던 몇 년 동안, 사회적기업가들에 대한 지식에서 존재했던 가장 큰 괴리들은 운영 분야에 있었다. 이 사회적기업가들은 종종 영감을 주는 비전, 자신들이 해결하려는 문제에 대한 깊은 지식, 자신들이 서비스하려는 시장에 대한 직관적인 느낌을 가졌다. 종종 이것은 예비 사회적기업을 시작하기에 충분했지만, 해당 기업을 지속 가능하고 확장 가능하게 만들기에는 충분하지 않았다. 운영 과정에서, 지식과 기술이 퇴보하여 비용과 수익 요인뿐만 아니라 재무적으로 생존 가능한 가치를 제공하고 포착하는 방법을 정의할 수 있는 믿음을 크게 잃었다.

비즈니스 모델은 파생물이다. 모델은 고객 또는 수혜자 참여를 위한 특정 전략의 효과에 기초한, 시장 규모에 대한 **경험적 근거에 의한** 추정치뿐만 아니라 시장침투 가능성에 대한 **현실적인 추정치**에 근거해야 한다. 결과당 비용을 파악하고 효과적으로 관리하려면, 시장 침투를 위해 비용절감하는 데 가치 사슬 혁신이 필요하고, 공급(가치) 체인에 있는 모든 링크에 대한 사업 단위 및 혜택 단위를 계량화하기 위한 체계적인 **단위 경제** 활용이 필요하다. 우리는 사회적 벤처기업이 최고 운영책임자(COO)를 거의 가지고 있지 않다는 것을 관찰했다. 우리의 견해로는 핵심 프로세스와 확장 전략이 정의되면, 사회적기업의 생존에 COO가 CEO보다 종종 더 중요하다. 탄탄한 COO와 운영팀이 빠르게 확장하는 데 필요한 자본과 파트너십을 반드시 유치할 수는 없지만, 전략이 적절하면 꾸준한 유기적 성장을 보장할 수 있다. 사회적기업가 정신 세계에서 자원들은 관계를 구축하고 자원들을 동원할 수 있는 위대한 이야기와 카리스마 넘치는 지도자를 따르는 경향이 있다. 그러나 성공적인 사회적 벤처의 내부를 살펴보면, 항상 강력한 운영 리더십이 있다는 것을 알 것이다.

조직과 인재

사회적 벤처는 자원 동원과 관련된 가치의 중요성에서 영리목적 사업과 다르다. 이 가치의 중요성은 법적 형식 선택 및 이사회 구성 선택에서 조직구조에 이르기까지, 조직 설계와 관련된 결정에서 특히 분명히 드러난다. 이 가치의 중요성은 각 수준의 조직에서 중요한 기술을 찾아내는 데 있어서도 분명히 드러난다. 즉, 경영진 리더십팀의 보완 기술의 필요성에서 중요한 최전선 작업을 위한 지식, 기술, 능력을 구체적으로 명시하는 데 이르기까지 분명히 드러난다. 저개발 인프라 환경에서 유통의 어려움 다음으로, 중요한 기술을 가진 개인의 부족은 종종 사회적 벤처가 극복하기 가장 어려운 장애물이다. 성공적인 벤처는 조직의 사명과 학습 능력에 맞는 채용 전문지식을 개발하고, 교육 프로세스를 공식화함으로써, 이러한 장애물을 해결한다. 더욱이 성공적인 벤처들은 사명에 맞추어진 직원들이 가장 높은 잠재력을 발휘할 수 있는 조직문화를 조성하여, 다른 곳에서 더 나은 급여를 받을 수 있는 재능 있는 직원을 유지할 수 있다. 이들 성공적인 벤처들의 지도자는 지속적인 학습과 혁신을 위한 조직의 역량 강화에 중점을 둔다. 실리콘 밸리의 첨단기술 지역에서는 최고의 기술이 장점이지만 반드시 승리를 보장하는 것은 아니라는 것이 상식이다. 9가지 요소로 구성된 비즈니스 계획 체계에서 노련한 멘토들의 합의는 다음과 같이 간단하다: "올바른 팀이 없으면 비즈니스 계획의 다른 요소는 어느 것도 중요하지 않다." 고위 경영진의 강점에 대한 명확한 증거를 주장하는 것 이외에도, 노련한 실리콘 밸리 기업가 멘토들은 사회적 벤처 멘티들에게 아래와 같이 권장한다.

- 이사들이 성공에 기여하는 데 필요한 이사회 전문 지식을 명시하고,
- 법적구조(이익, 비영리 단체, 혼합형 등) 선택을 위한 전략적 근거를 개발하고,
- 조직의 위험 요인을 명시하고 중요한 기술의 잠재적 격차를 찾아내고,
- 평범한 사람들을 통해, 특별한 결과를 이끌어 낼 수 있는 조직문화를 만들기 위한 메커니즘을 명확히 한다.

비즈니스 모델

비즈니스 모델이 조직이 가치를 창출, 제공 및 포착하는 방법에 대한 이론적 근거를 설명하지만, 영리목적 벤처와 사회적 벤처의 합리성 사이에 중요한 차이점이 있다.[6] 가장 주목할 만한 차이점은 사회적 사명과 투자자 우선순위에서 비롯된다. 영리목적 투자자는 위험 조정된 재무 수익을 극대화하려고 하지만, 사회적 투자자는 벤처의 영향 모델에 관심을 가지고, 재무적인 수익 트레이드오프를 기꺼이 한다. 비즈니스 모델의 모든

요소는 사회적 비즈니스의 경우, 사회적 가치 제안(SVP)이라는 강력한 가치 제안을 작성하고 제공할 수 있는 능력을 발전시켜야 한다. SVP와 관련된 비용 요인은 측정 가능한 사회적 결과와 영향을 만들도록 설계된 논리모델의 활동에 크게 영향을 받는다. 이러한 활동에는 재무 수익에 대한 관심이 적은 주주와는 달리, 결과에 대한 다양한 관심사를 가진 이해관계자를 참여시킴으로써 자원 동원이 필요하다. 비슷한 맥락에서 사회적 벤처가 수입 원동력을 만들려면 채널을 개발하고, 사회적 성과로부터 이익을 얻는 직간접 고객 또는 다른 사람들을 교육하기 위한 많은 노력이 종종 필요하다.

사회적 벤처와 함께 일하면서, **단위 경제**(이익 단위와 관련된 수입 및 비용)는 성장(확대)을 위한 사회적 벤처계획에서 고려할 사항이 아니라고 우리는 결론지었다. 이상적으로는 규모가 증가함에 따라 단위 경제는 더욱 유리해진다. 그러나 극빈층 사람들에게 봉사하는 한계비용이 실제로 증가할 수 있기 때문에, 종종 그렇지 않을 수 있다. 가난한 고객에게 서비스를 제공하려는 열망과 덜 가난한 고객을 대상으로 한 경제정책 또는 정부 정책을 고려하다 보면 사회적기업가는 상당한 긴장감을 갖게 될 수 있다. 예를 들어, 우리와 함께 일한 한 벤처는 전기가 들어오지 않는 농촌 고객에게 서비스를 제공하기 시작했지만 궁극적으로 정부 보조금이 전기가 들어오는 가구로 이동했기 때문에 전기가 들어오는 가구를 상대로 판매하는 쪽으로 방향을 선회했다. 가치 사슬 혁신은 복잡한 사회적 문제를 해결하고, 단가 절감을 달성하며, 시장 침투를 증가시키는 데 중요한 요소이다. 9가지 요소로 구성된 비즈니스 계획 프로세스는 파괴적 혁신 기회를 찾아내고 보다 포괄적인 시장을 구축하는 데 유용한 가이드를 제공한다.

기업가적 적응 Entrepreneurial Adaptation

이 책의 사업 계획 체계는 그림 13.1과 같이 『피라미드 바닥의 약속』에서 테드 런던이 제기한 기업 개발 및 시장 창출 과제에 중점을 두고 있다.[7] 실제로, 우리는 이러한 도전 과제에 적응하기 위한 사업모델이, 점진적이고 불연속적인 변화 과정을 통해 지속적으로 발전한다는 사실을 발견했다. 벤처가 내부 및 외부 환경에서 바람직한 요소를 활용할 수 있는 경우, 조직 수명주기 기간 동안 증분 조정들이 발생한다. 이 증분조정들은 예측 가능한 가치 창출, 제공 및 포착 주기가 있는 기간이 특징이다. 이 증분조정들은 벤처가 비즈니스 모델을 연마하여 효율성을 개선하고 영향을 최적화할 수 있도록 해

	기업 개발	**시장 창출**
행동 활성화	**기업 활동 촉진** **시장 정보:** • 문화적 맥락, 경쟁 환경 • 소비자 요구, 공급 업체 선호 **시장 접근:** • 유통 업체, 기타 플랫폼에 연결 **가치 창출:** • 빈곤 영향 평가	**시장 거래 촉진** **수요 창출:** • 인식 제고, 행동 변화 • 소액 금융, 기타 자금 조달원 • 바우처/보조금 **공급 향상:** • 생산자를 위한 자문 서비스 • 향상된 투입물 • 생산량 집계
역량 구축	**기업 자원 향상** **금융 자본:** • 보조금, 지분, 부채, 대출 보증 **인적 자본:** • 인재 개발, 기술 지원 **지식 자본:** • 프로세스, 도구 및 프레임 워크 **사회적 자본:** • 정당성, 네트워크 액세스	**시장 환경 개선** **가치 사슬 인프라:** • 물리적 인프라 개발 • 품질 보증 및 인증 • 시장 투명성 **법적 인프라:** • 정책 변경 및 규제 시행 **제도 인프라:** • 은행, 법률, 부동산 부문 개선

Source: Ted London, The Base of the Pyramid Promise—Building with Impact and Scale (Stanford, CA: Stanford University Press, 2016), 135.

그림 13.1 벤처 개발 및 시장 창출

준다. 대조적으로, 운영 계획의 중요한 성공 요인이 유효하지 않은 것으로 입증되거나, 중요한 제휴가 구체화되지 않고 또는 흔들리거나, 혁신적인 가치 사슬 전반에 걸쳐 단위 경제가 이해 관계자를 인센티브하기에 불충분하거나, 외부 환경의 기회와 위협이 근본적인 사업 계획 가정을 의심스럽게 하는 경우 조직학습과 비즈니스 모델 적응을 하는 데 집중적인 기간이 필요하다. 조직전략과 사업 계획의 불연속적인 변화 기간을 일반적으로 피벗(pivot)이라고 한다. Angaza와 Husk Power Systems는 기업가 비즈니스 모델 적응에 탁월한 창을 제공한다. 아래의 짤막한 정보에서 각각에 대해 설명한다.

사회적 벤처에 대한 짤막한 정보: Angaza 비즈니스 모델의 불연속 변화

전력망에 접근할 수 없는 10억 명이 넘는 사람들이 빛의 원천으로 등유를 태운다. Angaza의 제품 솔루션은 보다 깨끗하고 신뢰할 수 있으며 저렴한 에너지원인 태양 에너지를 사용한다. 최초의 비즈니스 모델은 Angaza가 태양광 제품을 최종 고객에게 설계, 제조 및 유통했던, 수직 통합된 가치 사슬을 기반으로 했다. 창립자이자 CEO인 레슬리 마린콜라(Lesley Marincola)에 따르면, 이들 제품이 필요한 사람들에게 지나치게 비싸다는 사실을 깨달으면서, Angaza는 품질과 기능을 제거하거나 동일한 제품을 보다 저렴한 가격으로 만드는 방법을 찾는 선택을 했다. Angaza는 사하라 사막 이남 아프리카의 휴대폰 기술 확산에서 영감을 얻었다. 사하라 사막 이남 아프리카에서 "지난 10년 동안, 모바일 사용이 무연결 상태에서 모든 사람이 자신의 휴대전화를 통해 연결된 상태로 옮아갔다"고 마린콜라는 말했다.[8] 저렴한 휴대폰과 짧은 시간 단위로 휴대폰을 사용할 수 있는 방식으로 유선전화를 뛰어넘을 수 있었다. 이를 통해 Angaza는 선불 (휴대폰) 사용시간과 동일한 방식으로 에너지를 구매할 수 있는 비즈니스 모델을 만들 수 있었다. 사용료 선불, 렌트 투 오운(rent-to-own: 처음 렌트 후 일정 기간이 지나면 구입할 수 있는 옵션) 금융 기술은 선지급 비용 난제를 극복했고, 그리고 가치 제안은 수입의 최대 20%를 등유에 소비한 고객이, 태양광 결제가 완료되면 무료 솔루션을 가질 수 있게 해준다.

"우리가 1억 명, 10억 명에게 영향을 미치려면 B2C(Business-to-Consumer) 모델에서 B2B(Business-to-Business) 모델로 전환시켜서, 사용료 선불 기술 플랫폼을 직접 설계 및 개발하고, 그런 다음 유통업체에 소프트웨어를 제공할 필요가 있다는 사실을 깨달았다"고 마린콜라는 말했다. B2C 모델과는 대조적으로, 유통업체는 고객을 확보하기 위한 채널이 되었다. 그 결과 유통업체의 현장 요원이 더 많은 돈을 벌 수 있게 되었다. "사용료 선불 시스템이 전력망에 연결되지 않은 에너지 산업을 완전히 변화시켰다. 완전히 새로운 시장이 떠오르고 있다. 그리고 태양광 분배에서 얼마나 많은 일자리가 만들어졌는지를 보는 것은 놀라운 일이다. 우리는 기하급수적으로 성장하고 있다. 지금 우리는 10개국 이상에서 일하고 있다."라고 마린콜라는 믿는다.

Angaza는 2013년 150만 달러의 시드 라운드 자금 조달 외에도, 2014년에 400만 달러의 Series A 자금을 조달했다. B2C에서 B2B 비즈니스 모델로 변경하기로 결정함으로써 파트너 유통업체를 통해 전 세계 규모의 니즈를 해결하기 위한 기술 플랫폼을 구축할 수 있었다. 2016년까지 30명의 그런 파트너가 있었다. Angaza는 제조업체로부터 라이선스 및 로열티 수입 외에도, 유통업체 에너지 허브에 있는 소프트웨어를 통해 추적된 각 에너지 판매 단위에 대해 로열티와 작은 거래 수수료를 받는다. 이 에너지 허브는 유통업체가 배터리 용량, 태양 전지판 효율 및 지불을 모니터링할 수 있도록 데이터 분석을 한다. 결제 데이터는 MFI 및 기타 금융 기관을 통해 수익을 창출할 수 있을 뿐만 아니라 더 많은 현금을 지닌 고객들이 있는 상품 시장을 추구하는 데 관심이 있는 대기업을 통해서도 수익 창출이 가능하다.

요약하면, B2C에서 B2B 비즈니스 모델로의 전환은 유료 고객 식별 변경, 최종 사용자 고객 니즈 충족 방식 변경, 수직 통합에서 네트워크 가치 사슬로의, 그리고 중요한 것인데, 여러 수익 창출 전략으로의 변경을 수반했다.

사회적 벤처에 대한 짤막한 정보: Husk Power Systems의 기업가적 적응

Husk Power Systems("HUSK")는 분산형 off-grid(전력망에 연결되지 않은) 농촌 전력화 사업 부문의 글로벌 리더이다. 2008년, HUSK는 인도의 바이오매스 가스화 동력 mini-grid 사업으로 자사의 여정을 시작했고, 시골 고객에게 매일 6~8시간의 교류(AC) 전력을 공급했다. 2013년, 고객 의견에 따르면 6~8시간의 전력만으로는 만족스럽지 않았다. 고객은 TV, 선풍기, 냉장고와 같은 기기를 소유하고 싶어 하고, 주문형 전원을 이용하기를 원했다. 그래서 2013년, HUSK는 365일 24시간 안정적인 전력을 공급할 수 있는 새로운 에너지 솔루션을 찾기 위해 자사의 여정을 시작했다. 농촌 고객들이 전력을 사용하기를 얼마나 열망하는지를 이해하고 이 농촌 고객들의 니즈를 충족시키기 위해 끊임없이 노력함으로써, HUSK는 농촌 고객들이 원하는 자유와 유연성을 제공하는 에너지 솔루션을 개발했다.

2008년과 2013년 사이 태양광 가격은 80% 이상 하락했다. HUSK는 주식공개 태양광 패널 제조 회사인 미국의 First Solar Inc.와 제휴하여 독점적인 태양광 바이오매스 하이브리드(혼용) 시스템을 개발했다. 2015년 10월, HUSK는 태양 및 바이오매스 가스화 발전소를 동기화하여 24/7 전력을 생산할 수 있는 최초의 하이브리드(혼용) 시스템을 구축했다. 이러한 혁신으로 HUSK는 스마트 선불 계량 시스템을 통해, 선불 결제 서비스로 배터리 비용을 절감하고 100% 재생 및 주문형 전력(24/7)을 제공할 수 있었다. 어떤 의미에서, HUSK는 6~8시간의 바이오매스 AC 전원 공급업체에서 소규모 공익사업체로 변신했다. 태양광 바이오매스 하이브리드 발전소는 용접 기계 상점, 통신 타워, 쌀 및 밀가루 공장과 같은 가정 및 상업용 고객에게 24/7 AC 전원을 공급할 수 있는 가장 저렴한 off-grid 솔루션이다. 농촌 지역 사회에 AC 전원을 공급함으로써, HUSK는 고객에게 TV에서 냉장고, 산업용 기계에 이르기까지 기성품을 연결할 수 있는 기회를 제공하였다.

2017년 1월까지, 첫 번째 시스템을 구축한 지 15개월도 채 되지 않아 HUSK는 인도에서 70개, 탄자니아에서 5개의 독점 태양광-바이오매스 가스화 지구를 소유하고 운영했으며, 인도의 400개 마을에서 150만 명의 고객과 탄자니아의 200명의 고객에게 서비스를 제공하였다. mini-grid(소규모 전력망) 부문에서 가장 저렴한 에너지 공급량을 제공할 뿐만 아니라 비용은 태양열 시스템보다 최소 50% 저렴하다. 뿐만 아니라 상업용 고객에게 필요한 3단계 AC 전원을 생산 및 분배하고, 주거 및 상업 고객을 위한 차등 관세와 주간 에너지 소비에 대한 시간 할인을 설정할 수 있다.

HUSK의 off-grid 부문 분석에 따르면, micro-grid(초소형 전력망) 솔루션은 전국 전력망에서 7km 이상 떨어진 거리에서 300명 미만의 고객이 있는 마을에 서비스를 제공하는 데 있어, 전력망 확장에 비해 경제적인 이점이 있다. 미국이나 독일과 같은 선진국에서도 분산된 발전의 확산이 있다. 인도와 탄자니아에서, HUSK는 전력망 확장 솔루션을 크게 확장하여 지속 가능하고 경제적인 방식으로 마을에 24/7의 매우 안정적이며 재생 가능한 전력을 제공할 수 있는 기회를 가졌다. 이것은 수십 년 전에 인도와 아프리카의 통신 혁명과 매우 유사하다. 이 통신 혁명은 유선 연결이 아닌 휴대전화 기술을 사용하여, 사람들의 90% 이상이 안정적인 전화 및 데이터 연결을 가능하게 했다. 이러한 상황에서, HUSK의 태양광 바이오매스 배터리 옵션은 태양열 디젤 배터리 mini-grid보다 약 33% 저렴하다.

"우리는 좋은 것들을 삶에 가져온다"는 제2차 세계대전 직후 GE 광고의 시엠송이었다. 그런데 오늘날 사람들이 힘을 얻고 놀라운 일이 일어날 때, 그것은 개도국에서 일어난다. 연구에 따르면, 신뢰할 수 있는 에너지에 대한 접근은 경제 활동을 촉진하고, 교육 및 식품 안전에서부터 보다 생산적인 생활에 이르기까지, 다양한 영역에서 인간 개발 지수를 향상시킨다. 모든 마을에서 이것을 가능하게 하는 것은 HUSK가 하는 모든 일의 핵심이다. HUSK는 가전제품 판매점에서 선반 기계 판매점, 차가운 음료를 판매하는 식당에 이르기까지 농촌 지역에서의 상업적 활동을 위해 전력을 생산적으로 사용하도록 고객과 적극적으로 협력한다.

　요약하면, 바이오매스 mini-grid 기반 비즈니스 모델에서 독점 태양광 바이오매스 하이브리드 mini-grid 기반 비즈니스 모델로의 전환은 최종 사용자 고객 니즈 충족 방법의 변화, First Solar와의 파트너십 개발을 통해 24/7 통합 솔루션 제공, 선불 결제 서비스를 통한 매우 다양한 수익 창출 전략을 수반했다. 과거를 돌이켜보면서, HUSK 이사회 회장인 Brad Mattson은 다음과 같이 다윈의 말을 인용했다. "생존하는 것은 가장 빠르거나 강하거나 똑똑한 종이 아니다. 가장 빨리 적응하는 종이다." "개발한 첫 번째 비즈니스 모델이 작동하지 않을 수 있다, 적응하라!"라고, Brad Mattson은 덧붙였다 (개인 서신).

계량적 분석, 운영 계획의 책임 및 재무
Metrics, Accountability in Operating Plans, and Financing

사회적기업가들은 자원을 활용하여 내외부 이해 관계자와의 협력에 초점을 둔 사명을 추구한다. 사회적 영향과 재무 목표를 달성하는 데 있어 성공은 계량적 분석과 책임을 통합하는 혁신적인 가치 사슬과 운영 루틴의 개발에 달려 있다.

계량적 분석

사회적 벤처가 해결하고자 하는 문제는 복잡하고 종종 규모가 커지고 있다. 쉬운 솔루션이 존재하면 이미 실행되어 문제가 더 이상 존재하지 않을 것이다. 자주, 우리는 사회적기업가들이 해결하는 문제와 상향식 혁신의 밀접한 관계가 조직 학습과 획기적인 해결책의 가능성을 촉진시킨다는 것을 관찰했다. 우리의 패러다임은 균형 잡힌 평가표 체계를 사용하여 지속적인 개선과 혁신에 대한 책임을 강화한다. 그것은 다음 각 계량적 분석에 대한 책임을 가진 "소유자"를 확인하는 것이 중요하다는 점을 강조한다:

1. 재무 성과
2. 주요 프로세스
3. 조직 및 기본 역량
4. 고객/수혜자 결과

효과적인 운영 루틴은 이들 각 영역에 있는 계량적 분석을 통합하여, 전략의 실행에 대한 실시간 기업가적 적응을 위해 성과의 차이를 제어하고 때로는 전략적 피벗이 필요한 시기를 식별한다.

운영 계획

계량적 분석과 마찬가지로, 사회적기업가와 수년간의 작업을 한 후 운영 계획 요소를 비즈니스 계획 패러다임에 추가했다. 이 경우 전략적 계획에 대한 자원조달이 종종 운영 예산 및 조직 책임과 제대로 통합되지 않았다는 것을 알게 되었다. 우리의 패러다임에서, 운영 계획은 사업 계획에서의 전략적 계획을 프로그램 명세, 자원 소요량, 마감일, "소유자"를 달성하기 위한 관련 조치와 함께 **이정표**로 변환한다. 가장 중요한 것은 운영 계획은 전략적 계획 자금 조달 필요성과 지속적인 운영의 월별 수입 및 지출 목표를 결합한 **예산**을 명시하는 것이다. 이를 통해 조직은 운영 계획의 재무 건전성을 명확히 하는 **현금 흐름 표**를 개발할 수 있다. 우리의 패러다임에서 운영 계획은 기업을 집중시키고, 특정 계획과 자원을 일치시킬 뿐만 아니라 진행 상황을 추적하고, 필요한 경우 과정을 수정하는 데 사용되는 필수 관리 도구이다. 더욱이 운영 계획은 성과에 대한 책임을 사람들에게 부여하는 메커니즘이다.

자금 조달

사회적 벤처와 그 영향을 높이기 위해서는 종종 여러 번 자금 조달이 필요하다. 운영 계획의 **현금 흐름 표**를 바탕으로, 우리 패러다임의 자금 조달 요소는 사회적기업가들이 필요한 자금 조달의 양과 시기를 명시할 수 있게 한다. 또한 우리 패러다임의 자금 조달 요소는 대안적 유형의 자금과 조직 수명주기의 다양한 단계에 대한 적정성을 명확히 한다(예: R&D 또는 제품 및 서비스 혁신을 위한 보조금, 운전자본 또는 고객 자금 조달을 위한 부채, 확장 시스템뿐만 아니라 조직 및 관리팀 구축을 위한 지분). 뿐만 아니라 우리 패러다임의 자금 조달 요소는 가치 평가에 사용될 수 있는 또는 투자자에게 사회적 기업의 가치를 결정하는 데 사용될 수 있는, 자산 실사와 기준의 중요한 요소를 식별한다. 실질적으로 사회적기업가를 위한 자금 조달 가이드라인은 투자자 프레젠테이션 및 투자 개요를 위한 본보기를 통합한다. 주류 금융 시장 및 기관에 대한 제도 수준의 장벽을 극복하는 것이 여전히 진행 중인 작업임을 인식하는 한편, 증가하는 **임팩트 파이낸싱** (저신용 취약계층에게 적절한 평가 방식에 따라 필요한 자금을 싼 가격(이자)에 대출하는 '마이크로파이낸싱', 사회·환경 문제 개선 성과를 내는 기업이나 프로젝트에 투자 형태로 자금을 공급하는 '임팩트 투자'를 통칭한다)을 이용하는 기준을 충족할 수 있는 벤처를 구축하는 데 우리의 초점을 둔다. 이 투자 자본은 금융 시장이나 금융 기관에서 널리 사용되는 것과 다른 방식에 의해 제공되고 있다. 이 투자 자본은 생산 및 시장 창출을 빈곤한 지역으로 확대하기 위한 경제적 권한 부여와 노력을 지원하며, 자금 지원된 경제 활동의 기준에 특정 가치(예: 환경 보전)를 포함시킨다. 이러한 사회적 영향 시장이 번성하기 위해서는, 벤처는 재정적 측면에서 지속 가능해야 하며 복제 경로의 증거를 제공해야 한다.

시장 실패 극복 Overcoming Market Failure

다양한 지역 문화에서 복잡한 문제에 대한 솔루션을 만드는 것은 현지와 깊은 연결 없이는 극히 미미한 성공을 거둘 가능성이 있다. 프라할라드는 초기 논문에서, 경제 피라미드의 바닥에 있는 40억 인구의 니즈를 충족시키는 리더십은 방대한 자원을 활용하여 보다 포용적인 시장을 창출할 수 있는, 주요 기업의 현명한 이기심에 의해 발휘될 거라고 주장했다. 『피라드미 바닥의 약속: 영향과 규모를 갖춘 기업 구축』에서 테드 런던은 BOP 시장 창출에 대한 하향식 접근법의 결함을 인정한다.[9] 확장 가능한 BOP 비즈니스를 개발하기 위한 테드 런던의 처방은 지역사회의 빈곤에 대한 해결책을 공동 창출하고, 혁신하고, 뿌리내리기 위한 통찰력 있는 개념적 체계를 제공한다. 시장 실패를 극복하기 위해 테드 런던은 다국적 기업 및 현지 국가 기업에서부터 영향 투자자, 비영리 단체(NGO), 개발 기관, 정부 및 지역사회 지도자에 이르기까지, 광범위한 이해 관계자 망을 통해 생태계 파트너십을 개발해야 한다고 주장한다. 협력적인 상호 의존성 외에도, 테드 런던의 체계는, 학습 촉진을 위한 순환 고리로서 빈곤 퇴치에 미치는 영향을 평가하는 데 주력하고 있다.

우리의 접근 방식은 여느 복잡한 노력과 마찬가지로, 60개 이상의 국가에서 800개 이상의 벤처에 의해 사업 계획을 위한 강력한 체계로서 유효성이 확인되었지만, 배울 것이 훨씬 더 많다. 복잡하거나 다루기 힘든 문제를 해결하려면 겸손해야 한다. 우리는 사람들이 우리의 체계를 자신들의 특별한 니즈에 적응시키고, 향상시키며, 우리와 함께 그리고 다른 사람들과 함께 자신들의 학습을 공유하도록 장려한다. 이것은 '처방전'이 아닌 '가이드'이다. 우리 자신이 기업가로서, 우리는 이 일의 불완전한 성격에서 영감을 받는다. Angaza 및 HUSK와 같은 조직에서의 경험에 의하면, 성공적인 사회적 벤처를 구축하기 위해서는 복원력과 기업가적 적응력이 필수적이다.

결합을 통한 혁신 Combinatorial Innovation

> 결합을 통한 혁신은 작동하지 않을 가능성, 사용 방법, 대화 대상, 살펴볼 이론, 무엇보다도 새롭게 발견되고 제대로 이해되지 않는 현상을 조작하는 방법으로 구성되어 있다.[10]
>
> 브라이언 아서(Brian Arthur)

사업 계획 패러다임의 개념 및 실습과 사회 변화에 대한 강조는 산타클라라 대학교에 있는 GSBI의 실험실 같은 분위기에서 수백 명의 사회적기업가들과 함께한 작업으로부터 크게 영향을 받았다. 이 "실험실"을 통해 우리는 우리가 가르친 것보다 더 많은 것을 사회적기업가들로부터 배웠다. 우리는 또한 사회적기업가들과 함께 일한 실리콘밸리의 헌신적인 멘토들로부터 광범위한 비공식 지식을 배웠다. 이 사회적기업가들은 GSBI 프로그램의 "비법"이다. 이 책의 교훈이 연마된 것은 10년이 넘는 지속적인 학습을 통해 개선된 전문성과 커리큘럼의 조합 덕분이다.

브라이언 아서의 인용에서 알 수 있듯이, GSBI 멘토들은 성공적인 벤처의 다양한 기능과 이를 효과적으로 결합하는 방법을 잘 알고, "딥 크래프트(deep craft: 깊은 공예)"를 연습한다. 그러나 멘토들의 가치는 자신들의 전문 지식과 마찬가지로, 겸손하게 귀를 기울이겠다는 약속에서 비롯된다. 로저 마틴(Roger Martin)과 샐리 오스버그(Sally Osberg)의 말을 빌리면, 멘토들은 스스로를 '전문가'와 '견습생'으로 보고 있음이 틀림없다.[11]

예를 들어, 외부인에게 불투명한 환경에서 우리들 사이의 극빈층을 위해 더 나은 미래를 그리는 능력은 효과적으로 작동하는 기관이 전무하고 성공적인 벤처를 개발하고 운영하는 중요한 지식과 기술이 부족한 환경에 처한 비공식 시장에 대한 이해가 필요하다. 이러한 상황에서, 실리콘 밸리와 같은 장소에서 피라미드의 바닥(BOP) 주창자들과 효과적으로 지식을 공유하려면 협력적 참여가 필요하다. 이 협력적 참여는 "전문가"

로서 고압적으로 말하는 것이 아니라 사회적기업가와 함께 일하는 것이다. 이렇게 하여 멘토들의 역할은 교사에서 학생으로 왔다 갔다 한다.

2장에서 우리는 가치 방정식 개념을 소개하고, 가치와 비용을 모두 고려하여 사회적 벤처를 구축해야 한다고 주장했다. 경험상, GSBI 비즈니스 계획 패러다임의 9가지 요소에 걸친 혁신이 이를 가능하게 한다. 결국 반복 프로세스이다. 변화 이론과 전략은 다양한 환경에 맞게 조정되어야 한다. 변화 이론과 전략의 견고성은 종종 전 세계 및 현지 생태계 모두에서, 파트너십과 솔루션을 뿌리내리는 능력에 달려 있다. 다루기 쉬운 BOP 시장은 종종 세분화된다. 지리적, 문화적, 경제적 환경에서 특정 사용자 니즈에 맞는 제품 특징으로 세분화되어야 한다. 관련 맥락에서, 비즈니스 모델의 가치 제안 및 관련 수익 및 비용 요인은 올바른 리더십팀이 있고 조직이 지속적인 학습을 위해 설계된 경우에만 효과적으로 실행될 수 있다. 자원이 열악한 환경에서 이렇게 하려면 평범한 사람들을 통해 특별한 것을 성취할 수 있는 능력이 필요하다. 이어서 잘 정의된 조직의 루틴과 공식 운영 계획뿐만 아니라 투자자에 대한 기업가적 적응과 책임을 지원하도록 설계된 계량적 분석이 필요하다.

경제학자들은 경제적 구매자를 지불할 의사가 있는 사람들로 본다. 마틴(Martin)과 오스버그(Osberg)는 성공적인 사회적 벤처는 비용을 증가시키지 않고 수혜자에게 가치를 높이거나 더 낮은 비용으로 가치를 유지함으로써, 가치 방정식을 재구성한다고 주장한다.[12] 비즈니스 계획 모델을 설명하는 데 사용된 13개의 벤처기업은 모두 가치를 높이고 비용을 절감한다. 조사한 13개의 벤처기업 모두 기존 자산에 가치를 더한다. 우리가 GSBI 패러다임의 렌즈를 통해 조사한 13개의 벤처기업은 모두 자본비용을 낮추기 위해 실리콘 밸리를 포함한 다른 환경에서 기술을 빌려왔다. 그리고 13개 기업 모두가 빈곤층이 살아가는 동안 선택을 늘릴 수 있는 저렴한 제품/서비스를 제공하였다. 이들 13개 기업의 성공은 결합을 통한 혁신을 나타낸다.

1장과 2장에서 설명한 사회진보지수와 지속 가능한 개발 목표를 배경으로, 독특한 기업가 정신(사회적기업가 정신)이 전 세계 여러 지역에서 꽃을 피우고 있다. 이러한 움직임에서 떠오르는 벤처기업들은 이윤보다 인간의 복지와 지역 사회의 부를 우선시하는 합리성에 의해 운영된다. Miller Center의 동료 및 헌신적인 실리콘 밸리 멘토들과 함께 우리는 통합 사업 계획의 각 요소를 개선하고, 투자자 프레젠테이션을 준비하며, 많은 경우에 사업확장을 위한 자본을 확보하면서, 이러한 노력을 이끌고 있는 수백 명의 사회적기업가들과 동행하는 행운을 누렸다. 우리는 이 협력 여정에서 얻은 교훈이 다른 사람들이 혁신적인 아이디어와 성공적인 벤처를 창출하는 복잡한 현실 사이의 틈을 메우기 위한 가이드 역할을 하기를 희망한다. 우리는 집단적 상상력을 통해 보다 지속 가능하고 공정하며 번영하는 세상(모두를 위해 일하는 세상)으로 나아가는 길을 만들 수 있다.

참고문헌 Background Resources

Arthur, W. Brian. *The Nature of Technology: What It Is and How It Evolves.* New York: Free Press, 2009.

Austin, James, Howard Stevenson, and Jane Wei-Skillern. "Social and Commercial Entrepreneurship: Same, Different, or Both?" *Entrepreneurship Theory and Practice* 30, no. 1 (January 2006): 1–22.

Castells, Manuel, and James Koch. "On Analyzing Social Entrepreneurship: A Methodological Note." Santa Clara University, May 2010.

Gartner Group. "Vendor Rating Methodology." 2016. http://www.gartner.com/technology/research/methodologies/research_vrate.jsp.

London, Ted. *The Base of the Pyramid Promise—Building Businesses with Impact and Scale.* Stanford, CA: Stanford University Press, 2016.

Martin, Roger L., and Sally R. Osberg. *Getting Beyond Better—How Social Entrepreneurship Works.* Boston: Harvard Business Preview Press, 2015.

Martin, Roger L., and Sally R. Osberg. "Social Entrepreneurship: The Case for Definition." *Stanford Social Innovation Review* 5, no. 2 (2007): 28–39.

Osterwalder, Alexander, and Yves Pigneur. *Business Model Generation: A Handbook for Visionaries, Game Changers, and Challengers.* New York: John Wiley and Sons, 2010.

주

서문

1. Muhammad Yunus, *Creating a World without Poverty: Social Business and the Future of Capitalism* (New York: Perseus Book Group, 2007), 24.

2. Ibid., 31.

1장 사회 발전의 하향식과 상향식 이론

1. Welcoming remarks from Pamela Hartigan, Director of the Skoll Center for Social Entrepreneurship in the Said Business School at the University of Oxford, 2012 Skoll World Forum, April 10—13, University of Oxford.

2. Ted London, *The Base of the Pyramid Promise—Building Businesses with Impact and Scale* (Stanford, CA: Stanford University Press, 2016).

3. Social Progress Index 2016, Michael E. Porter and Scott Stern, with Michael Green, Social Progress Imperative, http://www.socialprogressimperative.org/wp-content/uploads/2016/06/SPI-2016-Main-Report.pdf.

4. U.S. Census Bureau, https://www.census.gov/library/publications/2016/demo/p60-256.html.

5. Amartya Sen, *Development as Freedom* (New York: Anchor Books, Random House Publishing, 1999).

6. Thomas Piketty, *Capital in the Twenty-First Century* (Cambridge, MA: Harvard University Press, 2017).

7. Oxfam International, "Just 8 Men Own Same Wealth as Half the World," January 16, 2017, https://www.oxfam.org/en/pressroom/pressreleases/2017-01-16/just-8-men-own-same-wealth-half-world.

8. Drew Desilver, "U.S. Income Inequality, on Rise for Decades, Is Now Highest Since 1928," Pew Research Center, December 5, 2013, http://www.pewresearch.org/fact-

tank/2013/12/05/u-s-income-inequality-on-rise-for-decades-is-now-highest-since-1928/.

9. Remya Nair, "IMF Warns of Growing Inequality in India and China," LiveMint, May 4, 2016, http://www.livemint.com/Politics/mTf8d5oOqzMwavzaGy4yMN/IMF-warns-of-growing-inequality-in-India-and-China.html.

10. Thomas Sowell, "Trickle Down Theory and Tax Cuts for the Rich," (Stanford, CA: Hoover Institution Press, 2012), https://www.hoover.org/research/trickle-down-theory-and-tax-cuts-rich.

11. The Economist, "Poverty Elucidation Day," October 20, 2014, https://www.economist.com/blogs/freeexchange/2014/10/chinas-economy.

12. "Income, Poverty and Health Insurance Coverage in the United States: 2016," https://www.census.gov/newsroom/press-releases/2017/income-poverty.html, accessed on March 19, 2018.

13. Forbes, "America Has Less Poverty Than Sweden," September 10, 2012.

14. Alejandro Portes, Manuel Castells, and Lauren A. Benton, eds., The Informal Economy (Baltimore: Johns Hopkins University Press, 1989).

15. Hernando De Soto, The Other Path (New York: Harper and Row, 1989).

16. C. K. Prahalad, The Fortune at the Bottom of the Pyramid: Eradicating Poverty through Profits (Philadelphia: Wharton School Publishing, 2010).

17. S. Sridharan and M. Viswanathan, "Marketing in Subsistence Marketplaces: Consumption and Entrepreneurship in a South Indian Context," Journal of Consumer Marketing 25, no. 7 (2008): 455–462.

18. S. Jain and J. Koch, "Conceptualizing Markets for Underserved Communities," in Sustainability, Society, Business Ethics, and Entrepreneurship, ed. A. Guerber and G. Markman (Singapore: World Scientific Publishing, 2016), 71–91.

19. Allen Hammond et al., The Next 4 Billion (Washington, DC: World Resources Institute, 2007).

20. India Labor Market Update, International Labor Office (ILO) for India, July 2016.

21. Tarun Khanna and Krishna G. Palepu, "Why Focused Strategies May Be Wrong for Emerging Markets," Harvard Business Review, July–August 1997.

22. R. H. Coase, "The Problem of Social Cost," Journal of Law and Economics 3 (October 1960): 1–44; Oliver E. Williamson, The Economic Institutions of Capitalism (New York: Simon & Schuster, 1985); Jain and Koch, "Conceptualizing Markets for Underserved Communities."

23. Nancy Wimmer, Green Energy for a Billion Poor (Vatterstetten: MCRE Verlag, 2012).

24. London, *The Base of the Pyramid Promise—Building with Impact and Scale*.

25. Matthew G. Grimes, Jeffery S. McMullen, Timothy J. Vogus, and Toyah L. Miller, "Studying the Origins of Social Entrepreneurship," *Academy of Management Review* 38, no. 3 (July 1, 2013): 460−463.

26. Julie Battilana and Matthew Lee, "Advancing Research on Hybrid Organizing—Insights from the Study of Social Enterprises," *Academy of Management Annals* 8 (2014): 397−441.

27. Shahzad Ansari, Kamal Munir, and Tricia Gregg, "Impact at the 'Bottom of the Pyramid': The Role of Social Capital in Capability Development and Community Empowerment," *Journal of Management Studies*, 49, no. 4 (2012): 813−842.

28. Geoffrey Desa and James Koch, "Building Sustainable Social Ventures at the Base of the Pyramid," *Journal of Social Entrepreneurship* 8 (2014): 146−174.

29. Jain and Koch, "Conceptualizing Markets for Underserved Communities: Trajectories Taken and the Road Ahead," 71−91.

30. Peter Buffett, "The Charitable-Industrial Complex," *New York Times*, July 26, 2013.

2장 BOP 시장

1. A. Hammond, W. Kramer, J. Tran, R. Katz, and W. Courtland, *The Next 4 Billion: Market Size and Business Strategy at the Base of the Pyramid* (Washington, DC: World Resources Institute, 2007).

2. World Bank Group, "Global Consumption Database," 2018, accessed January 2018, http://datatopics.worldbank.org/consumption.

3. Pew Research Center, "Cell Phones in Africa: Communications Lifeline," April 2015.

4. James Koch and Al Hammond, "Innovation Dynamics, Best Practice, and Trends in the Off-Grid Clean Energy Market," *Journal of Management for Global Sustainability* 1, no. 2 (2014): 31−49.

5. *Wall Street Journal*, January 19, 2016.

6. Amartya Sen, *Development as Freedom* (New York: Anchor Books, Random House Publishing, 1999).

7. United Nations Development Programme, "The Millennium Development Goals Report 2015," accessed January 2018, www.undp.org/content/undp/en/home/librarypage/mdg/the-millennium-development-goals-report-2015.html.

8. United Nations, "Goal 1: Poverty," accessed January 2018, http://www.un.org/sustaina-

bledevelopment/poverty/.

9. United Nations, "Goal 2: Hunger," accessed January 2018, http://www.un.org/sustainabledevelopment /hunger/.

10. United Nations, "Goal 3: Health," accessed January 2018, http://www.un.org/sustainabledevelopment/health/.

11. United Nations, "Goal 4: Education," accessed January 2018, http://www.un.org/sustainabledevelopment /education/.

12. United Nations, "Goal 5: Gender Equality," accessed January 2018, http://www.un.org/sustainabledevelopment/gender-equality/.

13. United Nations, "Goal 6: Water and Sanitation," accessed January 2018, http://www.un.org/sustainabledevelopment/water-and-sanitation/.

14. United Nations, "Goal 7: Energy," accessed January 2018, http://www.un.org/sustainabledevelopment/energy/.

15. United Nations, "Goal 8: Economic Growth," accessed January 2018, http://www.un.org/sustainabledevelopment/economic-growth/.

16. United Nations, "Goal 9: Infrastructure Industrialization," accessed January 2018, http://www.un.org/sustainabledevelopment/infrastructure-industrialization/.

17. United Nations, "Goal 10: Reduced Inequality,"accessed January 2018, http://www.un.org/sustainabledevelopment/inequality/.

18. United Nations, "Goal 11: Sustainable Cities and Communities," accessed January 2018, http://www.un.org/sustainabledevelopment/cities/.

19. Ibid.

20. Ibid.

21. United Nations, "Goal 12: Responsible Consumption and Production," accessed January 2018, www .un.org/sustainabledevelopment/sustainable-consumption-production/.

22. United Nations, "Goal 13: Climate Action," accessed January 2018, http://www.un.org/sustainabledevelopment/climate-change-2/.

23. United Nations, "Goal 14: Life below Water,"accessed January 2018, http://www.un.org/sustainabledevelopment/oceans/.

24. United Nations, "Goal 15: Life on Land," accessed January 2018, http://www.un.org/sustainabledevelopment/biodiversity/.

25. United Nations, "Goal 16: Peace, Justice, and Strong Institutions," accessed January 2018, http://www.un.org/sustainabledevelopment/peace-justice/.

26. Ibid.

27. United Nations, "Goal 17: Partnerships for the Goals," accessed January 2018, http://www.un.org/sustainabledevelopment/globalpartnerships/.

28. Roger L. Martin and Sally R. Osberg, *Getting Beyond Better—How Social Entrepreneurship Works* (Boston: Harvard Business Preview Press, 2015).

29. Skoll Foundation, "Marine Stewardship Council," accessed January 2018, http://skoll.org/organization/marine-stewardship-council/.

30. Skoll Foundation, "Living Goods," accessed January 2018, http://skoll.org/organization/living-goods/.

31. Skoll Foundation, "International Development Enterprises (India)," accessed January 2018, http://skoll.org/organization/international-development-enterprises-india/.

32. Skoll Foundation, "Kiva," accessed January 2018, http://skoll.org/organization/kiva/; Skoll Foundation, "Medic Mobile," accessed January 2018, http://www.skoll.org/organization/medic-mobile.

33. Sanjay Jain and James Koch, "Articulated Embedding in the Development of Markets for Underserved Communities: The Case of Clean-Energy Provision to Off-Grid Publics," Academy of Management Annual Conference, Vancouver, BC, August 2015.

34. Geoffrey Desa and James Koch, "Scaling Social Impact: Building Sustainable Social Ventures at the Base of the Pyramid," *Journal of Social Entrepreneurship* 5, no. 2 (2014): 164–174.

35. Ted London, *The Base of the Pyramid Promise—Building with Impact and Scale* (Stanford, CA: Stanford University Press, 2016).

3장 사회적 벤처 사업 계획서를 위한 패러다임

1. William A. Sahlman, "How to Write a Great Business Plan," *Harvard Business Review*, July-August (1997): 98–108.

2. Arthur R. DeThomas and Lin Grensing-Pophal, *Writing a Convincing Business Plan* (New York: Barron's Educational Services, 2001).

3. Alexander Osterwalder and Yves Pigneur, *Business Model Generation: A Handbook for Visionaries, Game Changers, and Challengers* (New York: John Wiley and Sons, 2010), 15.

4. Ibid., 16–17.

5. Ian C. MacMillan and James D. Thompson, *The Social Entrepreneur's Playbook: Pres-*

sure Test Your Start-Up Idea (Philadelphia: Wharton Digital Press, 2013), ix.

6. Ayse Guclu, J. Gregory Dees, and Beth Battle Anderson, *The Process of Social Entrepreneurship: Creating Opportunities Worthy of Serious Pursuit* (Duke University Fuqua School of Business, Center for the Advancement of Social Entrepreneurship, 2002).

5장 외부 환경

1. R. H. Coase, "The Problem of Social Cost," *Journal of Law and Economics* 3 (October 1960): 1–44.

2. T. Khanna and K. Palepu, "Is Group Affiliation Profitable in Emerging Markets? An Analysis of Diversified Indian Business Groups," *Journal of Finance* 55, no. 2 (2000): 867–891.

3. T. Khanna and K. Palepu, "Why Focused Strategies May Be Wrong for Emerging Markets," *Harvard Business Review*, July-August 1997.

4. J. Mair and I. Marti, "Entrepreneurship in and around Institutional Voids: A Case Study from Bangladesh," *Journal of Business Venturing* 24, no. 5 (2009): 419–435.

5. H. De Soto, *Mystery of Capital: Why Capitalism Triumphs in the West and Fails Everywhere Else* (New York: Basic Books, 2003).

6. J. W. Webb, G. M. Kistruck, R. D. Ireland, and D. J. Ketchen Jr. "The Entrepreneurship Process in Base of the Pyramid Markets: The Case of Multinational Enterprise/Nongovernment Organization Alliances," *Entrepreneurship Theory and Practice* 34, no. 3 (2010): 555–581.

7. J. W. Webb, R. D. Ireland, and D. J. Ketchen, Jr., "Towards a Greater Understanding of Entrepreneurship and Strategy in the Informal Economy," *Strategic Entrepreneurship Journal 8* (2014): 1–15.

8. C. K. Prahalad, *The Fortune at the Bottom of the Pyramid: Eradicating Poverty through Profits* (Philadelphia: Wharton School Publishing, 2010), chapters 4, 5, and 6. 9. Ibid.

6장 목표 시장 진술

1. Charles Baden-Fuller and Stefan Haefliger, "Business Models and Technological Innovation," *Long Range Planning* 46 (2013): 419–426.

2. M. Viswanathan, "Understanding Product and Market Interactions in Subsistence Marketplaces: A Study in South India," *Advances in International Management* 20 (2006): 21–

57; M. Viswanathan and S. Sridharan, "Product Development for the BoP: Insights on Concept and Prototype Development from University-Based Student Projects in India," *Journal of Product Innovation Management* 29, no. 1 (2012): 52–69.

3. S. Jain and J. Koch, "Conceptualizing Markets for Underserved Communities: Trajectories Taken and the Road Ahead," in *Sustainability, Society, Business Ethics, and Entrepreneurship*, ed. Amy Guerber and Gideon Markman (Singapore: World Scientific Publishers, 2016), 71–91.

4. Jim Koch, McKinsey Global Institute, "The *Bird of Gold*: The Rise of India's Consumer Market," May 2007, https://www.mckinsey.com/~/media/McKinsey/GlobalThemes/AsiaPacific/The bird of gold/MGI_Rise_of_Indian_Consumer_Market_full_report.

8장 조직 및 인적 자원

1. William A. Sahlman, "How to Write a Great Business Plan," *Harvard Business Review*, July-August (1997): 74.

2. Arthur DeThomas and Stephanie Derammelaere, *How to Write a Convincing Business Plan*, 3rd ed. (New York: Barron's Educational Services, 2008), 154–159.

3. The United Nations, "About Cooperatives," accessed January 2018, http://www.un.org/en/events/coopsyear/about.shtml.

9장 사업 모델

1. Richard G. Hamermesh, Paul W. Marshall, and Taz Pirohamed, "Note on Business Model Analysis for the Entrepreneur," Harvard Business School Report 9-802-048, January 22, 2002.

2. Ted London and Stuart Hart, *Next Generation Business Strategies for the Base of the Pyramid—New Approaches for Building Mutual Value* (Upper Saddle River, NJ: FT Press, 2011).

3. CBS News, "The Future of Money," accessed January 2018, http://www.cbsnews.com/videos/the-future-of-money/.

10장 계량적 분석 및 책임

1. Sasha Dichter, Tom Adams, and Alnoor Ebrahim, "The Power of Lean Data," *Stanford Social Innovation Review* 14, no. 1 (2016): 36–41.

2. Peter Scholten, Jeremy Nichols, Sara Olsen, and Bert Galimidi, *Social Return on Investment (A Guide to SROI Analysis)*, FM State of the Art Series, 2006.

3. Sankara Annual Report 2013−2014, Appendix 2, Snapshot of Sankara's Outcome Metrics.

4. Global Innovation Exchange, "Scaling Pathways: Case Study—Vision Spring," accessed January 2018, https://www.globalinnovationexchange.org/resources/scaling-pathways-case-study-visionspring.

12장 자금 조달

1. Matt Bannick, Paula Goldman, and Michael Kubzansky, *Frontier Capital: Early Stage Investing for Financial Returns and Social Impact in Emerging Markets*, Omidyar Network Research Report, October 2015; Lala Faiz, Charly Kleissner, John Kohler, and Nancy Y. Lin, *Total Portfolio Activation for Impact: A Strategy to Move beyond ESG*, Report from Miller Center for Entrepreneurship, September 2016.

2. Bannick, Goldman, and Kubzansky, *Frontier Capital*; Faiz, Kleisner, Kohler and Lin, *Total Portfolio Activation for Impact*.

3. McKinsey and Company and Time Koller, *Valuation: Measuring and Managing the Value of a Company* (New York: Wiley Finance, 2015).

4. William Davidson Institute at the University of Michigan, "Acumen Fund Valuing a Social Venture," Case 1-48-428-788, May 2009.

5. Ibid.

13장 앞으로 나아갈 길

1. James Austin, Howard Stevenson, and Jane Wei-Skillern, "Social and Commercial Entrepreneurship: Same, Different, or Both?" *Entrepreneurship Theory and Practice* 30, no. 1 (2006): 1−22.

2. Gartner Group, "Vendor Rating Methodology," 2016, http://www.gartner.com/technology/research/methodologies/research_vrate.jsp.

3. Manuel Castells and James Koch, "On Analyzing Social Entrepreneurship: A Methodological Note," Working Paper, Santa Clara University, May 2010, p. 2.

4. Roger L. Martin and Sally R. Osberg, "Social Entrepreneurship: The Case for Definition," *Stanford Social Innovation Review*, April 2007.

5. Roger L. Martin and Sally R. Osberg, *Getting Beyond Better—How Social Entrepreneur-ship Works* (Boston: Harvard Business Preview Press, 2015).

6. Alexander Osterwalder, *Business Model Generation: A Handbook for Visionaries, Game Changers, and Challengers* (New York: John Wiley and Sons, 2010).

7. Ted London, *The Base of the Pyramid Promise—Building with Impact and Scale* (Stanford, CA: Stanford University Press, 2016).

8. All of the Marincola quotes in this paragraph and the next are taken from: "The Tech Awards—The First 15 Years; 2016 Laureate: Angaza," accessed April 2018, https://www.youtube.com/watch?v=BM49xEshtFs.

9. London, *The Base of the Pyramid Promise*, 135.

10. W. Brian Arthur, *The Nature of Technology: What It Is and How It Evolves* (New York: Free Press, 2009).

11. Martin and Osberg, *Getting Beyond Better*.

12. Ibid.

감사의 말

이 책에서 소개한 기본 사업 계획 패러다임은 비즈니스 모델 혁신에 대한 실리콘 밸리의 접근 방식을 많이 활용했다. 이 패러다임은 앨 브루노(Al Bruno) 및 저자들의 도움으로 팻 구에라(Pat Guerra)가 처음으로 진술했으며, 다양한 벤처를 이끌고 관리하는 우리의 집단적 경험을 바탕으로 한다(사회적 극대화와 이윤 극대화 모두). 이 패러다임은 교과 과정 설계와 원하는 결과 문서화를 위한 체계로 사용되었으며, 처음에는 GSBI 전속 프로그램과 나중에 GSBI 온라인 프로그램을 위한 체계로 사용되었다.

GSBI의 첫 10년 동안, 수십 명의 강사가 패러다임의 다양한 요소를 제안했으며, 참석한 사회적기업가와 이들의 멘토들은 그 자료를 개선하는 방법에 대한 피드백을 제공했다. 뿐만 아니라 이 자료는 사회적기업가 정신에 관한 MBA 과정에 맞게 조정되었으며, 100여 명에 해당하는 MBA 학생들의 피드백의 도움을 받았다. 구체적인 기여에 대해 특정 강사, 사회적기업가, 멘토 및 MBA 학생들에게 일일이 감사를 표하는 것은 불가능하지만, 이 책은 그들 모두로부터 도움을 받았다.

저자들이 작성한 GSBI 자료 외에도, 다음 GSBI 강사의 노트는 이 책에 포함된 자료 중 일부에 대한 기초를 제공했다: Al Bruno, Bob Finnochio, Pat Guerra, Tyzoon Tyebjee, Charly Kleissner, John Kohler, Mike Looney Brad, Vicky Mattson, Geoffrey Moore, Sara Olsen, Jeff Miller, Kevin Starr, Regis McKenna, Al Hammond 및 Jose Flahaux. 귀중한 통찰력을 주신 이 모든 분들께 감사드린다.

Skoll Foundation의 GSBI에 대한 지원과 창립 CEO인 Sally Osberg의 영감을 지닌 리더십에 특히 감사드린다. 대규모 변화를 추진하겠다는 공동의 약속을 감안할 때, GSBI 비즈니스 계획 체계를 설명하기 위해 우리가 사용하는 6가지 모범 사례 GSBI 사례 연구가, 그 이후 계속되어 Skoll 수상자가 된 것은 놀라운 일이 아니다.

저자들은 Danielle Medeiros, Cathryn Meyer 및 Visswapriya Prabakar의 연구에 크게 감사하며, 이들의 산카라 사례는, Koch 교수의 Winter 2015 Management 548 수업

의 최종 프로젝트로부터 나왔는데, 이들의 허가를 받아 사용하였다. 앞에서 언급했듯이, Nancy Wimmer는 Grameen Shakti 예제에 대한 자세한 피드백을 제공했다. Geoffrey Desa, Al Hammond, Jean Hazell, Ted London, Madhu Viswanathan 및 Michael Gordon은 이 책의 초기 버전에 유용한 피드백을 제공했다. 그 외에, Sherrill Dale, Andy Lieberman과 Cassandra Staff는 GSBI 조직 및 구현에 엄청난 도움을 주었으며, 이 책의 내용에도 기여했다. 이 책의 초기 버전은 산타클라라 대학생 Tiffany Lu와 Arshi Jujara의 서식설정 및 그래픽 디자인 기술에 큰 도움을 받았다.

마지막으로, 저자들은 Berrett-Koehler 출판사 직원들의 제안에 매우 감사한다. Nic Albert의 수정으로 이 책의 명확성과 가독성이 크게 향상되었다. Lasell Whipple은 우리의 노력 의지를 전달하기 위해 표지를 다시 디자인했으며, Deborah Grahame-Smith와 Edward Wade는 훌륭한 제작 편집 작업을 수행했다. 편집장 Neal Maillet의 현명하고 확고한 지도에 특히 감사드린다. Neal은 Berrett-Koehler가 우리의 원고를 출판하기로 했다고 생각하겠지만, 실제로 저자들이 Berrett-Koehler를 선택했다는 것이 진실에 가깝다. "사람과 아이디어를 연결하여 모든 사람을 위한 세상을 만들자"라는 BK의 사명은 우리의 가치와, 산타클라라 대학교에 있는 사회적기업가 정신 밀러 센터에 있는 많은 사람들의 뜻과 일치한다. 이 책에서 우리가 설명하는 도구는 더욱 공정하고 지속 가능한 세상을 만들기 위해 계속 개선되고 있다.

저자 소개

에릭 칼슨(**Eric Carlson**)은 최근 산타클라라 대학교(SCU), 리비 비즈니스스쿨(Leavey School of Business)의 Dean's Executive 기업가 정신 교수 및 GSBI 소장직에서 은퇴했다. SCU와 15년간의 관계를 맺기 전에는 실리콘 밸리에서 29년 간 연구, 제품 개발 및 경영 관리를 담당했다. 그동안 그는 두 소프트웨어 회사의 CEO로 재직했으며, 여러 기업 및 비영리 조직의 이사회에서 이사를 역임했다. 그는 또한 시장으로서의 두 번의 임기를 포함하여 Los Gatos Town Council에서

10년 동안 근무했다. 칼슨은 미네소타 칼턴 칼리지(Carleton College)에서 경제학 학사 학위를, 노스캐롤라이나 대학교 채플힐 캠퍼스에서 석사(도시 및 지역 계획) 및 박사학위(컴퓨터 과학)를 취득했다. 그는 1967년에 Marilyn Garbisch와 결혼하여, 채플힐에서 6년을 보낸 후, 캘리포니아주 로스 가토스로 이주하여 아직도 거기에 살고 있으며, 미네소타의 텐 마일 호수에서 여름을 보낸다. 두 자녀와 네 명의 손자가 있다.

제임스 코흐(**James Koch**)는 조직 분석 및 경영학 명예교수이며 산타클라라 대학교의 리비 비즈니스스쿨의 전 학장으로 재직했으며 공과대학교 학장대행을 역임했다. 그는 Tech Awards—Technology Benefit Humanity와 GSBI의 공동설립자이며, 밀러 사회적기업가 정신 센터(전 과학, 기술 및 사회센터)의 창립자이다. 기업가 정신과 사회 혁신 외에도 그의 연구 및 컨설팅은 조직 변화와 고성과작업시스템(HPWS) 설계에 중점을 둔다. 산타클라라에 오기 전에는 PG&E의 조직

계획 및 개발 이사였다. 그는 오레곤 대학교에서 MBA 및 PhD 프로그램 부교수로 학

자로서 경력을 시작했다. 캘리포니아 커먼웰스 클럽(Commonwealth Club of California)과 Bay Area Council Economic Institute 이사회를 비롯한 여러 영리 및 비영리이 사회에서 활동했다. 그는 UCLA에서 MBA와 산업 관계학 박사학위를 취득했다. 그는 1969년 Anne과 결혼했으며, 두 명의 자녀와 다섯 명의 손자가 있다.

찾아보기